madre &hijo

EL EFECTO RESPETO

EMERSON EGGERICHS, PhD

GRUPO NELSON
Desde 1798

Para otros materiales, visítenos a:
gruponelson.com

© 2016 por Grupo Nelson®
Publicado en Nashville, Tennessee, Estados Unidos de América.
Grupo Nelson es una subsidiaria que pertenece completamente a Thomas Nelson.
Grupo Nelson es una marca registrada de Thomas Nelson.
www.gruponelson.com

Título en inglés: *Mother & Son: The Respect Effect*
© 2016 Emerson Eggerichs
Publicado por W Publishing Group. W Publishing Group es una marca registrada de
Thomas Nelson.

El autor es representado por la agencia literaria Alive Communications, Inc., 7680 Goddard
Street, Suite 200, Colorado Springs, CO 80920, www.alivecommunications.com.

Los nombres y datos de las historias que aparecen en este libro pueden haber sido cambiados, pero
los sentimientos expresados son reales, tal como fueron expresados al autor a través de
conversaciones personales, cartas o correos electrónicos. Permiso concedido para el uso de
nombres, historia y correspondencia reales.

Editora general: *Graciela Lelli*
Traducción: *Omayra Ortiz*
Adaptación del diseño al español: *Grupo Nivel Uno, Inc.*

ISBN: 978-0-7180-8074-7

Impreso en Estados Unidos de América

16 17 18 19 20 DCI 5 4 3 2 1

Dedico este libro a Sarah, mi esposa, quien a través de los años dio voz a quienes asistieron a nuestra conferencia Amor y Respeto: «De haber sabido antes sobre el Efecto Respeto en los hijos, hubiera sido una mejor madre».

Aunque como madre ella fue sin lugar a dudas mejor que yo como padre; no obstante, el mensaje sobre respeto la afectó profundamente, y a su vez, ella también afectó a nuestros hijos y ellos han expresado lo mucho que lo aprecian. ¡Sí funcionó!

También le dedico este libro a mi madre —que ahora está en el cielo—, por haberme mostrado respeto siempre. Aun en mi adultez, cuando era pastor de iglesia, ¡ella asistía a los cuatro servicios cada fin de semana! Sarah dice: «Me parece que por eso, desde 2001, has dicho regularmente y con mucho cariño: "Extraño a mi madre"».

CONTENIDO

Introducción

Un testimonio

Durante las pasadas dos décadas he viajado por todo el mundo, explorando la dinámica de las relaciones familiares saludables y hay algo que he entendido con absoluta claridad.

Los niños necesitan el respeto de su madre.

No solo su amor, sino también su respeto. Ese es el mensaje de este libro y creo que transformará su relación con su hijo en maneras que solo ha soñado. Y no será gracias a lo que escribo. De hecho, intentaré con empeño no interferir en el camino. Lo hará porque el principio es transformador en su sencillez, y va directo a lo más profundo del alma de un niño.

Cuando se trata del respeto entre una madre y un hijo, lo que la mayoría enfatiza es que una madre necesita el respeto del hijo. Y en este punto estoy completamente de acuerdo. Un niño debe ser respetuoso. De hecho, escribí todo un libro sobre el respeto que necesitan un padre y una madre de parte de sus hijos, titulado *Amor y respeto en la familia*. Sin embargo, esta es solo la mitad de la ecuación, especialmente cuando pasa de los padres como una unidad a la relación tan singular y hermosa entre una madre y su hijo.

Exploré brevemente esta relación en «Paternidad rosa y azul», uno de los capítulos en *Amor y respeto en la familia*. Allí le digo brevemente a las madres que sus hijos «azules» necesitan respeto de la misma manera que sus hijas «rosas» necesitan el amor del padre. Sí, las hijas y los hijos necesitan amor y respeto de igual manera, pero demuestro que la necesidad que se siente durante momentos de estrés y conflicto difiere entre los varones y las mujeres. Las investigaciones lo confirman. Los varones filtran su mundo más a través del colador del respeto.

De manera fascinante, las madres se enfocaron inmediatamente en esta enseñanza y comenzaron a enviarme cientos de historias y testimonios acerca de esta revelación. Con gran entusiasmo, entablaron conversaciones de respeto con sus hijos, sin importar que tuvieran cuatro o cuarenta años. A juzgar por sus cartas —muchas de las cuales leerá en este libro—, experimentaron resultados asombrosos.

Permítame compartir con usted uno de esos testimonios en esta introducción para preparar el camino. Esta madre leyó el capítulo «Paternidad rosa y azul» y lo aplicó a sus interacciones diarias con su hijo. He aquí el Efecto Respeto.

Ella escribió:

Finalmente había llegado a la conclusión —aunque no estaba completamente lista para creerlo— que mi hijo de siete años simplemente tenía una de esas personalidades depresivas y tristes, y que sería mejor aceptarlo, en lugar de querer que fuera más alegre. Debía tratar de enseñarle a ser agradecido por todas sus bendiciones.

Sin embargo, luego de aplicar el respeto de la manera que usted sugirió, él cambió. Por ejemplo, la otra noche se me acercó, con una actitud más calmada y contenta de lo usual y me dijo: «Me siento feliz», en un tono muy alegre, y hasta sentimental. ¡Esto tuvo un efecto profundo en mí! Este era mi hijo, a quien, según su conducta usual desde nacimiento, habían etiquetado como melancólico/colérico. Con frecuencia me decía —y esto me rompe el corazón— que se sentía «triste y no sabía el porqué». Yo intentaba conversar con él, ayudarlo en sus situaciones, y oraba por él y con él frecuentemente. Sin embargo, por lo regular solo parecía feliz cuando algo emocionante estaba pasando: un viaje al zoológico, o si lo llevaba a visitar a algún amigo, pero entonces, en el viaje de regreso a casa me decía que estaba «aburrido» (me parece que simplemente intentaba expresarme su infelicidad).

Cuando comencé los principios de respeto, él parecía más calmado, menos frustrado, menos agitado interiormente (mi respeto parecía liberar su tensión interna), y más cariñoso [...] Ahora se me acerca, y, en lugar de comportarse mal para llamar mi atención, me abraza, me mira a los ojos, sonríe de la manera más dulce y alegre, y me dice: «¡Eres la mejor mamá del mundo!». ¡Ah! Nunca antes había ocurrido algo así de maravilloso entre nosotros. El ser respetuosa con él ha motivado su afecto hacia mí [...] Estoy viendo resultados hermosos y significativos.

Hace poco vino donde mí y me dijo: «No sé por qué, ¡pero me siento muy feliz!». Y pensé: *conozco la razón, mi amor. Porque he aprendido a demostrar el respeto que ni siquiera sabías que anhelabas, y que yo no sabía que necesitabas.* Ahora está mucho más tranquilo y contento. Ahora presta mucha más atención, y solo muy pocas veces, si alguna, me ha contestado de mala manera. Sus expresiones de afecto han aumentado considerablemente; durante el día se me acerca y me abraza y me besa. Estoy comenzando a disfrutar las recompensas de la maternidad en un nivel mucho más profundo. Es como si ahora fuéramos amigos, en lugar de estar en una continua confrontación.

Anhelo poder aprender muchas otras maneras prácticas de mostrarle respeto. Estoy navegando en aguas desconocidas [...] lo estoy intentando y haciendo lo que el libro dice, a pesar de que no tiene sentido en mi cerebro «rosa».

[...] Ha sido mucho más retador aprender cómo mostrar respeto en la crianza porque todavía quiero que mi pequeño primogénito, terco y obstinado entienda que él no manda.

También trato todos los días de parar lo que estoy haciendo y mirarlo y realmente escucharlo; de prestarle toda mi atención cuando él quiere decirme algo, en lugar de estar haciendo muchas cosas a la vez.

Es como un pequeño milagro; la conexión y el afecto que anhelaba tener con mi hijo finalmente son una realidad. Por fin siente que lo respeta (ah, ¡cuánto desearía haber sabido cómo hacer esto antes!) y su alegría es evidente. No puedo llorar por todos los años difíciles que tuvimos; tengo que «dejar las cosas viejas atrás y seguir adelante» porque Dios tiene muchos años buenos para nosotros y nuestra floreciente relación.

Mi madre me comentó sobre cuánto más calmado había estado mi hijo cuando fuimos a visitarla hace unos pocos días. Le contó a mi hermana, que tiene cinco hijos, sobre la maravillosa transformación que estamos disfrutando mi hijo y yo. ¡Lo seguiré compartiendo con otras personas! ¡Dios le bendiga!

¿Le parece que este testimonio es demasiado bueno para ser cierto? Tendrá que decidir a medida que lee el libro. Puedo decirle esto: otras madres contribuyen con igual entusiasmo. Escuchará sobre ellas a lo largo del libro, mientras procedemos con lo siguiente:

- ¿Por qué este libro?
- Entendamos cómo luce el respeto para los niños
- Plan de juego: Mamá, D[e]CIDA guiar con respeto
- El hombre en el niño: Los seis deseos plantados por Dios
- Conquista: Cómo respetar su deseo de trabajar y alcanzar metas
- Jerarquía: Cómo respetar su deseo de proveer, proteger y hasta morir
- Autoridad: Cómo respetar su deseo de ser fuerte, dirigir y tomar decisiones
- Perspectiva: Cómo respectar su deseo de analizar, resolver y aconsejar
- Relación: Cómo respetar su deseo de una amistad hombro a hombro
- Sexualidad: Cómo respetar su deseo de entender y «conocer» sexualmente
- Una mirada empática a las objeciones maternales sobre el respeto a los niños
- Perdón

Sarah, mi esposa, ha dicho durante muchos años: «Si hubiera conocido esta información cuando mis hijos eran pequeños (ahora tienen treinta y tantos años), habría sido una mejor madre».

Esto no quiere decir que el amor de Sara fue insignificante. El amor de madre es vital. De hecho, el amor de madre es la personificación del altruismo.

«Pero, Emerson, tengo que preguntar: ¿acaso el *amor* y el *respeto* no son sinónimos? Usar la palabra *amor* debe ser suficiente, ¿cierto?». No, no es lo mismo. Estas dos palabras no tienen el mismo significado. Un esposo no le regala a su esposa una postal que diga: «Cariño, ¡realmente te respeto!». Estas palabras no son sinónimas. Una madre puede amar a su hijo, pero no respetarlo, de la misma manera que una madre trabaja fuera de la casa para un jefe al que ella respeta, pero no ama. Cuando una madre piensa en esto, se da cuenta de que estas palabras difieren.

Puedo decirle esto: un niño sabe que su madre lo ama, pero puede faltarle la seguridad de que ella lo *respeta*. Sarah, junto a mí, ha sido testigo del Efecto Respeto entre cientos de madres que quedan totalmente asombradas, igual que la madre del niñito de siete años. He aquí algunas de las citas que he extraído de cartas en los pasados meses:

- ¡Qué diferencia!
- Estoy absolutamente maravillada.
- Me dejó totalmente impresionada.
- ¡Fue increíble para mí!
- Él nunca había comenzado diciendo: «Te amo».
- Esto transformó nuestras vidas.
- Le habló al corazón.
- Mi relación con mi hijo mejoró de la noche a la mañana.
- Esto hace sonreír a mi hijo como nunca antes lo había visto.
- Quedé algo así como en un estado de conmoción y de euforia al mismo tiempo.
- Podía escuchar en su voz y leer en sus correos electrónicos que parecía sentirse más confiado en su masculinidad.

- ¡No estoy mintiendo! Él me vio sacando el bote de basura y me lo quitó de las manos y me dijo: «Yo lo llevo afuera, mamá». Luego entró y se ofreció a recoger los juguetes y llevarlos a su cuarto. Me quedé perpleja.

¿Está usted lista para descubrir más? Sarah quiere que sepa que «como madre, nunca es demasiado temprano ni demasiado tarde para aplicar este mensaje de respeto. Un niño nunca es demasiado joven ni demasiado mayor».

1

¿POR QUÉ ESTE LIBRO?

La mujer responde al amor. En una niña hay una mujer. Por lo tanto, una niña responde al amor.

El hombre responde al respeto. En un niño hay un hombre. Por lo tanto, un niño responde al respeto.

La primera afirmación silogística recibe un gesto afirmativo de todas las madres. Para algunas, la segunda afirmación es un poco más difícil de entender. Con frecuencia, me rasco la cabeza confundido por lo poco que las madres comprenden a sus queridísimos niñitos. Aman a sus hijos más que a sus vidas, pero de buena gana confiesan ignorancia y confusión.

Una madre me escribió:

Hace algún tiempo estoy pasando bastante trabajo con mi hijo de casi cuatro años. Ahora entiendo porque todas las madres quieren una hija... ¡porque las entendemos! Cuando mi hija de dieciséis meses arma una pataleta por algo, sé por dónde viene porque entiendo la razón de su molestia. Cuando mi hijo hace algo, me quedo como: «¿Por qué hizo eso?». *¡Otra vez!*

Cada madre reconoce a la mujer en la niña y su anhelo de que la amen. En la película *Un lugar llamado Notting Hill* (1999), el personaje de Julia

1

Roberts expresa con mucha emoción: «No olvides que solo soy una chica... delante de un chico... pidiendo que la quiera». Las necesidades y características femeninas resuenan fuerte y claro para todas las mujeres. Por ejemplo, nadie pasa por alto la naturaleza protectora de las mujeres y de las niñitas. Todas las investigaciones confirman las características de proteger y cuidar del alma femenina, ¿pero quién necesita un estudio para decirnos esto? Lo vemos todos los días. Nadie se sorprende al ver a una niñita caminando por la calle con su muñeca, luego se detiene para alimentarla con un biberón de juguete, mientras le comunica su amor con mucho afecto. Vemos a la mujer en la niña. No necesitamos que ninguna investigación nos eduque.

Cromosomas XX y XY

Sin embargo, cuando hablo con madres y les digo que hay un hombre en el niño, algunas responden con curiosidad, preguntándose quién podría ser ese hombre. Sí, ellas saben que sus hijos son «varones». Como me dijo una madre: «Él puede ser "todo un varoncito" en un segundo, y justo al siguiente ser el niño más dulce que jamás hayas visto». Sin embargo, note su contraste negativo. El «todo un varoncito» no es dulce para ella. Estas madres reconocen que están un poco a oscuras en cuanto al diseño virtuoso y divino de la testosterona, a diferencia de la manera en que intuitivamente entienden sobre la pureza del estrógeno. Una madre comentó en broma (sobre su hijo): «Amamos a estos muchachos, pero ¡que el Señor nos ayude! [...] si ellos no tienen los mismos cromosomas XX o XY que tenemos nosotras, puede ser como manejar en un país extranjero sin tener un mapa».

Para algunas madres un hijo es como un extraterrestre. Pero él no viene del espacio exterior. Dios lo creó varón en su género. Cuando de niños se trata, este libro explica los atributos del alma masculina. Este libro ayuda a la madre a escuchar un mensaje preciado y encantador: «Soy simplemente un niño, parado frente a su madre, pidiéndole que lo respete».

Tanto los estudios como la Biblia revelan la necesidad de respeto de los varones. Esta es una visión sencilla y revolucionaria al corazón de un niño que —sorprendentemente— hemos pasado por alto. Este libro trata acerca de una madre que va más allá de su amor y administra respeto al corazón de su hijo. Sin embargo, además de los estudios y las Escrituras, cada madre comenzará a descubrir por sí misma esta necesidad en su hijo.

No se torture

Cuando vea de primera mano su necesidad de respeto, descubrirá que su amor y compasión por su hijo le proporciona el interés y la energía naturales para satisfacer esta necesidad. Así que no se torture. Relájese. No se agobie pensando en esos momentos en los que siente que tal vez haya fallado. Algunas madres tienden a torturarse y luego se desvinculan para evitar este tema. Sin embargo, permita que su amor le motive a cambiar de dirección cuando este asunto del respeto en sí no le motive.

Permítame decirle que yo no crecí asistiendo a la iglesia; y, si ese es también su caso, le ruego que continúe leyendo. Aunque pastoreé por años —lo que me permite añadir una perspectiva bíblica—, también tengo un doctorado en Ecología de Niños y Familia que me permite destacar lo que conocemos sobre la conducta masculina y lo que he investigado personalmente. Además, he recopilado cientos y cientos de correos electrónicos de madres. Usted necesita escuchar sus testimonios. Se lo debe a sí misma. Se lo debe a su hijo.

Investigación

En términos de investigación, Shaunti Feldhahn ha descubierto que el respeto es extremadamente importante para los hombres. Si ellos se vieran obligados a escoger entre sentirse «solos y faltos de amor en el mundo o [sentirse] insuficientes y carentes de respeto», el setenta y cuatro por ciento preferiría sacrificar el amor, si pueden conservar el respeto, y solo un veintiséis por ciento dijo que sacrificaría el respeto en favor de sentirse amado.[1]

Los hombres y los niños son mucho más sensibles, vulnerables y reaccionarios a sentirse insuficientes y carentes de respeto. Lamentablemente, algunos han caracterizado estos sentimientos como enraizados en el narcisismo. Sin embargo, las madres saben que sus hijos no son más maníacos egoístas que lo que sus hijas son la prima donna que anhela ser especial, atendida y amada. Una madre prudente da el beneficio de la duda a su hijo. Él es un hombre en desarrollo.

Aunque todos necesitamos amor y respeto de igual manera, existe, estadísticamente, una importante diferencia de género. Les pregunté a siete mil personas: «Cuando tiene algún conflicto con su cónyuge, ¿siente más que él o ella no le ama o que no le respeta?». Un abrumador ochenta y tres por ciento de los hombres dijo no respetado, y un setenta y dos por ciento de las mujeres dijo no amada. En otras palabras, con bastante frecuencia durante el mismo conflicto, ella filtra la reacción de él como carente de amor y él interpreta la reacción de ella como carente de respeto.

¿Qué necesita un niño?

Su hijo se siente de la misma manera. Sin embargo, ¿sabe usted que se siente así?

Durante un conflicto, si no filtra la situación igual que él, no entenderá el grado en que se siente que no le respeta. Como usted no tiene la intención de ser irrespetuosa, podría pasar por alto sus sentimientos. Tal vez diga: «Él debe saber que lo amo y que estoy tratando de ayudarlo a ser más amoroso. Debe dejar de sentir que no lo respeto». De la misma manera, supongo que está bien que un padre le diga a su hija que deje de sentir que no la aman.

Como escribió Louann Brizendine en *El cerebro femenino*: «Los varones y las mujeres se muestran reactivos ante diferentes clases de estrés... Cualquier conflicto en las relaciones hace estallar el sistema de estrés de una adolescente. La adolescente necesita gustar y relacionarse socialmente; un chico adolescente necesita ser respetado y ocupar un lugar elevado en la jerarquía masculina».[2] ¿Lo vió? *Un chico adolescente necesita ser respetado.*

Cuando existe un conflicto entre una madre y su hijo —un evento sumamente estresante para ambos— el hijo siente mucho más que le han faltado el respeto que carente de amor, y él anhela más respeto que amor. Sin embargo, ¿cuántas madres detectan esto? Y, si lo hacen, ¿cuántas saben qué decir o hacer? ¿Quién ha entrenado a una madre para preguntarse: «¿Lo que estoy a punto de decir le va a sonar respetuoso o irrespetuoso a mi hijo?».

Cada madre debe reconocer y aceptar que su hijo filtra el estrés con ella a través del colador del respeto. Él no está equivocado, simplemente es diferente. De la misma forma, el que una hija desee caer bien no significa que esté equivocada, simplemente es diferente. Un padre no debe decirle a su hija: «Deja ya de preocuparte por caerle bien a la gente en la escuela». Lo positivo de este reconocimiento es que una vez que la madre ve esta necesidad en su hijo puede usar esta información con prudencia. Solo necesita decir: «No estoy tratando de faltarte el respeto cuando confronto tu mala conducta». El simple hecho de pronunciar las palabras *faltarte el respeto* alivia su estrés.

El Ciclo Alienante

Si las madres no usan la conversación-respeto de esta manera, entonces dan vueltas con sus hijos en lo que llamo el Ciclo Alienante: sin respeto, un hijo reacciona sin amor y sin amor, una madre reacciona sin respeto. Y este ciclo se perpetúa. ¿Puede identificarse? Sin importar cuál haya sido el asunto que creó inicialmente el intercambio acalorado entre madre e hijo, ahora ha sido relegado a un segundo plano. Para el muchacho, la raíz del asunto es la falta de respeto que siente y la raíz del asunto para la madre es la falta de amor que siente, sin mencionar la falta de respeto que siente como madre. Se vuelve toda una locura y bien rápido. Él no ve su falta de amor porque siente la falta de respeto, y la madre no ve su falta de respeto porque se siente poco amada y que le han faltado el respeto.

Para detener esta locura, toda madre puede usar la conversación-respeto. Si bien es mucho más que verbal y puede sonar algo anormal al principio, el usar la palabra *respeto* es un punto de inicio para la madre. Para detener los momentos de locura, ella solo necesita clarificar, como dije antes:

«Mira, no estoy usando este asunto como una oportunidad para comunicarte que no te respeto. No estoy tratando de deshonrarte. Solo intento tratar con el asunto en cuestión, ¿de acuerdo? Vamos a tomarnos cinco minutos para calmarnos y retomar el asunto respetuosamente».

Este es el lenguaje innato de un niño. Lo escucha alto y claro, y entonces se calma.

Mamá, ¿cree que es difícil hacer esto? No. A las madres les encanta usar palabras y comunicar. Las investigaciones revelan que las mujeres son expresivas y receptivas. ¿Qué mejor manera de comenzar que aprendiendo algunas palabras de respeto que estimulen, motiven e influyan el corazón de un niño? ¿Qué puede ser más emocionante para una madre que pronunciar palabras que ablanden el espíritu de un hijo e inciten el deseo en él de conectarse con ella? Ella se imagina este tipo de relación con su hijo, pero nunca parece experimentarla como desea; por lo menos no después de los cuatro años, para muchas madres.

Como dijo la madre en la introducción: «Es como un pequeño milagro; la conexión y el afecto que anhelaba tener con mi hijo finalmente son una realidad».

El Efecto Respeto

La conversación-respeto genera afecto y cariño en un niño. Permítame ilustrarle esto entre un padre y su hijo para ayudarle a que lo vea desde otro ángulo. Un padre me escribió:

Un fin de semana, hace algunos meses, viajamos como familia a Praga. Habíamos leído su libro antes de este viaje y todavía los conceptos estaban frescos en mi mente. Pasé el fin de semana ayudando a mi cuñado a construir una casita en el árbol para sus hijos y luego añadimos una tirolina. Aunque mi sobrino estaba demasiado asustado para ser el primero en probar la nueva cuerda, mi hijo se ofreció a hacerlo voluntariamente. Después de eso, los muchachos se tiraron por la tirolina varias veces.

Como la tercera o cuarta vez [mi hijo], por alguna razón, se soltó. Cayó al suelo desde unos quince pies de altura. Esto pasa cuando dejas a dos padres solos con sus hijos en casa. Mi hijo se quedó sin aire, pero no se rompió ningún hueso. Cuando las madres regresaron no estaban nada contentas, pero aproveché la oportunidad para mostrarle respeto a mi hijo. Comencé a contarles sobre la gran aventura, y le llamé guerrero y héroe. Estas palabras surtieron tanto efecto en mi hijo que durante los próximos tres días no se separó de mi lado.

Desde el incidente, he contado la historia a menudo, siempre al alcance del oído [de mi hijo], y he notado que siempre se queda por los alrededores el tiempo suficiente para escuchar cuando lo llamo héroe guerrero, y luego sigue su camino. Después que regresamos [de su conferencia], le dije que había contado esta historia delante de 350 personas, y eso provocó que se iluminara su rostro con una sonrisa. Sé que le he fallado a mi hijo muchas veces; sé que tengo mucho que aprender como padre, pero también están los momentos cuando puedo contar esta historia y él sabe que es un caballero en reluciente armadura.

Note que el padre usó la conversación-respeto con su hijo al referirse a él como guerrero y héroe, resultando en que el niño no se separara de su lado en tres días. La conversación-respeto crea afecto, y el deseo de mantenerse cerca y conectado. Quiero que todas las madres presten atención a esto. El niño creó un vínculo profundo con su padre, y lo mismo puede ocurrir entre madre e hijo cuando ella usa la conversación-respeto.

Una madre escribió:

Una noche, mientras acostaba a mis hijos, el que tiene cinco años, en medio de mi monólogo sobre cuánto lo amaba, me miró con tristeza y me preguntó: «Mamá, ¿estás orgullosa de mí?». Sorprendida, le expresé inmediatamente que, por supuesto, estaba orgullosa de él. Entonces, con melancolía, me dijo: «¿Entonces por qué nunca me lo dices?». Desde entonces, me he esforzado por reprimir mi deseo de levantarlo del suelo y cubrir su cara con besos, y en lugar de esto, practico el ponerle una mano en el hombro y decirle que estoy orgullosa de él. Él responde a este simple gesto irguiendo el pecho y diciéndome: «Gracias, mamá», asintiendo con la cabeza. Y se retira sintiéndose más apreciado que si le hubiera besado la mejilla durante un año.

La conversación-respeto no debe dejarse a los padres. Este niño necesitaba la honra y el respeto de su madre, y se lo dijo.

A propósito, esto también provoca un nuevo sentido de apreciación por la relación que tiene un esposo con sus hijos. Una madre me contó:

> He comenzado a entender la relación de mi esposo con nuestros muchachos. Tenemos tres hijos; de trece, diez y cinco años, y una niña de dos. He sido bastante crítica por la manera en que mi esposo se comunica con los muchachos. Esta serie de Amor y Respeto me ha explicado el lenguaje entre los varones. Mis hijos se pasan horas hablando con mi esposo sobre sus intereses, que incluyen armas, el canal militar en la televisión, la Primera Guerra Mundial, la Segunda Guerra Mundial y las chicas. Mi esposo es policía de profesión, así que sus conversaciones son realmente muy interesantes. Ahora entiendo por qué hablan este idioma y cómo se ha desarrollado el respeto entre ellos.
>
> Las conversaciones entre mis hijos y mi esposo [son] acerca de honor, respeto, sabiduría, estrategias tácticas, y cómo aplicar esto a la vida cotidiana. Pero tengo que decir que el contenido de las conversaciones no es lo único que me resulta interesante, sino también el firme tono de voz que mi esposo usa con ellos. Si él usara ese tono conmigo o mi hija, probablemente terminaríamos llorando. Sin embargo, mis hijos parecen alimentarse con él. Ellos buscan la compañía de mi esposo y siempre quieren entablar conversación con él.

Y ahí lo tenemos otra vez. Los niños no quieren separarse del padre.

Conexión

La conversación-respeto crea el tipo de conexión que toda madre anhela tener con su hijo. Claro está, no le estamos pidiendo a una madre que se ponga botas de combate, fume cigarros, cargue un arma y hable con voz profunda. No hay necesidad de que vaya a la academia de la policía. No estamos promoviendo la idea de que una madre se convierta en varón. En cambio, el testimonio de esta madre resalta la importancia de *no* juzgar este mensaje sobre respeto simplemente porque la madre se siente incómoda con él. Como expresó esta madre, ella inicialmente juzgó la manera de comunicarse de su esposo como inapropiada cuando, en este caso, no era equivocada. Las madres no deben juzgar este lenguaje como inaceptable, sino aceptarlo como parte del diseño de Dios. Ella lo valorará cuando su hijo de diecinueve le salve la vida de un intruso que quiera entrar a casa.

Lo cierto es que la conversación entre este padre y esos muchachos representa uno de los mejores ejemplos de una conversación-respeto. Estoy seguro que sus discusiones incluyeron virtudes como el honor, la integridad, la precaución, la lealtad, la valentía, la prudencia, el servicio y el sacrificio. Predigo que estos muchachos se convertirán en el tipo de hombres que otros hombres siguen y las mujeres adoran.

Invito a las madres a detenerse y preguntar: «¿Por qué los muchachos responden a los entrenadores de fútbol? ¿Por qué se enlistan en la Marina y obedecen a su sargento de instrucción?». Muchas madres dicen: «No tengo idea». Estos líderes varones les confirman a estos muchachos: «Creo en ti. Admiro a quien creo que eres. Pero ¿lo ves tú en ti mismo? ¿Serás capaz de convertirte en esa persona que creo que eres?». Este ha sido un slogan del Ejército de Estados Unidos por muchos años: «¡Sé todo lo que puedes ser!». El sueño de conexión de los muchachos.

La conversación-respeto también ayuda a las madres a conectar al hijo con su padre:

> El material del libro ha sido especialmente útil para respaldar a mi esposo en su relación con nuestro hijo y también me ha permitido alentar una relación más saludable y respetuosa entre padre e hijo. He aquí cómo he usado lo que aprendí en *Amor y respeto* cuando le hablo a mi hijo sobre los deseos de su padre y para alentar conductas que mi esposo desea.
>
> Por ejemplo, a mi esposo no le gusta que los muchachos se suban en los muebles. Cuando mi hijo lo hace, le recuerdo amablemente que «tenemos que respetar lo arduo que papá ha trabajado para poder comprar cosas para nuestra familia y su deseo de cuidar bien de ellas». Mi hijo responde bien a esto. Supongo que él entiende este lenguaje mejor que gritarle: «¡Papá dice que te bajes del sofá inmediatamente!».
>
> Ahora puedo decirle a mi hijo: «Papá piensa que debes (llena el blanco). Y porque él desea lo mejor para ti, debemos respetar sus

deseos». Parece que mi hijo puede entender esta necesidad de respetar a su padre (¡aún mejor que yo!) y puede obedecerle solo como resultado de ese respeto.

Madres y sus momentos ¡Ajá!

Algo que me fascina es que muchas madres que han asistido a nuestra conferencia Amor y Respeto en el matrimonio comenzaron a enviarme correos electrónicos con testimonios de momentos cuando de pronto entendieron algo. En nuestra conferencia estudiamos Efesios 5.33. Este pasaje bíblico ordena a los esposos a amar a sus esposas y a las esposas a respetar a sus esposos; 1 Pedro 3.1–2 también trata el tema del respeto. En mi libro sobre el matrimonio, *Amor y respeto*, guío a las esposas a experimentar poder e influencia enfocando el respeto hacia el espíritu de sus esposos, mientras tratan con los asuntos de falta de respeto. Este comportamiento respetuoso en las esposas termina motivando a los esposos a ser más amorosos y respetables.

Una vez termina la conferencia, estas mujeres comienzan a pensar: *¿Acaso esto no es aplicable también a mi hijo? Él es varón.*

Una dama me escribió: «Vengo de una familia donde todas somos mujeres y su información sobre el respeto hacia mi esposo fue algo totalmente nuevo para mí. También me hizo pensar en cómo podía también traducir esto en la crianza de mis hijos, que tienen nueve y once años».

Las madres sintieron intuitivamente que si el respeto funcionaba en el alma masculina de sus esposos, entonces también funcionaría en el alma masculina de sus hijos. Lo intentaron y me escribieron con resultados asombrosos.

«Este asunto del respeto realmente funcionó con mi hijo. Estoy impresionada».

Muchas madres comenzaron a pedirme más ayuda sobre cómo aplicar el respeto a las circunstancias con sus hijos.

«¿Y qué me dice de mi hijo de cuatro años? ¿Cómo debo vislumbrar el hacer esto con él a temprana edad?».

«¿Cómo respeto a mi hijo adolescente cuando este debe respetarme a mí?».

«¿Y qué si no respeté a mi hijo adulto por demasiados años? ¿Es demasiado tarde para cambiar?».

Luego de hablarles sobre formas de aplicar respeto, a estas madres les pareció revolucionario. Esto abrió un mundo completamente nuevo para ellas y sus hijos, y comenzaron a enviarme correos electrónicos contándome una historia tras otra sobre cómo el Efecto Respeto las había dejado asombradas e impresionadas, sin importar la edad ni los errores pasados.

Según escuchaba las historias de estas madres, comenzó a intrigarme el estribillo materno: «¿Por qué nadie me dijo esto antes? Quiero aprender más. ¿Tiene usted un libro sobre madres e hijos?».

Un sentido de urgencia

Cuando les decía que no tenía un libro, pero que planificaba escribir uno, exclamaban: «Por favor, apúrese, y apúnteme para ese libro sobre madres e hijos. ¡Lo quiero! No, ¡lo necesito! ¡Ahora!».

Lo que hacía que esto fuera más urgente es que las madres estaban entrenando a los padres para amar a sus hijas, pero nadie estaba enseñando a las madres cómo mostrar respeto a sus hijos. Todo el mundo se daba cuenta que las niñitas necesitaban el amor del padre; pero ¿quién promovía con fervor la verdad de que los chicos necesitan el respeto de la madre?

Un día comencé a hojear los índices de algunos de los libros más reconocidos sobre niños y en ninguno de los índices encontré las palabras: *respeto* u *honor*. Ninguno decía que los niños tienen que sentirse respetados por quienes ellos son, pues son hombres en desarrollo. No es de extrañar que las madres sientan que han sido abandonadas en este tema. ¿Quién señaló el respeto como algo primordial para el núcleo de un niño?

El presidente de un equipo de la Asociación Nacional de Baloncesto (NBA) me invitó recientemente a que diera una charla sobre honor y respeto al equipo, los entrenadores e instructores. Nunca antes había invitado a otro orador inspirador para hablarle a uno de sus equipos, y él es reconocido como uno de los mejores oradores inspiradores en este siglo. ¿Por qué me invitó? Porque reconocía la singularidad del alma masculina y el poder que existe cuando se le permite florecer. La necesidad en el alma de una estrella del baloncesto en la NBA es la misma necesidad que tiene un niño que desea ser esa estrella algún día.

¿Polvo mágico?

Dicho esto, tampoco quiero prometer demasiado. Esta no es una fórmula absoluta. Su hijo no es un robot, ni usted tampoco. Esto es más arte que ciencia. Además, el respeto no es una teoría para probar un día o dos. Su hijo no es un ratón de laboratorio con el que pueda experimentar y luego concluir que no funciona si no se vuelve perfectamente sensitivo, sentimental, sensible y sensacional de la noche a la mañana. Esto es un compromiso de satisfacer la necesidad de un hijo hasta que el hijo muera... ¡y esperemos que no sea por soltarse de la tirolina!

No existe un polvo mágico que una madre pueda espolvorear en la cabeza de su hijo que mágicamente le haga obedecer cada deseo y orden que ella le dé. No existe una técnica impecable para crear el hijo perfecto, de la misma manera que tampoco existe un proceso de tres pasos para transformar a una mujer en la madre perfecta. Ni la madre ni el hijo jamás caminarán sobre las aguas.

Sin embargo, tampoco tengo la intención de restarle importancia al poder de la conversación-respeto, como tampoco minimizaré las expresiones de amor de parte de un padre a su hija. Cuando una madre hace lo que presento en este libro, aun cuando ella y su hijo tengan días malos, su hijo responderá de una manera menos negativa. Reconozco que las cosas tal vez no sean tan positivas como ella ora y anhela, pero sí serán mejores.

El Efecto Respeto ha sorprendido positivamente a muchas personas. Las respuestas de los hijos han puesto a muchos padres en su lugar con gran deleite. Entonces, si todo esto gira en torno a entender el respeto, ¿qué exactamente *es* respeto? ¿Cómo lo definimos en términos adecuados? De eso hablaremos en el siguiente capítulo.

2

ENTENDAMOS CÓMO VEN LOS

NIÑOS EL RESPETO

¿Qué es respeto?

Una madre expresó:

> Vivo en una casa llena de testosterona masculina, y hasta el perro es
> macho. Estoy teniendo problemas con mi hijo de casi doce años y me
> está volviendo loca. Mis otros dos tienen quince y trece [...] ¿Cómo
> puedo mostrarles a mis muchachos que puedo ver [con] espejuelos azu-
> les y [escuchar con] audífonos azules? [...] Trato de entender este asun-
> to del respeto y se me está haciendo algo difícil. Quiero lograr
> realmente esto, pero no estoy segura cómo. Hasta tuve que buscar el
> significado de *respeto* para ver lo que realmente quiere decir. Estoy
> orando por esto.

Las madres son humildes y quieren aprender. Anhelan dar lo mejor a
sus invaluables muchachos. Sin embargo, se tropiezan en la oscuridad con
la definición de *respeto*. Se hacen eco de lo que expresa esta madre: «¿Cómo
rayos se manifiesta el respeto?».

He aquí una definición sencilla: el respeto de una madre es el refuerzo
positivo hacia su hijo, sin importar lo que él haga.

«Pero Emerson, ¿cómo puede decir que es sin importar lo que haga? Todo el mundo sabe que el respeto hay que ganárselo. Mi hijo debe ganarse mi respeto. De hecho, ¡debe respetarme! Además, ¿cómo puedo ofrecerle un refuerzo positivo cuando me siento tan negativa hacia él debido a su desobediencia?».

La escucho alto y claro. Sin embargo, le suplico que me escuche. No estoy diciendo que su hijo *merezca* respeto. Estoy diciendo que él no responderá a su negativismo y *falta de respeto*; por lo menos, no a largo plazo. Se resistirá o se rebelará contra lo que él percibe como su desprecio hacia él.

Tristemente, algunas madres concluyen: «Como el respeto hay que ganárselo y mi hijo no lo hecho, tengo licencia para faltarle el respeto a mi hijo cuando él desobedece». Sin embargo, ningún ser humano siente amor ni afecto hacia la persona que él piensa que le desprecia. ¿Quién responde ante una persona grosera?

Mi hijo no merece respeto

«Bueno, Emerson, tal vez estoy de acuerdo en que no tengo licencia para ser grosera. Como usted dice, ningún ser humano responde al menosprecio. ¿Hay algún punto medio en esto?».

No. La madre mostrará respeto y refuerzo positivo hacia el espíritu del hijo mientras confronta lo que él ha hecho mal, o mostrará falta de respeto y refuerzo negativo hacia el espíritu del hijo mientras confronta sus decisiones pecaminosas. No existe una tercera opción.

El secreto aquí está en reconocer dos dimensiones en su hijo. ¿Recuerda lo que Jesús les dijo a sus discípulos cuando se quedaron dormidos en el huerto del Edén? «El espíritu a la verdad está dispuesto, pero la carne es débil» (Mateo 26.41). Jesús expresó su decepción por los discípulos haberse quedado dormidos. No aprobó ni honró sus faltas. Sin embargo, él honró a los discípulos por sus deseos más profundos de hacer lo correcto. Él honró su disposición de espíritu. Jesús no mostró falta de respeto hacia el espíritu de ellos, a pesar de que desaprobó la debilidad de su carne.

Su hijo está dividido en dos: el espíritu y la carne. En su carne, él falla y usted debe abordar su conducta irrespetuosa. Sin embargo, esto es muy distinto a decirle: «Siento desprecio por quien eres como ser humano; por tu espíritu interior. Eres despreciable».

Entienda esta verdad fundamental: el mostrar respeto hacia el espíritu de su hijo no sanciona ni respeta el pecado de su carne. Una madre puede decir: «No respeto tus malas decisiones. Estoy enojada por esas decisiones y serás disciplinado por ellas». Sin embargo, luego puede añadir: «Creo en lo profundo de tu corazón. Respeto a la persona que Dios quiso que fueras cuando te creó y superaremos este momento».

No cruce la línea y condene su espíritu porque falló como resultado de la debilidad de su carne. Imite la manera en que Jesús respondió a los discípulos. Confronte respetuosamente la conducta inadecuada mientras que exhibe respeto hacia el espíritu de su hijo, sin importar lo que haya hecho.

La mirada de la madre

«Emerson, pero es que nunca le digo a mi hijo palabras que le falten el respeto». Excelente. Sin embargo, ¿qué percibe su hijo cuando usted se siente defraudada? ¿Interpreta él su «mirada» como desdén y desprecio hacia él? No estoy diciendo que de verdad lo sienta. Estoy preguntando: «¿Siente él que es así por su "mirada"?». Aunque no tenga la intención de comunicar falta de respeto hacia el espíritu de su hijo, ¿lo hace inadvertidamente?

Aunque tal vez estoy generalizando un poco, lo cierto es que cuando una mujer está enojada puede parecer irrespetuosa ante los hombres. Sus ojos se oscurecen. Su rostro se amarga. Mira al cielo con una expresión de incredulidad. Suspira con disgusto mientras sacude la cabeza. Reprende señalando con el dedo. Perturbada, pone las manos en sus caderas, mientras mira con intensidad al autor del delito. Y, cuando habla, su voz suena estridente. Tan pronto el estrógeno surte su efecto, salen de sus labios palabras irrespetuosas con tanta rapidez que la sorprenden a ella misma, y algunas de esas palabras le quitarían la borrachera a un marinero. Su arma elegida es el desprecio verbalizado.

Aunque mucho de esto es resultado de su dolor, frustración y fatiga porque ella da, da y da, ella no puede excusar la mirada de desprecio más de lo que un padre puede excusar una mirada de ira y hostilidad hacia su hija. Pase lo que pase, una madre debe mantener el refuerzo positivo hacia el espíritu de su hijo.

El sentido común nos dice que una mirada despreciativa nunca energiza, influencia ni motiva el corazón de un hijo. Aun los humanistas seculares reconocen la importancia del refuerzo positivo incondicional.

Los especialistas

Los especialistas en el tema del respeto han descubierto que «el éxito relacional con frecuencia depende de poder comunicar respeto y evitar la comunicación irrespetuosa. En ocasiones, el comunicar respeto se percibe simplemente como un medio para alcanzar un fin, pero la clave está en que el respetado perciba respeto incondicional en lugar de sentirse manipulado».[1] Aunque quizás pueda ser complicado transmitir un mensaje de respeto incondicional, el resultado es casi siempre positivo cuando la comunicación es exitosa.[2]

Si los secularistas entienden esto, es aún más importante que lo haga una madre que ama a Cristo. Al fin y al cabo, Jesús nos amó cuando todavía éramos pecadores y tiene la intención de glorificarnos hasta la eternidad como un regalo, completamente gratuito (Romanos 5.8–11). ¡Esto es respeto con esteroides! Más que cualquier otra persona, un seguidor de Cristo deben apreciar y aplicar el respeto positivo incondicional. Tenemos una razón eterna y fundamental. Toda madre debe ver la imagen de Dios en su hijo y honrar esa imagen. Toda madre debe ver a su hijo como Jesús lo ve: un espíritu dispuesto, pero una carne débil.

Refuerzo positivo incondicional

El respeto positivo incondicional no llega de manera natural. ¿Quién desea, por naturaleza, ser respetuoso mientras confronta a un hijo irrespetuoso? ¿Qué madre disfruta al ofrecer respeto positivo al espíritu de su hijo cuando él desprecia negativamente el corazón de ella? Esto no se trata de hacer lo que es fácil o justo, sino de hacer lo correcto. Los muchachos son inmaduros y detestables, pero este es el camino a seguir.

Algunas madres prefieren el camino fácil, especialmente cuando le permite alcanzar sus metas. Muchas madres han visto de primera mano el poder de su falta de respeto. Por eso es tan peligroso y engañoso. ¡Sí funciona! Cuando un niño siente el desprecio de su madre, él hace lo que ella espera. Ella se rige por el Efecto Falta de Respeto. Sin embargo, a largo plazo, eso es tan efectivo como el padre que cree en la severidad y el coraje hacia su hija como la forma de motivarla. Aunque puede funcionar a corto plazo, a largo plazo, él pierde el corazón de ella. Lo mismo ocurrirá con tu hijo. La hostilidad y el desprecio, a la larga, provocan que pierdas el corazón del hijo.

En fin, el respeto incondicional hacia el espíritu de un niño es el equivalente moral al amor incondicional de un padre hacia el espíritu de una hija. El padre no ama las decisiones pecaminosas y carnales de su hija. Él ama el espíritu de ella a pesar de esa conducta. De la misma manera, una madre no respeta las decisiones pecaminosas y carnales de su hijo. Ella respeta su espíritu a pesar de esa conducta.

¿Y qué de la confianza?

¿Significa esto que debes confiar en tu hijo incondicionalmente? Absolutamente no, suponiendo que haya violado la confianza mintiendo, robando o haciendo trampa. El respeto no es confianza ciega. Ese tipo de confianza ciega es potenciación. Cuando un niño hace mal en esta forma, debe sufrir las consecuencias y volverse a ganar la confianza. Sin embargo, una madre puede exhibir refuerzo positivo hacia el espíritu de su hijo mientras implementa disciplina.

Una madre tiene que confrontar las transgresiones irrespetuosas y tener el valor para hacerlo. Ella no está participando en un concurso de popularidad con el hijo. Sin embargo, ella exhibe respeto hacia el espíritu de su hijo mientras le informa que está castigado por tres fines de semana por haber hecho cosas a sus espaldas.

Ella dice:

«Respeto al ser humano que Dios tenía en mente al crearte. Respeto lo más profundo de tu corazón. Eres mi hijo. Sin embargo, cuando traicionas la confianza tienes que restablecerla. Con este castigo te volverás más sabio y espero que en el futuro tomes la decisión de permanecer fiel a tus valores. Los hombres de honor se mantienen fieles a sus valores».

Ella vive independiente de la conducta de él y de la opinión que él tenga de ella. La mala conducta de él no puede forzarla a convertirse en una mujer desdeñosa o poco digna. La respuesta de ella es responsabilidad de ella. La madre confronta y lo corrige.

¿Es el respeto incondicional una idea bíblica?

El apóstol Pedro presenta la idea de honrar y respetar a otros, independientemente de su conducta. De la misma forma que amamos a otros independientemente de sus acciones difíciles de amar (Mateo 5.46), así también tenemos que exhibir respeto en nuestra conducta hacia el espíritu de los demás independientemente de sus acciones irrespetuosas.

Pedro escribió: «Den a todos el debido respeto». Y continuó: «Criados, sométanse con todo respeto a sus amos, no solo a los buenos y comprensivos, sino también a los insoportables» (1 Pedro 2.17–18 NVI). ¿Respetar a una persona insoportable? Sí. Incluso instruyó a las esposas a observar una «conducta respetuosa» para ganarse al esposo desobediente (1 Pedro 3.2). Esto significa claramente mostrar respeto a una persona que no merece respeto.

Tal respeto no se dirige a la mala acción de la otra persona, sino hacia el espíritu de la persona que comete la mala acción. Debemos actuar honorablemente aunque ellos no sean honorables. Nosotros somos respetuosos aunque ellos no lo sean. Nosotros no perdemos nuestra dignidad aunque ellos pierdan la suya.

El respeto incondicional significa que no existe ninguna condición, situación ni circunstancia que pueda forzarnos a mostrar desprecio. En el caso de una madre, su hijo no puede convertirla en una mujer irrespetuosa. Esa es una decisión que ella toma por sí misma. Él no puede controlar el espíritu de ella. Dios hizo libre a la madre. Esto no significa que ella pierde su sensibilidad. La gama de emociones amorales palpita en su corazón, del pesar a la tristeza, de la gratitud a la alegría. Sin embargo, la falta de respeto y la grosería son su decisión, puesto que su respuesta es su responsabilidad. Ella nunca le dirá a su muchacho: «Me convertiste en una persona irrespetuosa». Esto trata acerca de mamá estar en control; en control de su tono de voz, de su selección de palabras y de su conducta, mientras interactúa con su inestimable progenie.

Ira¿Y qué del enojarse?

Una madre puede decir con un coraje controlado: «Te amo y te respeto, pero lo que has hecho no es digno de amor ni de respeto. Estoy enfadada contigo, muy enfadada. Sin embargo, veo esto como una oportunidad de aprendizaje. Y no lo digo para avergonzarte, sino para retarte. Tus acciones tienen consecuencias, pero esto es parte del proceso de ayudarte a convertirte en un hombre honorable».

Déjele saber en su coraje que no está tratando de mostrarle falta de respeto. Que quede constancia de que lo respeta y que cree en él.

Nunca asuma que él lo sabe. Esto es una conversación-respeto con coraje. El demostrar respeto positivo no está en desacuerdo con el coraje. Usted puede exhibir respeto positivo mientras exhibe coraje. La Biblia dice que si nos enojamos, no debemos pecar (Efesios 4.26).

Existe una línea que una madre no debe cruzar cuando tiene coraje y es permitir que su coraje provoque que su hijo sienta que no lo respeta. Una madre escribió: «He descubierto con mis hijos que el coraje y el control los enfurece, y en resumen, se sienten que no los respeto. Aun cuando todavía son pequeños, puedo ver que esto es lo que quieren de mí. Cuando les animo, soy paciente, les acepto a pesar de sus errores y soy gentil al corregirlos y desarrollar su carácter, se respira mucha más paz en el hogar [...] Estoy tratando de no derribar mi casa con mi lengua».

¿Qué experimentan los niños cuando se aplica el respeto?

1. Los estudios nos dicen que los varones filtran su mundo a través del colador del respeto.

No estoy discutiendo que las niñas no necesitan respeto o que podemos tratarlas de manera irrespetuosa. Estoy resaltando la diferencia de mentalidad entre los hombres y las mujeres. Nunca hemos escuchado esto en una película: «No te olvides que solo soy una chica... delante de un niño... pidiéndole que la respete». Más aún, no existe ni una postal de un esposo a su esposa en toda la industria de tarjetas postales que diga: «Cariño, realmente te respeto». Hay algo en la mujer que habla un lenguaje diferente —el lenguaje del amor— y ella desea que le hablen en ese lenguaje. De igual manera, los varones hablan un lenguaje distinto —el lenguaje del respeto— y quieren que les hablen en ese lenguaje.

Le estoy pidiendo que, como madre, se convierta en una experta en el lenguaje de respeto que habla su hijo. No solo porque bendecirá y energizará a su hijo, sino también porque le permitirá demostrarle cómo ser una persona respetuosa. Qué curioso que muchas madres me digan: «No tengo idea de cómo luce este asunto del respeto»; sin embargo, esperan que sus hijos las traten a ellas y a los demás con respeto.

¿Cómo puede una madre exigirle a su hijo que muestre respeto mientras ella alega que ignora cómo luce una conversación-respeto con su hijo?

Supongo que la explicación es que, para ella, el ser respetuoso con los demás se resume en dos palabras: ser agradable. «Sé agradable, como yo soy agradable». Para algunas madres, hasta ahí llega su dominio sobre el respeto y esa es la base de su apelación moral. No estoy tratando de restarle importancia a la perspicacia de las madres con relación al respeto, pero quiero acentuar qué es lo que conocen a fondo. Su sofisticación acerca del lenguaje del amor no tiene límites cuando se trata del contacto visual, escuchar, empatía, cuidados, decir «lo siento», escribir notas, enviar postales, comprar flores, llevar regalos, hablar sobre relaciones, pensar en la persona durante todo el día... y la lista podría seguir. Por esta razón le cuesta trabajo entender que una madre debe aprender el lenguaje del respeto. Esa no es su lengua materna.

Ella no procesa la interacción humana a través del colador del respeto, no lo hace en el matrimonio ni tampoco en la familia. Se siente poco natural ir más allá de la idea de ser agradable hasta una perspectiva más amplia que supone una gama de información que ella nunca imaginó.

Sin embargo, el amor de ella por su hijo la inspira a descubrir si esto es cierto. Creo que es importante ayudarla a descubrir esta verdad y darle la información que le permita desarrollar su dominio en el tema de la conversación-respeto. Cuando se vuelve competente, entonces se posiciona para guiar a su hijo en el proceso de convertirse en un respetado hombre de Dios.

Naturalmente, ella tiene que decidir si mantendrá el rumbo y adoptará este como su segundo lenguaje. ¿Decidirá que su hijo debe ser un hombre de amor que ama a los demás y habla el lenguaje del amor, o aceptará el otro lado de su hijo que él siente profundamente? Él se propone ser un hombre de honor que honra a los demás, y el habla el lenguaje del honor.

¿Aceptará la idea de que Dios creó a su hijo como una tabula rasa y que ella puede escribir en su ser el lenguaje que ella quiere que él hable, como los idiomas actuales que aprendemos? En efecto, el inglés, el francés o el español se aprenden de la madre. Presuntamente, Federico II —emperador del sacro Imperio Romano en el siglo XIII— privaba a los infantes de la interacción humana para descubrir el lenguaje natural que hablarían los bebés. ¿Sería hebreo, griego, latín, árabe, o cuál? Nunca pudo descubrirlo. Cuenta la legenda que los infantes morían como resultado de la falta de interacción afectuosa.

Usted y yo sabemos que los niños aprenden el idioma de sus madres. Sin embargo, lo que muchos no consideramos es que en lo profundo del alma de un niño está el cromosoma XY, y está allí desde su nacimiento; y esto no tiene nada que ver con la aportación deliberada e intencionada de su madre. Un cromosoma se encuentra en el núcleo de la célula y es un paquete organizado de ADN. Cuando miro la sofisticación, complejidad, consistencia, previsibilidad, secuencia, orden, ritmo e idioma de los veintitrés pares de cromosomas en los seres humanos —y uno de esos pares es el cromosoma del sexo—, adoro maravillado el diseño majestuoso de Dios.

Si bien sus palabras modelan un idioma literal, la manera de hablar de una madre a su hijo tiene menos que ver con poner información en su hijo y más con extraer esa información de él. La capacidad de lenguaje ya está allí en el ADN. Es la combinación de transmitirle un idioma literal mientras se descubre el idioma que ya está en su interior.

Los niños y las niñas son iguales, pero no los mismos. Son genéticamente distintos. La neurosiquiatra, Louann Brizendine, quien es tanto investigadora como especialista clínica, escribió en su libro *El cerebro femenino*: «De los treinta mil genes en el genoma humano, la variación de menos de uno por ciento entre los sexos es pequeña. Pero esa diferencia porcentual influye en todas las células de nuestro cuerpo; desde los nervios que registran el placer y el dolor, a las neuronas que transmiten la percepción, pensamientos, sentimientos y emociones».[3]

Inherentes en su hijo están las percepciones-respeto, los pensamientos-respeto, los sentimientos-respeto, la moral-respeto, la voluntad-respeto, las interacciones-respeto y un alma-respeto. Su hijo tendrá pensamientos y sentimientos sobre el respeto y la falta de respeto donde usted no los tiene. Él tendrá convicciones morales sobre el código de honor que provoca que él reaccione ante la falta de honor en formas que usted no imagina. Él tendrá una determinación intencionada de ir en pos de asuntos sobre honor y evitar la falta de honor en maneras que están fuera del alcance de los asuntos que le impulsan a usted. Él interactuará con la gente basándose en asuntos de respeto y falta de respeto de una forma que usted no puede filtrar socialmente. Él tendrá una inclinación espiritual —los asuntos del alma— hacia el honor y la gloria de Dios, y ser un hombre de Dios respetado; mientras que usted se inclina a amar a Dios y ver a su hijo convertirse en un amado hijo de Dios. Él exhibirá estados anímicos, un temperamento, una personalidad, una disposición y motivaciones basadas en el respeto y la falta de respeto, mientras que la vida de usted gira alrededor del amor.

¿Estoy yendo demasiado lejos? Piense en el sentimentalismo de las mujeres. La mayoría de los hombres no son tan sentimentales como las mujeres, y la industria de las tarjetas postales y los regalos lo sabe. O piense en la naturaleza protectora y de ofrecer cuidados de las mujeres, y cómo lo practican entre la familia y las amistades. Sí, los hombres también se preocupan por los demás, pero es tan diferente como el azul difiere del rosa. Mire las lágrimas que derraman las mujeres cuando están felices, tristes o frustradas. Los hombres no lloran de la misma manera que lloran las mujeres. Observe los temores que expresan las mujeres y que los hombres no tienen. Hablando en términos generales, ninguno está mal... son simplemente diferentes. Sí, existe solapamiento debido a nuestra humanidad común, por ser creados a imagen de Dios; sin embargo, ese mismo Dios nos creó varones y mujeres.

¿Habrá momentos cuando su hijo se sienta que no lo respetan cuando faltarle el respeto haya sido la intención más remota? Sí. Lo malinterpretará de la misma manera que usted lo ha hecho. En ocasiones, se ha sentido no amada, solo para descubrir más tarde que se sintió herida y ofendida por algo que no ocurrió como usted lo sintió. Y a pesar de que su hijo será imprudente en su interpretación, lo más sabio es darle el beneficio de la duda. Puede neutralizar su pensamiento equivocado diciéndole: «Puedo ver por qué sentiste que te falté el respeto y me siento mal por ti, pero esa no fue la intención, ¿vale? Te pido disculpas. Mi intención no era faltarte el respeto».

¿Qué pasa si la madre responde: «¡Ya es hora de que madures! Eso es ridículo y arrogante. Nadie está tratando de ser irrespetuoso»? Ella lo provocará. Ella perderá el corazón de él. Involuntariamente está maldiciendo en la lengua materna de él. Ella hace trizas el corazón de él de una forma comparable a cuando un padre lastima el corazón de su hija adolescente cuando le grita: «¡Deja de llorar como una bebé! Eres demasiado emocional. ¿A quién le importa si se te perdió la nota que te escribió el muchacho de la escuela? Pídele que te escriba otra». Por supuesto, ella se va corriendo a su cuarto; mientras que el hijo aprieta sus puños en frustración hacia su madre y frunce sus labios. Más tarde, la hija busca de su padre una confirmación de que él la ama, pero el hijo mantiene la distancia de su madre.

2. Los varones tienden a personalizar la apariencia de la falta de respeto.

Las niñas necesitan respeto, pero, generalmente, no personalizan el conflicto maternal pasándolo por el colador del respeto. Cuando una madre se queja y critica, su hija instintivamente sabe que la madre desea conectarse porque se preocupa, a pesar de que reacciona negativamente.

Algunas madres me han dicho: «Provoco intencionalmente a mi hija porque sé que ella necesita hablar». La hija sabe lo que su madre está haciendo y terminan sentadas en la cama, hablando por media hora sobre sus preocupaciones. Las mujeres se sienten cómodas en el océano de la emoción. Sin embargo, cuando esta misma madre provoca a su hijo para hacer que hable, él generalmente se aleja. Se retira y levanta un cerco. Los varones tienden a personalizar más a través del colador del respeto, lo que explica porqué él se retrae. Cuando una madre se queja y critica, su hijo lo filtra a través de un lente azul de una forma que una hija no ve a través de su lente rosa. Esto puede dejar a la madre sintiéndose que le han rechazado, que no la aman y que le han faltado el respeto. Sin embargo, ella necesita preguntarse: *¿filtra él mi reacción a través del colador del respeto mientras que mi hija me interpreta a través del colador del amor?* Un muchacho de diecisiete años puede decirle a su confidente: «Mi mamá me ama, pero no me respeta».

Para añadir a la dificultad entre madre e hijo, los varones no lloran a menudo, así que una madre puede malinterpretar la falta de emoción como indiferencia arrogante, especialmente cuando él se abstiene de pedir disculpas. Entre madre e hija se da la descarga negativa mutua, pero luego se dice «lo siento». El «lo siento» pone cierre al asunto. El «lo siento» dice que todo está bien hasta el próximo conflicto.

A diferencia de su hija, su hijo tiende a armarse de coraje contra las provocaciones. Dice «lo siento» con menos frecuencia. Así que la madre añade comentarios irrespetuosos para provocar una conversación, pero él se aleja aún más o se enoja muchísimo. En el intento de llegar a él, la madre descubre que su estilo femenino de buscar cercanía tiene consecuencias negativas.

Una manera de acercarse cuando observe que él se encierra es decir:

«Mira, no te estoy hablando así porque quiera faltarte el respeto. Mi meta es honrarte, no deshonrarte. Pero me siento acorralada. Sabes que me preocupo por ti y quiero asegurarme que estamos en la misma onda. Mi deseo no es menospreciarte. Eso sería irrespetuoso. Simplemente siento que cuando te encierras, te sientes "desconectado", como dicen por ahí. Solo estoy intentando discutir el problema, no atacarte como persona».

Tal vez él no te hable, pero al menos puedes eliminar de su pensamiento la impresión de que no lo respetas. Este modus operandi lo energiza, motiva e influencia mejor.

3. Los varones son más callados con respecto a su necesidad de respeto.

Muchas madres no tienen la menor idea de cómo entablar una conversación-respeto con un varón. Las niñas serán más expresivas al hablar de amor y también responderán mejor al amor. Las niñas tienden a demostrar abiertamente su deseo de experimentar amor, tal como vemos en las notitas adornadas con corazones rojos y los XO. El amor es el tema entre mujeres y ellas dominan esa conversación.

Los muchachos, por su parte, no se expresan abiertamente tanto en cuanto al respeto y tampoco responden abiertamente con tanta facilidad. Sin embargo, ese deseo es muy auténtico, tal como hemos visto en testimonios de muchachos resplandeciendo de alegría. A pesar de ello, los muchachos tienden a no exhibir abiertamente su deseo de experimentar respeto con tanta frecuencia como las niñas comunican su deseo de amor. Por ejemplo, las niñas saben que serán amadas incondicionalmente y pueden preguntar: «¿Me amas?». Los varones no se arriesgan a preguntar: «¿Me respetas?» por miedo a escuchar: «No mereces mi respeto», o: «No te has ganado mi respeto».

¿Confirman los estudios esta tendencia a aislarse? La Universidad de Washington estudió a dos mil parejas. Ellos descubrieron que los dos ingredientes básicos para un matrimonio exitoso eran el amor y el respeto. Sin embargo, notaron diferencias según el género: ochenta y cinco de los individuos evasivos y retraídos eran hombres. Las mujeres no podían imaginar el retirarse, y lo interpretaban como un acto hostil o carente de amor. Sin embargo, las mujeres hacían algo distinto durante un conflicto. Se quejaban y criticaban. La crítica constante que los hombres recibían les llevaba a creer que ellas menospreciaban quiénes ellos eran como hombres.

He intentado ayudar a las mujeres a entender que la mayoría de los hombres y niños no se aislan como un acto de hostilidad, sino como un acto de honor. El busca reducir el conflicto poco a poco, dejándolo a un lado u olvidándolo. Él quiere seguir adelante —no hay daño, no hay falta.

No es gran cosa. He intentado ayudar a los hombres a entender que las mujeres critican no como un acto de menosprecio, sino como un acto que ejemplifica que les importa el asunto. Las mujeres están interesadas en la relación y quieren resolver el problema y reconciliarse. Ella quiere mantener la relación «al día» y asegurarse que él no está enojado y que la ama.

Una chica tiene el derecho de preguntar: «¿Me amas?». Puede decir: «Como me siento no amada, entonces no eres afectuoso». Sin embargo, cuando se trata de la necesidad de respeto en un niño, mencionará esta necesidad varias veces hasta que se tope un completo rechazo. De ahí en adelante, rara vez se abrirá otra acerca de su profunda necesidad. Piénselo bien. ¿Le permitiría y apreciaría que un hijo le dijera: «¿Me respetas? ¿Por qué nunca que me dices que me respetas? Debes respetarme». Él nunca jamás le diría a su madre ni, muchos menos, a un grupo de mujeres: «Eres una persona irrespetuosa y siento que me has faltado el respeto».

Los hombres tienen un acuerdo cuando uno le dice al otro: «Me estás ofendiendo. Déjalo ahí. Ya no seas tan irrespetuoso». Una mujer podría responder al hombre que dice esto: «¿Quién crees que eres para hablarme de esa forma? No mereces respeto. No eres respetuoso. Me niego a ser tu trapo».

Así que, si usted ha desechado la necesidad de respeto de su hijo, no concluya que ya no tiene necesidad de él.

4. Por defecto, la madre escoge el amor e ignora el respeto.

Mi hijo Jonathan escuchó en la radio a una madre contando que a su hijo le habían dado una tarea que pedía que escribiera su propio epitafio. Él escribió: «Un respetado hijo de Dios». Él se imaginaba esas palabras descriptivas en su lápida. Cuando supo lo que su hijo escribió, la madre objetó y expresó lo que ella prefería. Le dijo que debía inscribir las palabras siguientes en la lápida: «Un amado hijo de Dios».

¿Por qué los distintos epitafios entre hijo y madre? ¿Por qué se enfoca él en el respeto y ella en el amor?

El secreto —escondido a plena vista— es que a medida que los niños crecen y se mueven a la adultez, ellos filtran su mundo a través del colador del respeto. Por el contrario, las madres tienden a ver a sus hijos a través del colador del amor. Las madres aman amar y quieren que sus hijos amen amar. Las madres anhelan que sus hijos sean amorosos y, por consiguiente, sean amados. Las madres tienen la propensión a obsesionarse con que su muchacho vea el mundo a través del lente del amor mucho más que a través del lente del honor. Por consiguiente, la madre puede ignorar lo que él está diciendo desde lo más profundo de su ser porque no es importante para ella. Para ella, solo importa el amor.

Una madre necesita ser intencional acerca del respeto incondicional puesto que va por defecto al amor. Una mujer comentó: «Como madre, mi tendencia es amar a mi hijo adolescente. Lo que creo que es cierto es que él está cambiando de necesitar amor incondicional a necesitar respeto incondicional. El truco está en ser capaz de avanzar y retroceder según va creciendo».

Cuando se convierte en madre, la mujer coloca al hijo que ama en el centro del cosmos. La esencia de la maternidad es que otro sea el centro, y ella no lo lamenta. Los sentimientos de amor que tiene por su muchacho la abruman, especialmente cuando ella se pasea por el camino de los recuerdos. La ternura de una madre es inmensurable. Sin embargo, el amor maternal la consume al punto que no piensa en mostrar respeto ni considera las maneras en las que luce irrespetuosa para su hijo.

La buena noticia es que la mayoría de las madres puede lograr más rápido lo que desean a través del respeto que del amor. Una madre escribió:

Por fin intenté esto con mi hijo de casi trece años. Estábamos a punto de jugar backgammon. Verifiqué las reglas y me di cuenta que habíamos organizado mal las fichas. (Mi hermano había pasado todo el día aprendiendo cómo jugar con mi hijo, y luego mi hijo me enseñó a mí. Así que sabía que esto era un asunto delicado). Cuando comencé a reorganizar las fichas, mi hijo se agitó y se enfadó muchísimo. Comencé a decir palabras e ideas tranquilizadoras, para hacerlo sentir mejor. Se enojó aún más. Finalmente le dije: «Soy mujer, así que cuando escucho que estás enojado, siento la necesidad de ayudarte a arreglarlo o, por lo menos, de hacerte sentir mejor. Ahora entiendo que es algo que no puedo hacer por ti». Él se detuvo, me miró y dijo: «Gracias, realmente aprecio eso». Inconscientemente, él me «amó». Ambos nos sentimos mejor y yo me quedé sorprendida (y me sentí un POCO orgullosa de mí misma).

Este intercambio es sutil pero poderoso. Él sintió demasiado sentimentalismo cuando ella intentó consolarlo; cuando trató de hacerlo sentir mejor. Cuando ella dijo la verdad respetuosamente y confesó que no podía solucionarlo por él porque ella ya no tenía esa capacidad, él escuchó alto y claro: «Ya eres un hombre». Aunque para algunas mujeres esa conversación puede parecer extraña, ella reconoció y honró su independencia, y él se detuvo para darle las gracias.

Y ciertamente esto requiere que prestemos atención. Una madre escribió: «Por lo general, no entiendo si es un asunto de disciplina, un asunto de respeto, o *qué* es. El tener un hijo incluye todos los mismos problemas rosa contra azul, ¡excepto que es con alguien que todavía no sabe amarrarse solo los cordones de sus zapatos!».

Cuando entendemos la manera en que Dios diseñó a nuestros muchachos, podemos navegar mejor la relación madre-hijo. Creo que cuando una madre entienda la necesidad de respeto de su hijo, experimentará una mejoría. Se conectará mejor con él, lo motivará, suplirá una necesidad en el alma de él, entenderá sus reacciones, apreciará sus cualidades de niño, lidiará mejor con los conflictos y restablecerá la relación.

Una madre compartió su opinión: «Mientras más respetes el creciente sentido de independencia en tu adolescente, más se sentirá amado».

Otra madre me dijo:

El propósito de este mensaje es decirle que usted me ha dado esperanza con mis hijos. Estoy en mi cuarto embarazo, con mi tercer varón. He estado sintiendo la pérdida de no tener una segunda niña, pensando que nunca podré relacionarme y tener la cercanía con mis hijos que tengo con [mi hija]. Y aunque posiblemente es cierto, tengo la esperanza de que si aprendo a respetar a esos muchachos, tal vez pueda tener con ellos una mayor cercanía porque sería la mujer principal en sus vidas, edificando quiénes son. Le doy las gracias por esto.

Un último comentario. Cuando una madre se siente amada por su hijo, necesita verlo como una oportunidad para entablar una conversación-respeto y no simplemente concentrarse en la maravillosa sensación que está experimentando gracias a la conversación-amor de su hijo.

Una madre me contó sobre una conversación que tuvo con su hijo de ocho años. Lo que notamos es una conversación-amor de su hijo, pero no vemos una conversación-respeto de su madre. Escucha lo que dijo:

> Llevaba una semana enferma. Él me preguntó por qué estaba llorando y le respondí: «Alguien me dijo que parezco un completo desastre». Él me dijo: «Esa persona no es agradable. ¿Por qué no te arreglas el cabello? Tengo dinero si lo necesitas». Lloré aún más. Él me preguntó: «¿Dije algo malo?». Le dije: «No, mi amor, lo que dijiste fue hermoso, y asegúrate de decírselo a tu esposa algún día si ella está cansada o enferma». Él me contestó: «Listo, mamá, y te prometo que nunca voy a repetir ese otro comentario que fue tan grosero e hirió tus sentimientos». ¡Y él solo tiene ocho años!

¿Qué estaba pasando en esta conversación? Como muchas madres, ella se siente sobrecogida ante la ternura amorosa de su hijo. Esa madre nunca olvidará esa conversación y se la repetirá a todas sus amigas.

Sin embargo, interpretémosla a través de los ojos del niño. Él ve a su madre llorando y le pregunta por qué. Ella le dice. Él ofrece ayudarla. Cuando lo hace, las emociones de ella se aceleran y llora aún más. ¿El primer pensamiento de él? Piensa que hizo algo malo. Claramente, él no entiende. Ella le dice que no hizo nada malo y que, por el contrario, hizo algo hermoso (lo más que se acercó a una conversación-respeto). Sin embargo, en un nanosegundo, ella pasa a darle un pequeño discurso sobre cómo su hijo debe tratar a su futura esposa cuando ella esté cansada o enferma. El niño entonces promete no lastimar los sentimientos de su madre.

Mi instinto me dice que este niño sintió más ansiedad de la que ella imaginó, lo que provocó que hiciera una promesa a su madre de no ser grosero. ¿Qué tal si ella hubiera añadido algunas palabras de respeto adicionales? ¿Habría afirmado con certeza a su hijo?

«Hijo, tus palabras tocaron mi corazón intensamente. Estoy realmente orgullosa de ti. Entiende que lloré por la felicidad que me causaste, aunque no pareció que estaba feliz porque estaba llorando. Muchas mujeres lloran cuando están felices, no solo cuando están tristes. Sí, estaba triste por mi cabello desarreglado, pero tus palabras me ayudaron a sentirme feliz. También me hizo feliz cuando me ofreciste dinero para arreglarme el cabello. ¡Increíble! De verdad respeto tu bondad y tu generosidad. Te estás convirtiendo en un extraordinario hombre de honor. Gracias. Choca los cinco».

Las madres son buenas con las palabras. Las palabras fluyen directo de sus corazones. Sin embargo, si no incluyen estas palabras de vocabulario, las madres recordarán estas conversaciones en sus diarios y creerán que han establecido conexiones profundas con sus hijos. Sin embargo, una conversación-respeto habría hecho sentir mucho mejor a su hijo.

Cuando un intercambio con su hijo se siente afectuoso —lo que acelera la ternura de la madre— ella debe preguntarse: *¿hay alguna palabra de respeto que pueda añadir a esta interacción?*

5. El modelar respeto capacita a una madre para pedir respeto hacia ella y los demás.

¿Cuál es uno de los efectos secundarios de usar la conversación-respeto con su hijo? Una madre puede apelar a su hijo para que hable respetuosamente a los demás, tal como ella le habla a él. ¿Lo entiende el hijo? Escuche cómo una madre aborda esto con su hijo. Según va leyendo, note el reconocimiento de respeto inherente del niño, como si este idioma residiera en su ADN, codificado por Dios en el útero. Ella expresó:

Entiendo que el respeto es una necesidad fundamental en él. Lo traigo a colación con frecuencia cuando estamos hablando de cómo necesita relacionarse con los demás. Hemos discutido algunos aspectos sobre cómo se percibe el respeto: admitir nuestras decisiones y fracasos, seleccionar cuidadosamente nuestras palabras, confiar en la capacidad de la otra persona para tomar decisiones, usar un tono de voz placentero y un lenguaje corporal que refleje atención. Puedo hablarle sobre respetar a alguien, aun cuando no esté de acuerdo con la persona o no le caiga bien. Hablamos sobre respetar a Dios, los amigos, las hermanas, los padres y los abuelos. Él entiende este lenguaje. También le hablo sobre cómo los demás deben tratarlo con respeto y cómo debe dirigirse a ellos respetuosamente si no lo hacen. Conversamos sobre la necesidad de ser respetuosos a pesar de nuestras emociones, tales como el coraje o la frustración.

Esto parece funcionar mucho mejor que hablarle sobre ser «agradable». Por ejemplo, si le digo que le repita algo de forma «agradable» a su hermana, suena un tanto molesto con un «por favor» unido a la petición. Mientras que, si le pido que diga algo con respeto, es posible que lo diga muy directamente (y hasta con mucha firmeza), pero siempre suena más amable y más sincero. Además, cuando se está quejando o se pone un poco atrevido conmigo, le pido que se dirija a mí respetuosamente, y su tono típicamente cambia de inmediato. Parece que todo lo «entiende» cuando uso la palabra *respeto* asociada con las relaciones.

Cuando sienta que su hijo es irrespetuoso, puede apelar a él para que muestre respeto. Usted es un modelo moral. Poniéndolo de una forma negativa, el exhibir falta de respeto ante un hijo irrespetuoso desacredita su apelación ante él de mostrar respeto cuando él no quiera mostrar respeto. Piénselo bien: si usted no quiere mostrarle respeto a su hijo, ¿por qué querría él mostrar respeto?

Dios ordena a los hijos a honrar a su padre y a su madre. Su conversación-respeto le muestra cómo hacerlo. Si bien él es responsable de obedecer el mandato de Dios de honrar al padre y a la madre, independientemente de usted, su conversación-respeto crea el mejor ambiente para motivarlo a que elija obedecer a Dios. Él puede imitarla a usted.

Usted no tiene que ser perfecta. Simplemente sea sincera sobre su falta de respeto y pida perdón cuando falla, pues eso le modela a él cómo recuperarse cuando sea él quien falta el respeto. Una madre me escribió: «En lo que respecta a nuestros hijos, tienen trece y diez años. Son lo suficientemente grandes para entender lo básico. Cuando tomamos la clase por primera vez, tuve que pedirles perdón por no respetar a su padre. Bueno, pues eso comenzó el proceso de ser ejemplo para ellos. Así que ahora ellos nos preguntan si han sido poco cariñosos o irrespetuosos cuando se comunican con nosotros».

Por último, una madre nos contó los conflictos periódicos entre su esposo e hijo:

> A veces le he modelado a [mi hijo] cómo presentar sus preocupaciones y reformularlas respetuosamente. He notado que esto les permite dialogar abiertamente sobre sus problemas [...] He podido hablarle a mi hijo sobre cómo apelar respetuosamente ante su padre cuando él cree que algo es injusto o siente la necesidad de mayor reconciliación o clarificación sobre algún asunto. (Esto no quiere decir necesariamente que su padre cambia su posición, pero por lo general les ayuda a comunicar mejor).
>
> He tenido mucho éxito guiando a mi hijo en conversaciones con su padre usando lenguaje respetuoso para tratar con situaciones difíciles. Para empezar, he tenido la oportunidad de enseñarle a pedir disculpas por no respetar a su padre en alguna situación particular, si es apropiado, y luego discutir respetuosamente los problemas con su padre.

A medida que usted avanza, aplicando este glorioso concepto del respeto, inevitablemente hablará con otras madres sobre sus descubrimientos. Cuando lo haga, la primera pregunta que la mayoría de las madres hace es: «¿Qué quiere decir con respetar a mi hijo?». Este capítulo ofrece la respuesta para la pregunta más común.

El reto para cada madre es darse cuenta de que su forma por defecto de corregir a su hijo parece irrespetuosa, si bien lo que la motiva es el amor. El refuerzo negativo hacia su espíritu no lo motivará a ser positivo; por lo menos no con ella. Por esta razón, el respeto debe ser su refuerzo positivo hacia su hijo, sin importar lo que él haga. Las madres deben confrontar respetuosamente las conductas que no son respetuosas. A largo plazo, el menosprecio hacia el corazón de un hijo nunca motiva a un muchacho (ni a nadie) para que sea respetuoso y cariñoso, sino que lo desinfla. el secreto está en que la madre demuestre respeto mientras exige respeto. Cuando ella entiende y vive de esta manera, también lo hará su hijo.

3

Plan de juego

Mamá, D[e]CIDA guiar con respeto

¿Qué espera Dios de una madre? ¿Acaso la Biblia revela la voluntad divina con respecto a la relación con su hijo?

¡Sí lo hace! Como madre, Dios le llama a seguir seis principios:

1. Dar, de modo que las necesidades físicas de su hijo sean suplidas.
2. Comprender, de modo que no irrite ni provoque a su hijo.
3. Instruir, de modo que su hijo conozca y aplique la sabiduría de Dios.
4. Disciplinar, de modo que su hijo pueda corregir sus malas decisiones.
5. Animar, de modo que su hijo pueda desarrollar los dones que Dios le ha dado.
6. Suplicar en oración, de modo que su hijo pueda experimentar el toque y la verdad de Dios.

Coloqué estos principios en el acrónimo D[e].C.I.D.A.S. Cuando de su hijo se trata, usted puede ser una madre que decide guiar con respeto usando D[e].C.I.D.A.S. Cada principio gira en torno a una enseñanza bíblica fundamental para madres y padres. Escribí mi libro *Amor y respeto en la familia* basándome en lo que las Escrituras revelan a los padres sobre la crianza, no simplemente en pasajes al azar que tal vez se ajustaran a esto. Lo mismo hice con este libro.

D[e].C.I.D.A.S. sirve como una guía para facilitar que una madre decida aplicar respeto con sabiduría e impacto. Esta lista de control me entusiasma porque le ofrece a cada madre los medios para evaluar su enfoque rápida y exitosamente, según las edades y las etapas de vida de su hijo (e hija). Le concientiza ante la oportunidad inmediata de usar la conversación-respeto, antes de que inocentemente pueda fallar en percatarse de momentos vulnerables.

Por favor, use esto de la misma forma en que analizaría cualquier información cuando su hijo se enferma. Las madres repasan la lista de síntomas para determinar qué puede haber detrás de una enfermedad. Aunque ellas consultan con doctores cuando no pueden curarlos, la mayoría de las madres hace un excelente trabajo en restablecer la salud a sus hijos.

D[e].C.I.D.A.S. refleja el corazón de Abba Padre, y ayuda a la madre a determinar los síntomas, para que pueda llegar rápidamente a la raíz del asunto. Lo que me pareció fascinante mientras revisaba estas enseñanzas bíblicas para padres acerca de la crianza es que captura las dimensiones más importantes de cada niño.

1. **D**ar lo físico
   - ¿Reacciona tu hijo negativamente debido a una necesidad física, como tener hambre?
2. **C**omprender lo emocional
   - ¿Acaso está atravesando por una crisis emocional porque se siente irritado y se está desanimando, y necesita tu comprensión?
3. **I**nstruir lo mental
   - ¿Se está sintiendo como un tonto porque usted se olvidó enseñarle qué hacer?

4. Disciplinar lo volitivo
    • ¿Es indisciplinado y quiere imponer su voluntad en contra de
      la suya, lo que exige disciplina para que así él pueda aprender
      autodisciplina?
5. Animar lo social
    • ¿Está sintiendo él el rechazo de los amigos en el equipo de
      fútbol y ya no quiere jugar más, y necesita usted animarlo
      para que mantenga su compromiso durante este tiempo
      difícil?
6. Suplicar por lo espiritual
    • ¿Tiene él la necesidad de verle orar genuinamente por él en
      medio de su lucha emocional y social?

Si sigue los principios D[e].C.I.D.A.S. le aseguro que podrá discernir
rápidamente qué es lo que está aquejando a su amado hijo. A medida que
practica estos principios, usted tocará el corazón de Dios y el corazón de
su hijo.

En las páginas siguientes le explicaré los pasajes bíblicos detrás de
cada concepto. Entienda que esto es solo una perspectiva general. Más
adelante aplicaré cada uno con mayor profundidad.

Entonces, ¿cuál es la enseñanza bíblica detrás de D[e].C.I.D.A.S.?

[De] por Dar

**Dar, de modo que las necesidades físicas de su hijo estén
cubiertas.**

¿Existe alguna madre capaz de descuidar las necesidades físicas de su
hijo? Si hay algo que sea casi imposible es que una madre se niegue a
suplir las necesidades de alimento, ropa y albergue de su hijo. Isaías 49.15
dice: «¿Puede una madre olvidar a su niño de pecho, y dejar de amar al
hijo que ha dado a luz?» (NVI). La respuesta es no. Sin embargo, con todo
y eso, Isaías señala que esa madre *podría* olvidar a su hijo: «Aun cuando
ella lo olvidara, ¡yo no te olvidaré!» (NVI). La regla es que ella no se olvidará, pero hay excepciones para todas las reglas. Existen anomalías.

Aunque es imposible que ella se olvide de su hijo, casi puede hacerlo; razón por la cual Isaías profundiza más sobre el constante amor de Dios por nosotros que penetra mucho más nuestros corazones. Su amor no falla, nunca, jamás.

Entonces, ¿cuál es la regla con respecto a las madres? Una madre siente compasión por su hijo. No puede olvidar las necesidades del hijo que amamanta. Es casi imposible. ¿Qué mejor cuadro de amor que el de «una madre que alimenta y cuida a sus propios hijos» (1 Tesalonicenses 2.7 NTV)? Ninguno.

Note que Jesús asume que el padre suplirá a las necesidades físicas de su hijo. El padre representa tanto al padre y a la madre en Mateo 7.9–11:

Ustedes, los que son padres, si sus hijos les piden un pedazo de pan, ¿acaso les dan una piedra en su lugar? O si les piden un pescado, ¿les dan una serpiente? ¡Claro que no! Así que si ustedes, gente pecadora, saben dar buenos regalos a sus hijos, cuánto más su Padre celestial dará buenos regalos a quienes le pidan. (NTV)

Cuando su hijo le pide desayuno o una merienda porque está «hambriento», usted se conmueve a responder. El cuidar y proteger es parte de su naturaleza. A parte del placentero desayuno en la cama el día de las madres, usted no espera que su hijo la alimente. La madre cuida del hijo, no al revés. Pablo escribió en 2 Corintios 12.14: «Después de todo, no son los hijos los que deben ahorrar para los padres, sino los padres para los hijos» (NVI).

Dicho esto, la negligencia no es absolutamente imposible, tal como lo establece Isaías 49.15. Existen madres que abandonan a sus familias. Por eso leemos la advertencia de Pablo a los que se niegan a cuidar de su familia. En 1 Timoteo 5.8 dice: «Porque si alguno no provee para los suyos, y mayormente para los de su casa, ha negado la fe, y es peor que un incrédulo». Muy rara vez una madre se acerca a ese grado de negligencia.

Sin embargo, esta es la pregunta clave: «Aunque ella supla las necesidades físicas del hijo, ¿puede descuidar su necesidad de respeto? ¿Puede una madre, aunque esté cuidando de su hijo porque el amor la mueve a hacerlo, faltarle el respeto con sus actitudes mientras lo alimenta, lo viste y lo baña?». ¿Puede ella olvidarse de su necesidad más profunda?

Desafortunadamente, sí. Puede llamarlo a desayunar diciendo: «Tus huevos, tocineta y tostadas están listos, y tu jugo de naranja recién exprimido. ¿Qué? ¿Quién te vistió? ¡Un vagabundo tiene mejor sentido sobre cómo vestirse que tú! Me humillarías si fueras a la escuela vestido así. ¿Qué pensaría la gente de mí como madre? Si no estuviera aquí, ¡no quiero imaginarme las terribles decisiones que tomarías!». Lo ama al alimentarlo. Le falta el respeto al criticarlo. Si no tiene cuidado, de su boca pueden salir ambos idiomas: «Te amo. No te respeto».

C por Comprender

Comprender, de modo que no irrite ni provoque a su hijo.

Por naturaleza, las madres cuidan y sienten empatía. Las madres escuchan activamente y buscan comprender a los demás. Sin embargo, las madres se cansan de ayudar. Francamente, hay días cuando ella no quiere comprender a nadie, sino que desearía que todo el mundo la entendiera a ella. Agotada de un «día terrible, horrible, nada bueno y muy malo», ella siente que le ha faltado el respeto y no tiene ningún interés en demostrar respeto a un hijo irrespetuoso. El coraje de ella provoca el coraje de él. La exasperación de ella, lo exaspera a él. Como se siente incomprendida, ella tampoco comprende. Si bien luego lo calma tratando de compensar, de pronto se encuentra en un patrón de provocación y luego reconciliación. Sin embargo, ella se pregunta si está provocando que el corazón de él se cierre al de ella.

En Efesios 6.4 encontramos esta advertencia: «Y vosotros, padres, no provoquéis a ira a vuestros hijos». ¿Por qué un padre (o madre) provocaría a ira a un hijo? La ira de un padre evoca ira.

Leemos en 1 Samuel 20.30 sobre el rey Saúl, el padre de Jonatán: «Entonces se encendió la ira de Saúl contra Jonatán, y le dijo: Hijo de la perversa y rebelde, ¿acaso no sé yo que tú has elegido al hijo de Isaí para confusión tuya, y para confusión de la vergüenza de tu madre?».

¿Cómo responde Jonatán ante la ira de Saúl? Leemos en el versículo 34: «Se levantó Jonatán de la mesa con exaltada ira [...] porque su padre le había afrentado». Para muchos esto quiere decir que Jonatán ha sido humillado por su propio padre. Una ira que «cruza la línea» y que deshonra y humilla al hijo, provoca la ira del hijo. Exaspera al hijo. Saúl debió comprender y sentir empatía por el corazón de su hijo, pero el disgusto y la falta de respeto de Saúl provocó la candente ira de Jonatán.

Una madre contenciosa puede provocar lo mismo en su hijo. Muchas mujeres han leído los pasajes bíblicos siguientes:

- Proverbios 21.19: «Es mejor vivir solo en el desierto que con una esposa que se queja y busca pleitos» (NTV).
- Proverbios 25.24: «Mejor es estar en un rincón del terrado, que con mujer rencillosa en casa espaciosa».
- Proverbios 21.9: «Mejor es estar en un rincón del terrado, que con mujer rencillosa en casa espaciosa».

Lo anterior no es un error. La advertencia de vivir con una mujer rencillosa aparece en dos versículos diferentes en Proverbios.

Una madre disgustada, disgusta al hijo. Una madre busca pleitos, provoca argumentos. Al igual que Jonatán, en esos momentos, un hijo se siente incomprendido y que le han faltado el respeto. Se siente deshonrado y humillado. No todos los hijos enojados pueden reclamar justamente que su no madre no lo honra o se identifica con él. Los muchachos manipulan y hacen sentir culpable a su madre. Sin embargo, un madre que habitualmente busca pleitos o está disgustada debe reconocer que este es más su problema que el de su hijo. Sin importar lo indignada que se sienta o lo mucho que sienta la necesidad de discutir con él por algún asunto, ella debe comunicar respetuosamente su mensaje y con el propósito de entender su corazón.

Algunos hijos no están enojados, sino irritados hasta el punto de carecer de la confianza para seguir adelante. En Colosenses 3.20 leemos: «Padres, no exasperen a sus hijos, para que no se desanimen» (NTV). Irritado por un padre criticón, simplemente se da por vencido. Se siente derrotado. «¿De qué me sirve? Ni la madre ni el padre estarán jamás contentos conmigo. No puedo complacerlos. No soy suficiente».

En lugar de comprender las limitaciones según la edad del hijo, los padres esperan que se desempeñen a un nivel que no puede alcanzar. Esperan que un niño de cuatro años haga un swing con el palo de golf cuando él sueña con mariposas. Esperan que haga algo para lo que todavía no tiene la coordinación de manos y ojos. Esto no se trata de su indisposición para hacer el swing, sino su incapacidad en esta etapa de su desarrollo. Él se tira al suelo disgustado y desanimado debido a un cuerpecito que todavía no se ha desarrollado. Ni siquiera su padres pueden pegarle a la pelota, pero esperan que él sea un prodigio.

Debemos comprender la edad y las etapas de desarrollo de un niño. Me encanta 1 Corintios 13.11: «Cuando yo era niño, hablaba como niño, pensaba como niño, juzgaba como niño; mas cuando ya fui hombre, dejé lo que era de niño». Los niños serán niños. Dios diseñó a los pequeñines para no ser adultos. Una madre debe entender las niñerías de su hijo. Él le hablará de una manera inmadura, pensará sin sabiduría y razonará con ella de formas que no son razonables. Sin embargo, ella es el adulto a quien Dios llama para ser la que comprenda y respete a esta personita. Él fue creado a imagen de Dios y diseñado para ser tal como es en esta etapa. Ella no puede tomarlo todo personalmente. Sí, el peca y necesita corrección. Sin embargo, gran parte de su conducta es irresponsabilidad infantil. La madre es demasiado rígida y espera demasiado de él, y muy poco de ella misma. Todas las madres deben aceptar este reto: «La mujer sabia construye su casa; la necia, con sus propias manos la destruye» (Proverbios 14.1 DHH).

Puedo decir esto con certeza: cuando el miedo controla a una madre, ella busca controlar. Ella siente menos temor al controlar a su hijo de lo que podría causarle daño físicamente a él o lastimarla emocionalmente a ella. El control disminuye su ansiedad e inseguridad. El control, por lo tanto, es algo bueno en su manera de pensar. Sin embargo, algo enfermizo ocurre en el trayecto a la madurez del hijo mientras ella ejerce su maternidad. Para algunas madres, el dominio les permite controlar. Por esto el disgusto y la controversia se convierten en partes esenciales de su personalidad. Ella busca «proteger» a su hijo; busca «ayudarlo». El que él lo haga es por el bien de ambos.

No obstante, es aquí donde el niño se desanima. Se vuelve pasivo. Pierde la confianza en sí mismo, en su masculinidad. Ella no lo ve como el conquistador, el protector, el proveedor, la autoridad, el fuerte, el que soluciona problemas o hace amigos. Ella le hace retroceder en muchas de estas cualidades, y hasta las suprime. Él pierde contacto con quién es y con quien debería ser. No puede entenderse a él mismo, frente a una madre que se niega a entender los deseos de Dios grabados en su hijo. Se transforma en un hombre débil.

Sin embargo, la amdre no tiene problemas con esto siempre y cuando ella pueda minimizar sus temores. Por supuesto, otros muchachos —los de tipo alfa— se rebelan contra una madre como esta. No se desinflan en derrota, sino que pelean hasta el final. Sin embargo, el hombre débil pierde su camino en la vida.

I por Instruir

Instruir, de modo que su hijo conozca y aplique la sabiduría de Dios.

Leemos en Proverbios 1.8 y 6.20 el estribillo: «no abandones las enseñanzas de tu madre» (NTV). Dios espera que las madres instruyan a sus hijos. Sin embargo, Dios no espera que una madre sermonee a su hijo sobre ser respetuoso con un espíritu de menosprecio hacia él. Ella tiene que ser una instructora que posea una actitud de respeto conforme a su dignidad como mujer.

¿Sabía usted que Proverbios 31, donde se describe a la esposa y madre virtuosa, fue escrito por el rey Lemuel? Leemos en 31.1: «Palabras del rey Lemuel; la profecía con que le enseñó su madre». Lemuel pudo haber sido Salomón usando otro nombre u otro rey al que Salomón cita debido al efecto que la madre de Lemuel tuvo en él. Independientemente, ¡el hombre más sabio en el planeta se sintió profundamente inspirado por la sabiduría de esta madre! La instrucción de ella fue transmitida a billones de personas. La instrucción de una madre sí es importante.

En Efesios 6.4 leemos sobre los hijos: «críenlos según la disciplina e instrucción del Señor» (NVI). Más allá de educarlos en fundamentos como la lectura, la escritura y las matemáticas, los padres deben instruir a sus hijos en los caminos y las palabras de Jesús: la instrucción del Señor. Timoteo fue el recipiente de este tipo de instrucción. Pablo expresó en 2 Timoteo 3.15–16:

Desde tu niñez conoces las Sagradas Escrituras, que pueden darte la sabiduría necesaria para la salvación mediante la fe en Cristo Jesús. Toda la Escritura es inspirada por Dios y útil para enseñar, para reprender, para corregir y para instruir en la justicia. (NVI)

La madre y la abuela de Timoteo se aseguraron que recibiera este tipo de instrucción puesto que su padre griego no tenía la misma visión del mundo (Hechos 16.1). Todos los judíos vivían bajo este llamado: «las repetirás a tus hijos, y hablarás de ellas estando en tu casa, y andando por el camino, y al acostarte, y cuando te levantes» (Deuteronomio 6.7).

Si bien es cierto que, en un día cualquiera, todos nos sentimos inadecuados para representar la verdad de Dios, es fundamental que usted incluya a Jesús en sus momentos de enseñanza. Sin embargo, debe hacerlo de un modo que honre a su hijo, no que lo avergüence. Sin darse cuenta, algunas madres usan a Jesús para martillar a sus hijos. Lo que sea que haga falta para lograr que él haga lo que ella quiere es juego limpio. Esto es un traspié descomunal. Ella debe transmitir un mensaje positivo.

Por ejemplo, en un momento cuando su hijo dude que Dios haya estado presente o que se preocupa o que tenga el poder para actuar, ella puede decir:

Comparto contigo que Jesús te ama y está a tu favor porque él nos enseñó que nos ama y que vino a servir y a morir por nosotros. Sé que sientes que ahora mismo Dios está en tu contra o que te está ignorando. No ves ningún milagro. Yo también me he sentido así. Esta es una buena lucha. Ojalá pudiera hacer desaparecer esta duda, pero eso es parte de la lucha por la que tiene que pasar un hombre honorable.

Porque creo en ti y estoy entusiasmada acerca de tu futuro, quiero retarte a que confíes en el amor de Dios por ti, aunque parezca que está lejos. Algunos de los seguidores más fieles de Jesús han atravesado por lo que llaman la noche oscura del alma. Aun el mismo Jesús clamó en la cruz: «Dios mío, Dios mío, ¿por qué me has desamparado?» [Marcos 15.34]. Sin embargo, estoy segura de que, como hombre, tienes la fortaleza para superar esta desilusión. Gracias por compartir conmigo tus dudas. Me honras al hacerlo.

Esta es una instrucción usando la conversación-respeto. En este ejemplo, la madre actúa según el versículo 22 de Judas: «Tengan compasión de los que dudan» (NVI).

D por Disciplinar

Disciplinar, de modo que su hijo pueda corregir sus malas decisiones.

En Proverbios 29.15 dice: «Mas el muchacho consentido avergonzará a su madre». ¡Cuán cierto es esto! Usted lo ha visto con otras madres y sus hijos. Para usted, será diferente. Usted no consentirá a su muchacho. No lo expondrá a los mimos que pueden arruinarlo ni a la vergüenza que puede traerle a usted. Sin embargo, para algunas madres, la técnica usada para asegurar la obediencia del hijo es la falta de respeto. Ella lo deshonra y así logra que él haga lo que debe hacer. Esto funciona para muchas madres, pero es así porque el dolor en él es tan profundo que obedece para detener las palabras de menosprecio. Esta madre se compara al padre que usa la hostilidad y las miradas de desprecio para hacer que su hija obedezca. Ella obedece para detener el dolor que siente a causa de las palabras poco cariñosas.

Algunas madres concluyen que su falta de respeto o arranque de coraje provoca que el muchacho obedezca. No obstante, un hijo no responde a la falta de respeto ni al coraje como tal, sino a lo que piensa que está a punto de ocurrir; es decir, la acción de ella. Lamentablemente, algunas madres piensan que la falta de respeto hace que se comporte; sin embargo, es el miedo a que ella esté a punto de «matarlo» lo que provoca que obedezca.

¿Puede ver la diferencia? Es la posible acción de ella, no su falta de respeto ni el coraje lo que provoca la acción de él. La incertidumbre sobre lo que viene después del coraje es lo que lo motiva a recoger los juguetes o hacer su cama o a dejar de brincar en el sofá o a comenzar a estudiar o a entregar las llaves del carro.

¡Qué triste que una madre se engañe a sí misma pensando que necesita recurrir a la falta de respeto más temprano y con más coraje para lograr que su hijo haga lo que ella espera! El mal genio y el desprecio nunca provocan afecto sincero, conexión ni transformación. La confrontación respetuosa con consecuencias claras y justas motiva al hijo a comportarse durante el maratón de crianza de una madre.

La Biblia dice en Efesios 6.4: «Críenlos según la disciplina [...] del Señor» (NVI). Igual que el Señor disciplina, así debe hacerlo una madre. Jesús no deshonra a quienes disciplina con un arranque de coraje. Él ama a aquellos que disciplina (Hebreos 12.3), y según el capítulo del amor en la Biblia: «[El amor] no se comporta con rudeza [...] no se enoja fácilmente» (1 Corintios 13.5 NVI). ¿Cree que podría ser más claro?

La disciplina supone un elemento subjetivo. Ninguno de nosotros disciplina perfectamente. Solo Dios disciplina perfectamente. Como padres, debemos permitir que Hebreos 12.10 nos consuele y nos guíe. Sobre los padres, dice: «nos disciplinaban por un breve tiempo, como mejor les parecía» (NVI). Me deleito en este versículo y en la frase «como mejor les parecía». Esto revela el aspecto subjetivo de la disciplina. Una madre procede según lo que parece ser la mejor disciplina para la situación con su hijo. Aunque se cuestionará a sí misma, no debe permitir que la moleste demasiado el pensamiento *no tengo absoluta certeza en esto*. Debe seguir adelante haciendo lo que le parece mejor.

Es altamente improbable que esté equivocada si confronta y corrige respetuosamente a su hijo e implementa consecuencias. Discuto esto con más profundidad en el capítulo 7: «Autoridad: Cómo respetar su deseo de ser fuerte, dirigir y tomar decisiones». Cuando se trata de la conversación-respeto y de disciplina, la clave está en decir:

«Te disciplino porque te amo. De hecho, te disciplino porque creo en ti y en el hombre en quien te estás convirtiendo. La verdad es que te disciplino como una forma de honrarte. Esta disciplina te ayuda a que te vuelvas más autodisciplinado y, eventualmente, mi disciplina terminará. Tú serás un hombre honorable y disciplinado. No te estoy disciplinando porque quiero castigarte. Te disciplino para regresarte a la senda por donde caminan los hombres de honor».

¿Será siempre efectiva la conversación-respeto al momento de disciplinar? No. A lo largo del Antiguo Testamento se demuestra esta triste verdad, y el Nuevo Testamento establece dos veces que los niños serán «desobedientes a los padres» (Romanos 1.30; 2 Timoteo 3.2).

Un padre y una madre pueden disciplinar a un hijo con respeto y amor, pero el hijo, como un ser moral y espiritual al que Dios le ha otorgado libertad, puede escoger desobedecer. Aun cuando una madre puede controlar a su hijo en edad pre-escolar, solo puede controlar las conductas externas. Aunque una madre le exija a su hijo que diga «gracias», no puede forzarlo a tener un corazón agradecido. Aunque puede llevarlo a la iglesia y obligarlo a cantar, no puede obligarlo a tener el alma de un verdadero adorador. Aunque puede prohibirle que maneje el carro por un mes debido a su imprudencia, no puede crear en él un corazón sumiso ante la disciplina. Aunque puede ordenarle que se memorice la regla dorada (Lucas 6.31), no puede diseñar en él un espíritu educable.

Los padres no pueden controlar estos resultados internos y esenciales en el hijo. Es el hijo quien, en última instancia, debe elegir la fe y los valores de los padres. Ellos, por ejemplo, no pueden ordenarle al hijo que crea en Jesús. Todo lo que la madre puede hacer, particularmente según el hijo va creciendo, es controlar sus acciones y reacciones hacia su hijo. Esto significa que ella busca crear un ambiente de amor y respeto que motive a su hijo a escoger la fe y los valores de ella.

En una ocasión escribí un artículo titulado «Why Biblical Parenting Has Nothing to Do with the Kids?» que llamó la atención de una cadena nacional de noticias. En él dejo claro que el padre del hijo pródigo tiene dos hijos. Como debe recordar, el pródigo es el segundo hijo, quien exige su herencia, se va de la casa y malgasta su nueva riqueza en una vida de sensualidad y desenfreno. El primogénito se queda en la casa, pero exhibe un espíritu petulante, iracundo y crítico, especialmente cuando el segundo hijo entra en razón y humildemente regresa al hogar para confesar su maldad. El primogénito no quiere saber nada de su hermano hedonista, transformado en humilde.

Mi pregunta es: ¿invitaríamos a este padre a nuestra iglesia para dar una conferencia de paternidad de dos días sobre cómo criar a los hijos? No. Sin embargo, Jesús aprecia a este padre como la réplica de Abba Padre.

En otras palabras, ¿acaso Dios es un mal Padre celestial porque tú y yo desobedecemos? No. Ni tampoco lo es el padre del hijo pródigo. En realidad, él crio como Dios y lo hizo a pesar de que su hijo no quiso saber de él por muchos años. Este padre demostró amor y compasión, como dice el texto, y, cuando le colocó una túnica y un anillo al hijo, le mostró honor y respeto. Él tiene amor y respeto para sus hijos independientemente de la desobediencia de ellos.

Jesucristo tiene la intención de recompensarle como madre por su amor y respeto hacia su hijo, independientemente de la indiferencia de su hijo en ciertas ocasiones. Al Dar, Comprender, Instruir, Disciplinar, Animar y Suplicar en oración, usted toca el corazón de Cristo. De hecho, su hijo le da la oportunidad de demostrar su obediencia a Dios ante la desobediencia de su hijo. Aun cuando su hijo elija la desobediencia, usted ha hecho lo que parece mejor y, de hecho, puede que haya hecho lo mejor ante los ojos de Dios.

A por Animar

Animar, de modo que su hijo pueda desarrollar los dones que Dios le ha dado.

El apóstol Pablo nos ofreció una imagen clara sobre cómo un padre debe dirigirse a sus hijos. Les recordó a los tesalonicenses que «a cada uno de ustedes lo hemos tratado como trata un padre a sus propios hijos. Los hemos animado, consolado y exhortado a llevar una vida digna de Dios, que los llama a su reino y a su gloria» (1 Tesalonicenses 2.11–12 NVI). Como figura paterna, él anima, consuela y exhorta a este grupo de creyentes locales para estimularlos a seguir el llamado de Dios.

¿No debería todo padre hacer esto con sus hijos? ¿No debería toda madre hacer esto con su hijo? Igual que Pablo creyó en el llamado de Dios en la vida de ellos, así una madre debe creer en el diseño y propósito de Dios para su hijo. Por ejemplo, Dios lo programó con dones y anhelos de trabajar y alcanzar metas, de proteger y proveer, de ser fuerte y tomar decisiones, de analizar y aconsejar, de apoyar a su amigo hombro a hombro y de entender la sexualidad humana. Con sabiduría, una madre puede animar a su hijo en cada una de estas áreas. Esto es importante puesto que los niños, al igual que todo ser humano, perderán el ánimo y la confianza en algunos momentos. Leemos en Colosenses 3.21: «Y ustedes, los padres, no deben hacer enojar a sus hijos, para que no se desanimen» (TLA). Cuando la madre se da cuenta que su hijo está desanimándose con su padre o con la vida en general, necesita orar pidiendo sabiduría para pronunciar palabras que provoquen ánimo y valor. Puede decirle:

> «Sé que te sientes desanimado y quieres darte por vencido. Sin
> embargo, te veo como un hombre de honor que no se rinde. Sé que
> en este momento no tienes el corazón en esto, pero dale algo de
> tiempo. De la misma manera que necesitas recargar las baterías,
> necesitas algo de tiempo para recargar las baterías de tu corazón.
> Creo que tienes lo que se necesita para seguir adelante. Te respeto».

Si su hijo está creciendo en su fe, debería dejarle saber lo que el guerrero rey David le dijo a su hijo en 1 Crónicas 28.20: «Dijo además David a Salomón su hijo: Anímate y esfuérzate, y manos a la obra; no temas, ni desmayes, porque Jehová Dios, mi Dios, estará contigo; él no te dejará ni te desamparará, hasta que acabes toda la obra para el servicio de la casa de Jehová».

Aunque este es un entorno histórico único, pues corresponde a la edificación del templo, y aunque una madre no puede prometer falsamente que Dios hará con su hijo lo que sea que él anhela que ocurra, en principio ella puede decir:

> «No conozco cuál es la voluntad suprema de Dios para ti. Sin
> embargo, sé que él te ha dado la fortaleza y el valor para dar el

siguiente paso. Estoy segura que eres un hombre de honor que hará lo correcto, sin importar cuáles sean las consecuencias para ti».

En cuanto a los aspectos negativos del ánimo, una madre debe cuidarse de no alentar a su hijo para que le ayude a alcanzar sus fines egoístas. En 2 Crónicas 22.3 leemos sobre una madre que «aconsejaba [a su hijo] que hiciera lo malo» (NVI).

Lamentablemente, una madre puede aconsejar con descaro a su hijo para que haga lo no debe hacer. Pensaríamos que ninguna madre haría esto, pero sí ocurre. Algunas pueden incitar a un hijo para que actúe de manera contraria al hombre honorable que él sabe que debería ser. Rebeca le dijo a su hijo Jacob, en su conspiración para engañar a Isaac para que bendijera a Jacob en lugar de a su hermano Esaú: «sea sobre mí tu maldición; solamente obedece a mi voz» (Génesis 27.13). Ella lo animó para que actuara con valentía para lograr lo que se suponía que le confiaran a Dios. Las palabras de Jesús deberían invitarnos a la reflexión: «El que ama a padre o madre más que a mí, no es digno de mí» (Mateo 10.37). «Si alguno de ustedes quiere ser mi discípulo, tendrá que amarme más que a su padre o a su madre» (Lucas 14.26 TLA).

Una madre puede animar a su hijo a hacer lo que ella, egoístamente, desea por encima de lo que el Señor quiere para su hijo. Recuerdo a un joven respondiendo a una invitación desde el púlpito para seguir a Cristo al campo misionero. Aquella semana su madre socavó su disposición de obedecer a Dios. Por temor, se opuso a la idea de que sirviera como misionero en el extranjero y lo desvió con todos los incentivos que pudo ofrecerle. Ella ganó.

S por Suplicar en oración

Suplicar en oración, de modo que su hijo pueda experimentar el toque y la verdad de Dios.

En lo que respecta a la oración, las mujeres oran. En todas las iglesias que he conocido, la cadena de oración enlaza a las mujeres. Hay algo en las mujeres devotas que las conecta en su dependencia de Jesús. Encuentran motivación y paz al depositar sus preocupaciones en Él, quien cuida de ellas.

Estas mujeres saben que los padres continuamente llevaban a sus hijos a Jesús para que él orara por ellos. Leemos en Mateo 19.13: «algunos padres llevaron a sus niños a Jesús para que pusiera sus manos sobre ellos y orara por ellos» (NTV). Las madres creen que el Señor es la fuente de poder y amor para las necesidades más profundas del corazón.

Cuando los padres están desesperados, van a Cristo. Juan 4.47 dice: «Este [un oficial real], cuando oyó que Jesús había llegado de Judea a Galilea, vino a él y le rogó que descendiese y sanase a su hijo, que estaba a punto de morir». Cuando nada más funciona, hay que orar.

Aun el poderoso rey David se sintió desamparado al enfrentar la enfermedad de su hijo. En 2 Samuel 12.16 leemos: «Entonces David rogó a Dios por el niño; y ayunó David, y entró, y pasó la noche acostado en tierra». Sin embargo, más allá de su desesperación ante su impotencia, el rey David sabía que Dios llama a todo creyente a pedir en oración. Por consiguiente, él ora en favor de su hijo, quien está a punto de emprender un cometido mucho más importante: «Dale también a mi hijo Salomón un corazón íntegro, para que obedezca y ponga en práctica tus mandamientos, preceptos y leyes» (1 Crónicas 29.19 NVI).

Santiago dice que no recibimos porque no pedimos (Santiago 4.2). Ciertamente el rey David decidió que no sería negligente en cuanto a pedir. Si usted está orando con su hijo, no lo avergüence ni lo deshonre en oración, diciendo: «Querido Dios, tú conoces lo mal que se ha comportado Johnny. Por favor, ayúdalo a cambiar. Ayúdalo a ser un buen muchacho».

Eso es ser madre, no es orar. Es usar a Dios para probarle su argumento a su hijo. El muchacho descubrirá la artimaña muy pronto; o peor aún, sentirá que Dios tiene la intención de castigarlo, porque por implicación, la madre está chismeando sobre él y a Dios no le gustará lo que él ha hecho.

Por el contrario, qué maravilloso es demostrarle respeto a su hijo diciendo:

«Hijo, estoy orando por ti. Me siento emocionada por todo lo que
Dios tiene para ti y cómo Dios ha puesto en ti tantos deseos nobles.
Le doy gracias a Dios por tu anhelo de trabajar y alcanzar metas, de

proteger y proveer, de ser fuerte y tomar decisiones, de analizar y aconsejar, de apoyar a tu amigo hombro a hombro, y por entender y tratar a las chicas como un hombre de honor. Realmente te respeto. He aquí un versículo que oro por ti: "[Oro] pidiéndole a nuestro Dios que [...] [te] dé el poder para llevar a cabo todas las cosas buenas que la fe [te] mueve a hacer" (2 Tesalonicenses 1.11 NTV)».

En resumen, D[e].C.I.D.A.S. es su mapa para la conversación-respeto. En esencia, le está diciendo a su hijo: «Intento dar, comprender, instruir, disciplinar, animar y suplicar en oración *porque te respeto*». Al principio esto puede sonarle extraño porque, como madre, quiere decirle «porque te amo». La frase «te respeto» le suena algo ilógica. El lenguaje del respeto parece rebuscado, forzado, poco espontáneo e incómodo. Sin embargo, a medida que actúa usando esta información, la madre energiza el espíritu de su hijo, y aquí el hijo debe ser el enfoque. La moneda tiene dos caras. Una cara es el deseo de amar de la madre, la otra cara es la necesidad de respeto de su hijo.

Para que entienda mejor esta necesidad de respeto, pensemos en el libro *Los cinco lenguajes del amor*. Casi todo el mundo ha escuchado sobre este libro clásico y transformador. Cuando su autor, Gary Chapman, me entrevistó en su programa radial (habíamos presentado nuestra conferencia Amor y Respeto en su iglesia), dije que debíamos mirar más allá de los cinco lenguajes del amor y hablar sobre los cinco lenguajes del respeto, los que los hombres hablan naturalmente. Compartí que los varones responden inclinándose al lado del respeto en la ecuación. Tuvimos una entrevista muy agradable.

Al igual que yo, Gary cree que es en Efesios 5.33 donde Dios ordena a los esposos a amar y a las esposas a respetar. Como recordarás, Gary discute de una manera práctica y poderosa: palabras de afirmación, tiempo de calidad, toque físico, regalos y actos de servicio. Compartí con Gary y su audiencia que cuando añadimos la dimensión respeto a cada uno, se abre todo un mundo nuevo hacia los hombres. Lo admirable es que solo tenemos que preguntarnos: «¿Cómo puedo aplicar esto a los hombres y niños en mi vida para crear el Efecto Respeto?».

Lo siguiente ayuda a todas las madres a aplicar los cinco lenguajes del amor —algo con lo que están ya familiarizadas— de una manera rápida, nueva y poderosa. Para algunas se enciende un bombillo con esta sencilla creación de los cinco lenguajes del respeto.

Para las palabras de afirmación, dígale «te respeto», en lugar de siempre decir «te amo». Bastante simple.

Para tiempo de calidad, en lugar de pasar este tiempo hablando cara a cara sobre sentimientos, realice actividades hombro a hombro con su hijo, o hasta simplemente siéntese y mírelo jugar a la pelota con su hermano. A las madres se les hace difícil imaginar que esto estimula al niño a responderle afectivamente. Sin embargo, les pido a las madres que lo hagan y observen lo que ocurre en el espíritu del niño hacia ella. Le recuerdo a la madre que tiempo de calidad es lo que un *niño* siente que es tiempo de calidad.

¿Existe alguna forma de contacto físico que indique respeto a un niño? Sí. Coloque su mano en el hombro de su hijo cuando le diga: «Estoy orgullosa de ti». Ese toque difiere de los abrazos y besos que piden la mayoría de las niñas. Durante sus años en preescolar casi todos los días le preguntaba a mi hija, Joy: «¿Has visitado la "fábrica de besos" hoy?». A ella le encantaba aquella pregunta. Cuando se la hacía a los varones, Jonathan y David, me miraban como si yo fuera de otro planeta. Dejé de preguntarles.

En cuanto a los regalos, he dicho antes que una mujer le puede comprar a un hombre cualquier artículo de cuero y a él le encantará. Lo mismo aplica a los niños. Un guante de cuero. Una correa de cuero para su reloj. Un elegante cinturón de cuero. Añada una tarjeta que diga: «Te hago este regalo no solo porque quiera regalarte algo, sino también porque te amo y respeto ese hombre honorable en el que te estás convirtiendo».

Además de los regalos de cuero, con algo de pensamiento, las madres pueden descubrir regalos que afirmen respeto. Por ejemplo, regalarle a un hijo de trece años una espada para que la cuelgue en la pared de su cuarto es una señal de su transición de niño a hombre, y es un millón de años luz distinto a regalarle ropa. Lamentablemente, muchas madres ven la espada como un símbolo de violencia en lugar de un símbolo de honor, así que le regalan lo que a ellas les gusta.

Con respecto a los actos de servicio, cuando una madre hace algo por su hijo, como limpiar su bicicleta, debe enmarcarlo bajo la sombrilla de la conversación-respeto. Cuando él dice: «Gracias», la madre debe responder: «Estoy orgullosa de que hayas aprendido a correr tu bicicleta tan bien. Sabía que esto te ayudaría». Absténgase de decir: «Hice esto porque te amo». Si bien esto último es cierto, el amor se relaciona a su cara de la moneda. Conecte el acto de servicio con el respeto. El usar la palabra *respeto* estimula a la mayoría de los niños mucho más de lo que las madres imaginan.

¿Puede ver cómo funcionan los cinco lenguajes del respeto? Animo a las madres a que permitan que sus cerebros procesen estos cinco elementos. Repito, no estoy pidiendo que descontinúen los «te amo». No lo harán ni deben detener los «te amo». Sin embargo, use lo que sabe sobre los cinco lenguajes del amor y abra su mente y corazón a una nueva manera de comunicación a través de los cinco lenguajes del respeto. Añada a su depósito verbal.

Pero tengo más que ofrecerle. Desde la perspectiva bíblica, más allá de una perspectiva sicológica práctica, deseo profundizar en cómo ayudarle a usar D[e].C.I.D.A.S. para transmitir respeto a su hijo. Voy a dedicar todo un capítulo a cada principio. Voy a hacerlo porque, aun con la utilidad de mis cinco lenguajes del respeto, no hay nada en estos cinco que trate con la instrucción de Dios de orar, disciplinar e instruir a nuestros hijos. Una vez más, D[e].C.I.D.A.S. cubre las dimensiones más importantes: física, emocional, mental, volitiva, social y espiritual.

Cómo aplicar la conversación-respeto luego de aplicar D[e].C.I.D.A.S.

Mucho de lo siguiente, por supuesto, usted va a presentarlo en sus propias palabras, pero el mensaje es el mismo.

Después de Dar: «¿Sabes por qué me gusta darte tanto, ya sea preparando tu desayuno o lavando tu ropa? Disfruto al suplir tus necesidades, pero también respeto el hombre en el que te estás convirtiendo, y cada día que te doy algo te ayudo a convertirte más y más en ese hombre».

Después de intentar Comprender: «¿Sabes por qué intenté comprender tu corazón cuando expresaste tu coraje? Me sentí mal por ti. Pero también porque respeto el hombre que deseas ser, y este momento difícil está probando tu determinación para responder como un hombre de honor».

Después de Instruir: «¿Sabes por qué te instruí? Quiero añadir a la sabiduría que veo que aumenta en tu mente. Respeto al hombre que Dios te llama a ser. No estoy tratando de sermonearte, sino de presentarte información que te ayude».

Después de Disciplinar: «¿Sabes por qué te discipliné cuando tropezaste? Respeto al hombre autodisciplinado en el que te estás convirtiendo, y debía animarte a actuar como ese hombre honorable que yo sé que quieres ser».

Después de Animar: «¿Sabes por qué te animé? Respeto tus capacidades para hacer lo que debes hacer aun cuando te sientes desanimado. Creo en ti y me propongo animarte. Al mismo tiempo, también respeto que el tener valor es una decisión que debes tomar por ti mismo».

Después de Suplicar en oración: «¿Sabes por qué oré por ti? Respeto al hombre que Dios tenía en mente que fueras cuando te creó y me deleita orar para que su favor te cubra. No sé si Dios responderá a lo que pido porque él sabe lo que es mejor. Pero sí sé que él me escucha cuando le hablo sobre ti. Él te ama más allá de lo que las palabras pueden describir».

¿Y qué si su hijo se resiste, diciéndole de una forma u otra que no quiere ninguno de estos comentarios o acciones? ¿Y qué si se burla de usted? Probablemente está molesto por algo que no tiene nada que ver con usted y se está desquitando con usted. La mayoría de las madres pueden sentirse seguras, mucho más que los padres. Lamentablemente, su hijo muerde la mano que lo alimenta. Él la convirtió en su blanco, pero sabe que usted no es su enemiga. Aun así, esto es injusto para usted.

El doctor Howard Hendricks dijo en una ocasión que deberíamos enterrar a nuestros hijos a los treces años y desenterrarlos a los dieciocho. A propósito, ¿sabe por qué Abraham recibió instrucciones de sacrificar a su hijo Isaac, de doce años, sobre el altar? ¡Porque a los trece ya no habría sido un sacrificio!

Dejando el humor a un lado, contrarreste la reacción irrespetuosa de su hijo con una conversación-respeto proactiva. Los hombres y los niños poseen un código de honor. No es honorable ofender a alguien que genuinamente trata de honrarles. El temperamento masculino eventualmente se aleja de la mala actitud y se suaviza. Como madre, mantenga el rumbo con una conversación-respeto.

A continuación le presento un párrafo breve sobre cada principio que muestra cómo una madre puede seguir adelante frente a la resistencia de su hijo. Este lenguaje funciona mejor con niños en edad escolar, pero los pre-escolares también pueden entender muy bien algo de ello.

Si él resiste su acción de dar:

«Debo y deseo suplir tus necesidades. Te estás convirtiendo en un hombre de honor que necesita recursos. Te doy estas cosas porque creo en ti y en el hombre honorable en el que te estás convirtiendo. Si te doy muy poco, no te respeto porque te estoy privando de tus necesidades básicas. Mírame como tu inversionista admiradora».

Si él resiste su compresión:

«Debo entender e identificarme. Te estás convirtiendo en un hombre de honor que necesita a alguien con quien pueda compartir sus pensamientos. Porque te respeto, estoy dispuesta a escuchar tu corazón. Me honras cuando me permites honrarte. Sabes que siempre estoy disponible para escucharte cuando estás enojado o no sabes qué hacer. Pero este es el trato. No te sientas presionado a conversar. Es tu decisión. Simplemente mírame como tu "audífono"».

Si él resiste su instrucción:

«Debo instruirte. Te estás convirtiendo en un hombre de honor que necesita aprender, especialmente de mis errores y experiencias. Si retengo información necesaria, no te estaría respetando, sino limitando tu capacidad para evaluar todos los factores. Mírame como tu informante, como un soplón moderno».

Si él resiste su disciplina:

«Debo disciplinarte. Te estás convirtiendo en un hombre de honor que necesita entrenamiento, como un deportista profesional que tiene un entrenador personal que lo confronta y lo corrige. Esta disciplina lo que intenta es que mejores y sobresalgas. No se trata de castigarte. No te respetaría si no impongo consecuencias que te ayuden a ganar en la vida. Mírame como tu entrenadora».

Si él resiste su ánimo:

«Debo animarte. Creo en tus dones y en tu valor. No te respetaría si no expresara mi confianza en tu capacidad para ser valiente y para usar tus talentos. Mírame como tu animadora».

Si él resiste su súplica en oración:

«Debo orar por ti. ¿Sabías que el apóstol Pablo, quien era tan fuerte y valiente, necesitaba oración? Mis oraciones se basan en que creo en ti. No oro porque seas malo, sino porque creo en los talentos que Dios te ha confiado. No te respetaría si no le pidiera a Dios lo que es mejor para ti. Mírame como una amiga del Rey, pidiéndole diariamente que derrame su favor sobre tu vida».

Limite la conversación-respeto

«Pero, Emerson, ¿será que puedo excederme usando D[e].C.I.D.A.S.? Digo, ¿hay momentos en que debería usarlo menos?». Sí.

Hay momentos cuando debe restringir el uso de este enfoque. He aquí cómo usar la conversación-respeto limitando D[e].C.I.D.A.S.

Si debe dar menos

«Debo suplir a tus necesidades, pero no demasiado. Te estás convirtiendo en un hombre de honor que no puede obtener todo lo que quiere. Si te diera demasiado, no estaría respetándote, sino consintiéndote. Los hombres honorables aprenden a retrasar su gratificación. Sé que es duro escuchar esto, pero tú eres fuerte».

Si no debe sentir demasiada lástima

«Debo identificarme contigo y comprenderte, pero no demasiado. Te estás convirtiendo en un hombre de honor que debe controlar sus emociones y no esperar que yo siempre esté de acuerdo con esas emociones. Si siento demasiada lástima por ti, no te estaría respetando sino dejándote sentir demasiada lástima por ti mismo. No puedo asistir a tu fiesta de autocompasión. Tu coraje y tu actitud derrotista pueden ser excesivos, y no puedo robarte la oportunidad de ser un hombre y mantenerte firme».

Si debe instruir menos:

«debo instruirte, pero no demasiado. Te estás convirtiendo en un hombre de honor que debe aprender por sí mismo. Si te doy todas las respuestas, no te estaría respetando, sino dejándote hacer trampa. Los hombres sabios y honorables te dirán que han aprendido muchas de sus mejores lecciones sentados solos en la escuela de la vida. Creo que tienes la capacidad para encontrar respuestas, sin importar lo difícil que pueda parecer en este momento».

Si debe disciplinar menos:

«Debo disciplinarte, pero no demasiado. Te estás convirtiendo en un hombre de honor que debe ser autodisciplinado. Si te disciplino siempre, no estaría respetándote. No puedo tratar de controlarte todo el tiempo, sino motivarte como un hombre de honor a controlarte a ti mismo. Esto no se trata de sorprenderte en algún mal comportamiento y disciplinarte, sino de hacer lo que es correcto cuando nadie te está mirando. Esta es una decisión que un hombre honorable debe tomar por sí mismo; una madre no puede disciplinar a un hijo para que tome esa decisión del corazón».

Si debes animar menos:

«Debo animarte, pero no demasiado. Te estás convirtiendo en un hombre de honor que debe ser valiente y corajudo por sí mismo. No puedo ser tu animadora siempre —aunque me encanta serlo—, de otra manera, sería demasiado responsable de inspirarte para que seas valiente y confíes en ti mismo. No te respetaría si grito ¡hurra! siempre para que seas valiente. Hay momentos cuando tienes que ser valiente por ti mismo. Tienes que volverte corajudo por ti mismo. Tienes que aprender a pararte por ti mismo».

Si debes suplicar menos:

«Debo orar por ti, pero tú necesitas orar por ti mismo. Te estás convirtiendo en un hombre de honor que tiene que orar. Tienes que escuchar a Dios como Jesús lo escuchó. Si solamente yo oro por ti, no te respetaría, sino que estaría tratando de escuchar lo que Dios quiere decirte a ti. Como soldado de Cristo, tú también tienes que orar y confiar. No voy a prevenir que experimentes el poder de Dios por ti mismo».

La lista de control

Repase D[e].C.I.D.A.S. como una lista de control en su mente. Use el lenguaje de las sugerencias presentadas arriba para estimular a su hijo y motivarlo a entender mejor sus motivos y a conectarse con usted.

No permita que el lenguaje de honor y respeto la incomoden. Piense en esto como un libro de recetas con seis maneras distintas de preparar pollo. ¿Diría: «¡Ah! Van a seguir repitiendo la palabra *pollo* en cada receta?». ¡Claro que sí! Son recetas con pollo. Este libro es una receta para la conversación-respeto. Debe ser parte de cada cena verbal que le sirva a su hijo. Usted también se asombraría si escuchara a un padre decir: «Ese libro sobre padres e hijas me sigue repitiendo que le exprese amor a mi hija. Es muy repetitivo». Cuando llegue al punto donde la palabra *respeto* fluya con la misma naturalidad que la palabra *amor*, estará mucho más cerca del centro del alma de su muchacho.

4

EL HOMBRE EN EL NIÑO

Los seis deseos plantados por Dios

¿Quién es el hombre en el niño? La mejor manera de ver al hombre en desarrollo es reconociendo los seis deseos que Dios plantó en su hijo. Dios lo diseñó con los deseos de...

1. trabajar y alcanzar metas;
2. proveer, proteger y hasta morir;
3. ser fuerte, dirigir y tomar decisiones;
4. analizar, resolver y aconsejar;
5. apoyar a sus amigos hombro a hombro;
6. entender y conocer sexualmente.

Estos deseos residen en su masculinidad. Según va creciendo, la madre observará cada uno de ellos. A medida que una madre estudia a su hijo, notará estas inclinaciones y aspiraciones rezumando de su alma masculina. Este es el hombre en el niño.

En la película *Descubriendo el país de Nunca Jamás*, Sir James Matthey Barrie dice: «Los niños nunca deberían ir a la cama, cuando despiertan son un día más mayores». Ese comentario capta lo que sienten muchas madres:

desean que sus pequeñines se queden así para siempre. Prefieren que su precioso bebé siga siendo su adorable fuente de alegrias.

Sin embargo, ellas saben que no pueden evitar que su niño deje ser un bebé, ni tampoco pueden mantener al hombre fuera del niño. Llega un día cuando se levanta más niño que bebé, y un día más tarde es más hombre que niño. La conversación-respeto de la madre afirma los seis deseos que Dios creó e injertó en él.

Los seis deseos

Hablemos entonces de cada uno de esos deseos.

- Conquista
- Jerarquía
- Autoridad
- Perspectiva
- Relación
- Sexualidad

Usted verá que cada uno de estos seis deseos refleja lo que Dios revela en la Biblia sobre la masculinidad.

La Biblia dice que Dios espera que los hombres sean la «cabeza» y que «gobiernen» sus familias (Efesios 5.23; 1 Timoteo 3.4–5). Llegará el día cuando su hijo comience a verse como alguien que gobierna sus circunstancias. Por ahora está bajo la autoridad de los padres, pero el pequeño cachorro de león manifiesta sus tendencias de ser cabeza y gobernar. No es narcisista, ni tampoco intenta controlar a los demás o tratarlos como trapos. En lugar de eso, algo en él lo inspira a avanzar responsablemente. Sí, cuando trata dirigir desde temprana edad lo hace de manera inmadura, pero rara vez el deseo nace de la mala voluntad.

Tal vez, interiormente, la madre se ríe cuando su hijo de cinco años vestido de Supermán le promete: «¡Yo te protegeré mamá!». Sin embargo, cuando ella mira más allá de lo lindo que se ve y escucha su mensaje, nota que él siente la responsabilidad de ser el valiente protector llamado a actuar con sabiduría para defender y rescatar. De acuerdo, él es incapaz de defenderla; sin embargo, sí desea hacerlo. ¿Por qué tantos niñitos sueñan con un día ser bomberos o policías? En el fondo, no es la sirena en el camión de bomberos lo que les atrae, sino la misión de salvar valientemente a alguien en peligro. No son las luces azules del coche patrulla las que lo cautivan, sino el perseguir al tipo malo que le hace daño al inocente. Él se visualiza como el héroe respetado.

Los seis deseos:
Una guía para la conversación-respeto

Estos seis deseos son una guía que sirve como lista de control. Por ejemplo, úselos para hacerse las siguientes preguntas:

Conquista: ¿Puedo expresar mi aprecio por alguna meta que él quiera lograr? Por ejemplo: «Billy, veo tu dedicación en trabajar duro para construir ese complejo avión con piezas LEGO. Me asombra cómo sigues tratando hasta que lo terminas. Respeto esta decisión».

Jerarquía: ¿Puedo afirmar su deseo de proteger o proveer? Por ejemplo: «Josh, valoro mucho tu deseo de proteger a tu hermanita. Para una madre significa mucho cuando un hermano protege a su hermana. Respeto esta cualidad tuya».

Autoridad: ¿Puedo elogiarlo por haber tomado una buena decisión? Por ejemplo: «Jackson, no solo veo que te estás volviendo una persona más fuerte, sino que también veo tu fortaleza para persuadir a otros a hacer lo correcto. Convenciste a Bill para que dejara de acusar a Josh hasta que Josh tuviera la oportunidad de explicar su versión. ¡Choca los cinco! Respeto esta cualidad tuya».

Perspectiva: ¿Puedo elogiar alguna perspectiva que escuche de él? Por ejemplo: «David, la manera en que resolviste hoy la discusión entre tus amigos fue sencillamente excepcional. Como piensas en tratar a los demás como quieres que te traten a ti, puedo verte ofreciendo tu perspectiva para resolver conflictos. Respeto esto sobre ti».

Relación: ¿Puedo respetar su deseo de una amistad hombro a hombro? Por ejemplo: «Brad, tu relación de amistad con tus amigos me asombra. Tus amigos pueden contar contigo, y tú con ellos. Se cubren las espaldas unos a otros. Sabes cómo ser un buen amigo. Respeto esta cualidad tuya».

Sexualidad: ¿Puedo apoyar la manera honorable en la que trata al sexo opuesto? Por ejemplo: «Johnny, aprecio tu compromiso de tratar a las niñas de la misma manera en que tu papá me trata a mí. Esto merece mi aplauso. Respeto esta cualidad tuya».

¡De acuerdo! La escucho. «Yo no hablo así». Lo sé. La mayoría de las madres no usa el lenguaje de la conversación-respeto. Muchas de sus palabras no atraen a las mujeres. Este tipo de diálogo suena extraño, y así debe ser. Este no es su lenguaje innato. Por esta razón, debe abrirse paso a través de esto que considera extraño y permitir que le provea el manual que esta generación de madres ha perdido. Creo que hace dos siglos atrás las madres en el campo usaban mucho más la conversación-respeto que las madres de hoy día. Cuando su hijo le disparaba al oso cerca de su cabaña donde estaban jugando sus hermanas, ella lo alababa. Cuando lo limpiaba y luego le entregaba la piel del oso, ella le daba las gracias por su arduo trabajo, expresando una sincera gratitud.

Dedico un capítulo a cada uno de estos seis deseos, y voy a explicar cada uno de ellos en detalle y a presentar los pasajes bíblicos que apoyan cada idea.

Algunas madres lo «captan»

Sarah y yo presentamos cada uno de estos seis deseos en nuestra conferencia Amor y Respeto en el matrimonio; además, explico cada uno en mi libro *Amor y respeto*. Cuando las esposas aprenden sobre estos seis deseos —con relación a sus esposos—, inmediatamente comentan que también aplican a sus hijos. Una madre nos escribió: «Por lo general, la conducta masculina me desconcierta, tanto la de los adultos como la de los adolescentes, y obviamente existe una conexión con los principios que usted presenta. Por ejemplo, ¿cómo puedo usar estos seis deseos para mostrar respeto a mis hijos (de dieciséis años y medio, y veintidós años)?». ¡Esta madre va por buen camino!

Otras madres, luego de escuchar sobre estos deseos, los han aplicado inmediatamente a sus hijos. Una madre me envió este correo electrónico:

Cuando mi hijo me ofrece su perspectiva sobre algo, le dijo: «Realmente respeto lo que me estás diciendo» o «respeto la manera en que enfrentastes esa situación». O, «realmente respeto la manera en que estás tomando la iniciativa para resolver las cosas y terminar lo que empiezas...». Estas palabras hacen que mi hijo sonría como nunca antes lo había visto. Hablo más sobre respeto refiriéndome a eventos deportivos y mostrar respeto por los otros oponentes. Sin duda alguna mi hijo sabe que lo amo [...] ahora siento que sabe que lo valoro a él y a sus ideas, algo que quizás no haya hecho muy bien en el pasado [...] Muchísimas gracias por compartir el mensaje de Dios.

Por otro lado, algunas madres no han prestado atención al hombre en el niño. Una madre me dijo: «Mi hijo tiene dieciocho años, y aunque a veces me cuesta trabajo recordar que ya es un hombre, he tratado de mostrarle mi respeto en ciertas situaciones, y él parece responder muy bien a ello [...] pero, después de todo, él es varón y todos ustedes fueron creados de la misma manera, y la edad no es un factor [...] Voy a intentar recordar que ya no es mi bebé y él lo necesita tanto como cualquier otro varón».

¿Le parecen extraños sus comentarios? El muchacho tiene dieciocho años. Debió haber comenzado la conversación-respeto cuando tenía ocho. Este «bebé» podría enlistarse en la infantería de marina y morir por su país. Sin embargo, nunca es demasiado tarde para que una madre descubra que su hijo responde al respeto.

¡Pero espere! ¿Las mujeres no tienen los mismos seis deseos que los hombres?

¿Acaso los hombres y las mujeres no son iguales, y, por lo tanto, las mujeres también albergan estos seis deseos?

Esta es una pregunta común. De hecho, siempre que me enfoco en los varones, cierta cantidad de mujeres me pregunta: «¿Qué está usted

diciendo contra las mujeres? ¿Está insinuando que las mujeres no necesitan respeto? ¿Está diciendo que las niñas no tienen también estos seis
deseos?».

Mi primera respuesta es: «Solo porque esté diciendo algo maravilloso
sobre sus hijos no implica que esté diciendo algo en contra de sus hijas».
Sin darse cuenta, algunas mujeres usurpan la conversación y alejan la atención de los hombres. No es que tengan mala intención. Ellas sienten la
necesidad de defender a las mujeres, pues creen que aplaudir la virtud masculina es lo mismo que atacar a las mujeres. Han sido acondicionadas para
el contraataque. En cierta medida, esto es loable; sin embargo, le he segui-
do la pista a esto el tiempo suficiente como para saber que ellas empujan a
las sombras a los hombres y a los niños. Cambian el tema del hijo a la hija.
Siempre. Como por ejemplo, habrá un porcentaje de mujeres que tomará
este libro, leerá el título y dirá: «¿Y qué de "Padre e hija: El Efecto Respeto"?». Ese es su primer pensamiento. Olvídese del niño. ¿Qué de la niña?

Permítame aclarar algo. Las mujeres tienen deseos que se relacionan
con estos. Muchas madres me han dicho: «Mi hija quiere trabajar, alcanzar
metas y dirigir». En efecto, los hombres y las mujeres tienen una humanidad común, y por consiguiente, hay solapamiento en sus deseos. Piense en
mujeres médicos. Sin embargo, ellos y ellas no sienten estos deseos con la
misma pasión y preocupación cuando se casan. Dios inculca deseos distintos entre el esposo y la esposa. En comparación con el hombre, por ejemplo, ella siente menos intensidad e interés en ser el sostén de la familia, la
protectora y la rescatadora de su esposo. Ella desea esto *de* su esposo, lo
que explica los muchos correos electrónicos que recibo de esposas —que
desean tener varios hijos— abrumadas porque tienen que asumir el rol de
proveedoras de la familia debido a un esposo desempleado. Sin embargo,
todavía estoy esperando recibir un correo electrónico de un esposo que-
jándose porque su esposa está desempleada y no lo está manteniendo.

Generalmente, la esposa prefiere ser la princesa y él prefiere ser el
príncipe, con todo lo que eso simboliza. Esto es algo innato y saludable, no
tiene nada siniestro. La autora Dannah Gresh escribió: «Cuando era una
niñita estaba predispuesta a vestirme como una princesa y soñar que mi
príncipe llegaría algún día. Nadie me enseñó a hacer esto. Era un anhelo

natural a medida que mi corazón comenzaba su búsqueda por el compañero de mi vida».[1] Dios diseñó a las niñas con una mentalidad de princesa. Mire los disfraces que venden para niños y niñas. ¿Qué desean vestir la mayoría de las niñas? Esto no es un comentario derogatorio, sino tierno. Ella anhela amar al hombre que la encuentre, y piense que es cautivadora.

A medida que estudiamos más a fondo estos seis deseos en los capítulos siguientes, veremos los versículos bíblicos principales que describen la masculinidad. Cuando una madre medita en estos pasajes, ella descubre el diseño de Dios para su hijo. Es como si Dios resaltara en amarillo las preciosas verdades sobre el alma masculina. Cuando una madre presta atención a estas pepitas de oro, se abre ante sus ojos un nuevo mundo sobre su hijo.

Las Escrituras diferencian entre el varón y la mujer

Jesús preguntó: «¿No habéis leído que el que los hizo al principio, varón y mujer los hizo?» (Mateo 19.4). Jesús enseñó que los varones y las mujeres no son iguales. Aunque Dios nos creó iguales en términos de valor, no nos hizo iguales en función o deseo. Somos iguales, pero no los mismos. Dios espera que valoremos su diseño y estas diferencias. Por ejemplo, el esposo aporta el espermatozoide y la esposa trae el óvulo. Nunca será diferente.

Nunca los hombres tendrán bebés. Jeremías declaró: «Déjenme hacerles una pregunta: ¿Acaso los varones dan a luz?» (Jeremías 30.6 NTV). Solo las mujeres que tienen ovarios y un útero que funcione pueden quedar embarazadas y dar a luz. ¿Sabía usted que cien por ciento de las tribus, cien por ciento del tiempo, saben que esto es cien por ciento cierto? Ningún esposo experimentará lo que Jeremías describió: «Como la mujer encinta cuando se acerca el alumbramiento gime y da gritos en sus dolores» (Isaías 26.17).

Desde luego, las diferencias van más allá de la capacidad para dar a luz. La naturaleza de cuidar con ternura de una madre se manifiesta en formas que afectan cada renglón de su mente, emociones, voluntad y espíritu. Los hombres no siempre muestran esta tendencia natural de cuidar con ternura. Y las investigaciones que revelan que las mujeres son principalmente las encargadas del cuidado de los hijos se salen de las gráficas. Hay algo en las mujeres que las lleva a cuidar de las personas en su mundo.

Lo hacen por defecto. La Biblia reconoce como algo especial esta naturaleza de cuidados en una madre. Por ejemplo, como citamos anteriormente, una madre «cuida con ternura a sus propios hijos» (1 Tesalonicenses 2.7).

¿Existe una imagen más pura y preciosa que esta? El debatir que un padre siente, piensa y actúa de la misma forma que una madre ignora lo que se describe en las Escrituras, e ignora la experiencia diaria. El hecho de que el padre de un recién nacido llore en el hospital mientras sostiene en sus brazos a su hijo por primera vez no significa que se ocupará de ese niño con el mismo afecto de una madre durante las dos décadas siguientes. Cuando el niño vaya a la escuela a los seis años, el padre no estará parado en el cuarto del niño, llorando a lágrima viva. Él no estará en el teléfono, llorándole a su madre: «Parece que fue ayer que lo traje del hospital y ahora ya está en primer grado. Dentro de nada casado. Lo estoy perdiendo. Ya se fue mi bebé. Mamá, ¿qué me voy a hacer?». Esta conversación ocurre entre madre e hija, no entre madre e hijo. Esto no quiere decir que los hombres sean insensibles, simplemente son menos emocionales. Él cuidará de él trabajando para proveer el dinero para la universidad del niño. En resumen, lo que esta madre piensa, siente y hace difiere de este padre... en años luz. Como escribí en la disertación para mi grado doctoral («Un análisis descriptivo de padres evangélicos firmes»), como parte de la dedicatoria a mi esposa, Sarah: «Si bien es cierto que estoy comprometido con la paternidad, a ella la consume la maternidad». No he conocido muchos padres que discutan conmigo este análisis. Las diferencias entre los hombres y las mujeres no se limitan a la mera biología.

Sin duda alguna, el apóstol Pedro estuvo de acuerdo. Precisamente debido a la femineidad de la mujer, Pedro instruyó al esposo a entender a su esposa «ya que como mujer es más delicada» (1 Pedro 3.7 NVI). Para Pedro, las necesidades emocionales, espirituales e interpersonales de ella sí son importantes. Para Pedro, cada esposo debe apreciar que «como mujer es más delicada». Él debe reconocer el género de su esposa, y sus pensamientos y sentimientos femeninos.

De manera muy seria, cuando un esposo no comprende la femineidad de su esposa y deshonra su valor y rol como mujer, él estorba sus oraciones (1 Pedro 3.7). Digámoslo de esta manera: cuando un esposo no responde al clamor del corazón de su esposa, Dios no responde al clamor del corazón del esposo. A Dios le importa la esposa y él tiene la intención de protegerla dándole al esposo un incentivo para entender esto. Isaías reconoció la vulnerabilidad de una esposa cuando escribió: «como a esposa abandonada; como a mujer angustiada de espíritu, como a esposa [...] rechazada» (Isaías 54.6 NVI). Usando una situación tan real con la que sus lectores podían identificarse, Isaías usó a la esposa como una metáfora para hacerle a Israel una declaración espiritual acerca de su relación con Dios. Sin embargo, este escenario de la vida real nos presenta en sí mismo una gran verdad. La metáfora es cierta en experiencia; para el lector, no hay nada extraño en ella. Una esposa se siente susceptible e indefensa cuando es rechazada y abandonada. Pedro se refiere a ella como el «vaso más frágil» cuando es incomprendida y deshonrada (1 Pedro 3.7). Típicamente, cuando se presenta un conflicto, los esposos tienden a luchar o huir; mientras que las mujeres se inclinan a enfrentarse al asunto, reparar y restablecer su amistad. Los esposos deben entender esto. Por lo general, es el esposo el que fracasa a la hora de amar, razón por la cual Dios ordena *agape* al esposo; o sea, amar incondicionalmente; mientras que no le da la misma orden a la esposa. Por naturaleza, ella se inclina a actuar con amor; es decir, conectarse, reconciliarse y restablecer el entendimiento.

Por muchísimas razones, las esposas pueden sentirse más rechazadas o abandonadas que los esposos en términos de la intimidad emocional. Las esposas buscan conexión: «Necesitamos conversar». Por consiguiente, es muy cruel que un esposo juzgue a su esposa cuando ella está afligida en su espíritu debido a la actitud desdeñosa y de repudio de él. El esposo apuñala su corazón cuando le grita: «Ya es hora que madures. ¡Déjate de niñerías! Eres demasiado sensible. Todo te lo tomas a pecho. Tienes serios problemas». ¿Qué aflige más el espíritu de una esposa que el que su esposo la rechace como mujer y compañera?

Digo estas cosas para enfatizar la diferencia entre el hombre y la mujer. Si negamos esta diferencia, la madre no podrá ayudar a su hijo ya que no le enseñará cómo amar a su futura esposa cuando ella se sienta rechazada y afligida. Si él ve a su esposa igual que a él (como si no existieran diferencias concretas), podría creer que realmente tiene problemas emocionales en lugar de escuchar la sensata amonestación del apóstol Pedro a los esposos a vivir con sus esposas en una relación de entendimiento pues fueron creadas por Dios como mujeres.

Interesantemente, lo que incomoda a los esposos con frecuencia tiene su raíz en la preocupación de sus esposas por ellos. Esto es una virtud. Por ejemplo, las esposas confrontan porque se preocupan; no confrontan para controlar. Reto a los hombres a ver la virtud detrás de esas cosas que los molestan como hombres. Una vez lo hagan, una vez entiendan, puedrán ver a sus esposas bajo un prima totalmente diferente.

Igual que con las virtudes femeninas, la Biblia también destaca las virtudes masculinas. Se resalta la naturaleza protectora del hombre. El profeta Nehemías instó a sus hombres a «[pelear] por sus hermanos, por sus hijos e hijas, y por sus esposas y sus hogares» (Nehemías 4.14 NVI). De hecho, Pablo nos reta a todos a imitar esta virtud masculina: «portaos varonilmente, y esforzaos» (1 Corintios 16.13). No hay versículos que dicen a las mujeres que peleen por sus esposos.

Los hombres pueden cuidar y las mujeres pueden pelear

Ninguno de estos versículos está sugiriendo que los hombres no pueden cuidar o que las mujeres no pueden ser guerreras. Sin embargo, el sentido común nos dice dónde están los instintos e intereses naturales. Un esposo nunca sueña con alimentar a un bebé. Pero apriétale el brazo y lo flexionará. Algo en su interior se ve a sí mismo como fuerte y protector, y siente el impulso de mostrárselo a la mujer que le aprieta el brazo. Una esposa no flexiona su brazo si se lo aprietas; no porque no pueda, pero ¿para qué? Ella no tiene deseo ni razón para hacerlo. Ni siquiera está en su psiquis, aunque tenga un cinturón negro en karate.

Los hombres y las mujeres difieren grandemente cuando de sus deseos se trata. Esto no tiene nada que ver con competencias y todo que ver con sus intereses. Esto se trata de pasión, no de aptitud. Por ejemplo, un viudo tiene la capacidad para cuidar de sus hijos, y tiene que hacerlo, pero su naturaleza no tiene la misma obsesión de cuidar que tenía su esposa. El padre es completamente capaz de cuidar de los chicos mientras la madre está en un retiro de fin de semana. Tiene el talento necesario para hacer todo lo que la madre hace con esos chicos, pero el padre no siente la misma urgencia de hacer con los chicos lo que la madre hace. Él podría peinar el pelo de su hija mucho mejor, pero no se esmerará. Podría colocar tapetes encima del mantel, así como un jarrón con flores como centro de mesa, pero eso realmente no lo considera importante. Además, tiene hambre, así que grita: «¡Vamos a comer! Agarra un plato de papel y un tenedor desechable. Oremos».

Una viuda puede ponerse un cinturón de herramientas, subir al techo por la escalera y reparar lo que haga falta, y tal vez deba hacerlo, pero no tiene un gran interés en hacerlo. Esta ilustración nos permite reconocer que estamos familiarizados con las diferencias entre los varones y las mujeres. La familiaridad produce «indiferencia ante la diferencia». No les prestamos atención a estos patrones de género hasta que la viuda está en el techo, con un mono y un cinturón de herramientas. Entonces, nos detenemos y miramos en silencio y asombrados. Gritamos: «Abuela, ¿qué rayos estás haciendo ahí arriba?». Sin embargo, no pensamos nada si vemos a un viudo subiendo la escalera para reparar un techo con goteras. En cambio gritamos: «¡Oye, abuelo, ¿vas a ver más tarde el partido de béisbol?». Las diferencias de género pasan desapercibidas no porque no existan, sino porque en áreas fundamentales los géneros rara vez se cruzan. No prestamos atención porque como no conocemos nada distinto, entonces no vemos la diferencia.

Con el viudo y la viuda, tiene que ver muy poco con la falta de capacidad y mucho que ver con deseos distintos que albergan innatamente en el hombre y la mujer. Una mujer puede ir de caza con otras cuatro mujeres el día de inauguración de la temporada de caza de venados. Se pueden sentar una al lado de la otra, sin hablar por tres días. Pueden matar cuatro venados y limpiarlos. Sin embargo, ¿cuál de estas cuatro mujeres quiere realmente hacer esto? Un padre puede quedarse en la casa mientras su esposa va de caza. Puede cuidar de los chicos. Puede probarle varios vestidos a la hija para decidir cuál es el mejor para ir a la iglesia. Sin embargo, ¿qué hombre quiere hacer eso? Si él está en la casa, toma el primer vestido que ve y, si se parece a mí, termina poniéndoselo al revés. Ahora ya sé que los botones de los vestidos de niña van en la espalda. Pare de reírse.

Del mismo modo, una niñita quiere jugar con muñecas porque siente amor por el bebé; mientras que un niño quiere jugar a los castillos y proteger al inocente del invasor malvado. El niño puede cuidar de la muñeca, y jugar a papá y a mamá, pero no quiere hacer eso. La niñita puede defender un castillo en el patio con su espada de juguete, pero no siente el deseo de hacerlo. Debemos ser sinceros acerca de los intereses y las pasiones por defecto. La industria de juguetes está clara en esto y genera muchísimo dinero porque enfrentan los hechos.

Las investigaciones demuestran diferencias biológicas

A pesar de esto, sustancias químicas son las que determinan los asuntos de género. Según investigadores especialistas, durante los primeros tres meses de vida, las destrezas de una bebé para establecer contacto visual y observar rostros aumentan en más de un cuatrocientos por ciento; sin embargo, este aumento no se da en los bebés varones.[2] Según descubrieron los investigadores, esto se debe a la fisiología, no a la socialización. Sin embargo, ¿hace esto que los niños sean menos afectuosos porque establecen menos contacto visual? No, simplemente los hace distintos, no menos virtuosos. Dios diseñó a los niños con los seis deseos que presentamos.

Como Jesús dijo en Mateo 19, Dios no diseñó varones para ser mujeres. Él no tiene la intención de que los niños sean niñas. De la misma forma que no les decimos a las mujeres o niñas: «Sintonízate con tu lado masculino», tampoco debemos decirles a los hombres o niños: «Sintonízate con tu lado femenino». Aunque debemos imitar la virtud del otro género cuando sea apropiado, tal como Pablo alentó a las mujeres en Corinto a ser valientes como hombres de valor, Dios no espera que un varón sea femenino. Por consiguiente, cuando un niño actúa como niño, la madre no debe reaccionar negativamente y suprimir esta masculinidad relacionada a estos seis deseos saludables. Por el contrario, debe ver el llamado de Dios en ella de honrar las virtudes que Dios plantó en su niño como varón; el varón al que Jesús se refiere.

La pregunta principal

¿Por qué el asunto del respeto? En Efesios 5.33 está la respuesta. Allí, Dios ordena al esposo a amar y a la esposa a respetar. De hecho, Pedro enseñó que una esposa debe exhibir respeto para ganar a su marido (1 Pedro 3.1–2).

¿Por qué la orden? Dios ordena al esposo a amar no solo porque su esposa necesita amor, sino porque él no ama naturalmente; de lo contrario, la orden sería innecesaria. Lo mismo es cierto con las esposas. Dios ordena a la esposa a respetar a su esposa no solo porque su esposo necesita respeto, sino también porque no lo hace naturalmente.

Aunque todos los hombres y las mujeres necesitan amor y respeto por igual, Shaunti Feldhahn descubrió una diferencia entre varones y mujeres, igual que descubrí yo en la investigación a la que me refiero en el capítulo uno. Cuando se les da a escoger entre no ser amados y no ser respetados, los hombres están abrumadoramente en contra de no ser respetados. El setenta y cuatro por ciento prefirió no ser amado.[3]

Dios ordena a la esposa a ser respetuosa durante los conflictos porque el hombre es muy vulnerable a la idea de que la esposa no lo respeta, de la misma manera que una esposa es vulnerable a la idea de que el esposo no la ama.

El rey David, de la Biblia, necesitaba respeto. Sabemos que la hija de Saúl, Mical, amaba a David, su esposo (1 Samuel 18.20, 28); sin embargo, más adelante, «Mical [...] se asomó a la ventana; y al ver al rey David saltando y bailando delante del Señor, sintió un profundo desprecio por él» (2 Samuel 6.16 DHH). Parece que ella se sintió avergonzada por la demostración de su esposo. Cuando David regresó a casa, Mical lo recibió con tremenda discusión.

Mical [...] le salió al encuentro y le reprochó:

—¡Qué distinguido se ha visto hoy el rey de Israel, desnudándose como un cualquiera en presencia de las esclavas de sus oficiales!

David le respondió:

— [...] y me rebajaré más todavía, hasta humillarme completamente. Sin embargo, esas mismas esclavas de quienes hablas me rendirán honores. (2 Samuel 6.20–22 NVI).

Luego dice: «Y Mical hija de Saúl murió sin haber tenido hijos» (v. 23 NVI). Fue Mical, no David, quien estuvo fuera de lugar. El matrimonio de ellos terminó justo en aquel momento.

Un hombre en desarrollo

El respeto es una necesidad en el alma masculina, no solo en su esposo, sino también en su niñito. El hombre está en el niño. Esto significa que, por naturaleza, él será menos afectuoso que usted y que cualquiera de las hijas que usted tenga. Esto también quiere decir que cuando él no sea tan afectuoso como debería ser, usted pudiera tener la tendencia natural de reaccionar en maneras poco respetuosas para él. Aunque es posible que la reacción irrespetuosa signifique muy poco para usted, su hijo va a personalizar su desahogo irrespetuoso. Una hija entiende el desahogo de la madre porque la hija se desahoga igual que ella. Sin embargo, por ser varón, un hijo será más vulnerable a la apariencia de falta de respeto. Con el tiempo, él se retrae y se aísla. Se vuelve silencioso e indiferente. Sin embargo, cuando la madre entiende que su niño —un hombre en desarrollo— necesita respeto de la misma manera que su esposo, ella se fortalece e influencia el corazón de su hijo. Él se vuelve más tolerante y se abre para conectarse con ella. Sin embargo, a todas las madres que he conocido les da trabajo distinguir cómo se manifiesta y se escucha este respeto hacia su hijo, igual que le ocurre con su esposo. Pero no debe sentirse ansiosa por esto. Dios no la diseñó para hacerlo naturalmente. Y eso está bien. Aun así, tanto esta madre como este padre deben aprender a amar y a respetar porque la hija y el hijo necesitan este amor y respeto.

Por esta razón, invito a todas las madres a comportarse de la forma adecuada cuando tienen algún intercambio acalorado con sus hijos. Usted puede tener las intenciones más amorosas, pero, si da una falsa impresión, él la malinterpretará. Por esto insto a las madres a reconfortar a sus hijos durante estos momentos tensos.

«Mira, me siento herida y estoy enojada. Estoy profundamente desilusionada por lo que ha ocurrido aquí. Pero quiero que entiendas que no estoy tratando de faltarte el respeto. No estoy usando esta situación como una forma de enviarte el mensaje de que no te respeto. Estoy reaccionando así porque creo en el hombre honorable que Dios quiere que seas. No respeto lo que hiciste, pero eso es distinto a no creer en ti o a no respetar al hombre que vislumbro que llegarás a ser».

Esto reconoce al hombre en el niño, y él mantendrá su corazón abierto para usted.

¿Está lista para aprender más?

¿Está lista para discutir otras maneras de aplicar respeto? Los seis capítulos siguientes exploran a fondo los seis deseos de un niño: Conquista, Jerarquía, Autoridad, Perspectiva, Relación y Sexualidad. En cada capítulo explico cómo aplicar la conversación-respeto a cada uno de ellos. Cada capítulo también incluye cómo aplicar D[e].C.I.D.A.S. a estos seis deseos. Cuando usted Da, Comprende, Instruye, Disciplina, Anima y Suplica en oración respetuosamente pueden ocurrir milagros en el alma de su hijo.

Manténgase relajada mientras lee.

Con los años, cuando algunas madres me envían correos electrónicos, con frecuencia me piden casos e ilustraciones adicionales. Cada madre piensa en términos de la edad y etapa de su hijo, y sobre el conflicto de ayer. Quiere solucionarlo para poder mantenerse conectada con su chico. Escribí este libro con la esperanza de que encuentre respuestas específicas para sus preguntas.

Este es el reto. No permita que toda esta información le abrume y le haga sentir que es un fracaso porque no siguió todas las recomendaciones. En cambio, vea esto como un libro recurso al que puede regresar cuando sienta curiosidad y esté preocupada sobre cómo atraer a su hijo en una manera más eficaz. Vea el libro como una guía para interacciones futuras que le conducirán a una relación más sólida con su hijo.

5

CONQUISTA

Cómo respetar su deseo de trabajar y alcanzar metas

Su campo de sueños

Burbujeando en el alma de su hijo hay un deseo de embarcarse en una aventura en algún lugar, de conquistar algún obstáculo y de cumplir con alguna tarea honorable... aún desde las tempranas etapas de vida. Esto se refleja en el niño de tres años que contempla encantado al bombero en su camión de bomberos o mira embobado a un policía en su coche de patrulla. En su pequeño cerebro sueña con la conquista emocionante. Si bien cuando es pequeño su empeño está en jugar, aun su juego consiste en derrotar a un enemigo, subir a un árbol o ganar un juego. Cuando madura, su enfoque y sus intereses cambian, pero el deseo de conquistar algo en su campo de sueños permanece. Parte de la alegría de ser madre de un hijo es descubrir junto a él los talentos y las pasiones que Dios le ha impartido mientras satisface su deseo de trabajar y alcanzar metas. Mantenga sus ojos y oídos abiertos ante los *campos* que su hijo explora según va creciendo. Observe esos lugares que despiertan intriga en él.

Aun cuando tenga una gran variedad de intereses y no parezca enfocarse en un campo específico, escuche atentamente y le oirá preguntar: «¿Dónde debo aterrizar? o ¿marcaré alguna diferencia?». Puede que lo sorprenda pensando: *¿seré lo suficientemente hombre? ¿Trabajaré y alcanzaré*

73

logros con distinción y honor? ¿Quién llegaré a ser? En esos momentos, puede decirle respetuosamente: «Sí, serás un hombre honorable. Tienes lo necesario. Dios te ha dado las capacidades y los deseos para marcar la diferencia en el campo que selecciones».

La falta de respeto de una madre puede socavar la confianza de un hijo para tener éxito en un campo. Una madre escribió: «Me asombra cómo el asunto del respeto está tan estrechamente relacionado con la pregunta del hombre: "¿Estaré a la altura?". Una y otra vez veo a mis tres niños haciéndose esta pregunta. Cuando no les mostramos respeto, les estamos diciendo una y otra vez: "No, no estás a la altura". Esto es devastador para ellos».

Busque momentos en los que su hijo esté trabajando con ahínco, tal vez en algo que no disfruta, pero que debe hacer. Como Dios sembró en cada niño la semilla para conquistar, la conversación-respeto añade agua para que ese deseo germine. A medida que pasan los años, la madre observará el deseo de su hijo de involucrarse en actividades que requieren esfuerzo mental o físico para alcanzar un propósito o resultado. Sus palabras respetuosas afirman esa inclinación, y lo energizan y motivan.

Reconozca la falta de confianza después de un fracaso

Una madre me envió este correo electrónico:

> Tenemos dos niños; el mayor tiene casi once años. Sé que siente la presión de ser un buen ejemplo para sus tres hermanos y hermanas menores. Le digo que lo amo todo el tiempo, pero nunca había considerado decirle que lo respeto. El martes pasado, estaba limpiando su cuarto, y encontré con una nota que él había escrito. Decía: «Fracaso=Benjamín». se exige mucho a sí mismo [...] Me sentí devastada. Sabía que algo tenía que cambiar, y ese algo éramos nosotros, sus padres. Debemos demostrarle que lo respetamos.
>
> Antes de que regresara de la escuela, escribí doce notitas y las pegué alrededor de su cuarto o las escondí en los cajones y debajo de

su almohada: Te amo. Te respeto. Respeto tus ideas. Estoy muy orgullosa de ti. Eres la persona más creativa que conozco. Eres un excelente hermano mayor. Tan pronto llegó a casa y vio las que estaban en
lugares obvios, ¡corrió y me abrazó! Sus ojos resplandecían y estaba
muy emocionado. De inmediato tomó las notitas e hizo un tablón que
decía «Tablón de elogios» y las pegó allí. En el pasado le había escrito
cartas dejándole saber lo mucho que lo amo y lo mucho que significa
para mí (él es muy sentimental y ha guardado cada nota y carta). Sin
embargo, decirle que lo respeto fue lo más importante. He hecho la
promesa de respetar a mi hijo y tratarlo como quiero que lo trate su
futura esposa.

Otra madre me escribió:

Nuestro hijo había tenido un año académico muy difícil. Cuando llegué
a casa, mi esposo me dijo que [nuestro hijo] había estado renuente a
enseñarle su informe de progreso hasta estar seguro de que papá no iba
a saltarle encima, y hablaron sobre ello. Después de yo verlo (iba de A's
a F's), fui a su cuarto, donde estaba estudiando, y le dije la verdad:
podía ver que se había esforzado mucho en sus estudios y sabía que
había sido un año difícil. Y realmente admiré sus agallas y su persisten-
cia al no darse por vencido cuando las cosas son difíciles. En su rostro
se dibujó una enorme sonrisa y me dijo calladamente: «Gracias, mamá».
Sentí que estaba más cerca de mí que lo que había estado en mucho
tiempo.

Justo después de sus fracasos, la conversación-respeto da forma a la
autoimagen de un niño e inculca un mayor sentido de valor propio y confianza en sí mismo. Por raro que parezca, la conversación-amor en un
momento como ese puede que no sea suficiente. Cuando las madres enta-
blan una conversación-amor con su hijo basándose en lo que a ella le
hubiera gustado escuchar a su edad, está asumiendo que él siente lo que
ella sentiría. Esto, por supuesto, pierde de perspectiva de que Dios diseñó
a los hombres y a las mujeres de manera distinta.

¿Por qué está en el niño este deseo de trabajar y alcanzar metas?

Encontramos la respuesta en la creación divina del primer hombre, Adán.

Dios creó a Adán para trabajar en el jardín del Edén. Leemos en Génesis 2.15: «Dios el SEÑOR tomó al hombre y lo puso en el jardín del Edén para que lo cultivara y lo cuidara» (NVI). Antes de crear a Eva, Dios diseñó a Adán para preparar y usar la tierra en el Edén para el cultivo. Él debía surcar la tierra, sembrar semillas y cultivar plantas. Él debía cavar con el azadón, regar, fertilizar y podar. Él cosecharía la tierra. Dios creó un mundo perfecto y creó al primer hombre para que trabajara en él. Dios no creó a Adán para ser un turista en una excursión.

Los hombres se identifican a sí mismos en términos de lo que hacen en sus respectivos campos. Dios puso el trabajo en su ADN. Ellos describen quiénes son de acuerdo a lo que hacen. «Soy abogado... doctor... entrenador... maestro... banquero... arquitecto... carpintero... empresario... vendedor de autos... pastor... científico... administrador... supervisor de oficina... dueño de cafetería...».

Típicamente, ¿cuál es la primera pregunta que cualquier hombre le hace a otro hombre cuando se conocen por primera vez? «¿A qué te dedicas?». Todo el mundo se ha dado cuenta de esto, y deseo que toda madre entienda de esta simple ilustración que ese hombre está en su niño. En el futuro, y de manera innata, su hijo les hará esta pregunta a otros hombres. No necesitará entrenar a su hijo de diez años, diciéndole: «Ensayemos. De aquí a doce años, cuando tengas veintidós años, quiero que le preguntes a los hombres que conozcas: "¿A qué te dedicas?"». No, su hijo lo hará automáticamente. Está en su ADN.

Sobre este asunto, me escribió una madre: «Jacob, mi hijo mayor, tiene casi trece años y me decía [...] cuando regresábamos a casa de la iglesia [...] "Mamá, ¿quieres que te cuente algo gracioso?" "Dime, cariño" "Cuando los muchachos nos conocemos por primera vez, ¿sabes qué es lo primero que nos preguntamos? [...] ¿Qué sistema de videojuegos tienes? Lo primero, mamá, ¡siempre!" ¡Por poco estrello el auto en la cuneta! No podía creerlo. Era el equivalente adolescente para "¿a qué te dedicas?"».

Regresemos a Génesis. Más adelante, después que el pecado entrara en el mundo, la maldición de Dios sobre Adán implica su trabajo en el campo y la maldición sobre Eva toca el aspecto de la familia (Génesis 3.16–19). Dios maldijo a Adán en el campo con el sudor de su frente y a Eva en el área del matrimonio y la familia con dolores de parto. Esto apunta a los hombres estar orientados al trabajo y las mujeres a la familia. Como consecuencia del pecado, Dios maldijo a cada uno donde había creado sus anhelos más profundos.

El esposo trabaja en el campo, pero nunca alcanzará respeto absoluto en el campo. La gloria perfecta y duradera en el campo es fugaz como resultado del pecado. Típicamente no recordamos quién ganó el premio al jugador más valioso en algún deporte luego de pasado el momento. El honor se desvanece en cuestión de días.

La esposa atesora las relaciones en la familia, pero ella tampoco experimentará amor perfecto ni una familia perfecta. No se trata de que la mujer sea indiferente al campo puesto que las mujeres —muchas de ellas con un hijo en sus espaldas— han trabajado en los campos a lo largo de la historia. Sin embargo, una mujer se identifica a sí misma más profundamente en sus relaciones con sus hijos y esposo. Y no es que los hombres sean indiferentes a la familia, sino que se ven a sí mismos trabajando en favor de sus esposas e hijos.

¿Existen excepciones? Siempre, pero el patrón se extiende de tal manera alrededor del mundo que la excepción nunca debe negar la regla. Hay mujeres en este planeta que no soportan la idea de criar a un bebé. Pero ¿acaso esas mujeres atípicas niegan la idea de que las mujeres tienden a cuidar y proteger por naturaleza? La aberración no refuta una consagrada verdad sobre las mujeres.

El paraíso se ha perdido. Contaminado por el pecado, ni el campo ni la familia alcanzan las expectativas de nadie. La narrativa de Génesis 3 nos permite echar un vistazo al alma masculina y femenina; a lo que le importa más profundamente a cada uno. Ahora los hombres y las mujeres deben vivir al borde del Edén, poseyendo el residual del paraíso, pero sin probarlo como Dios lo planificó originalmente.

Advertencia

¿Puedo darle algunas palabras de advertencia? Solo porque su hijo tenga el deseo de trabajar y alcanzar metas no significa que desee hacerlo donde-quiera que usted escoja. Por ejemplo, la madre adora su hogar; su nido. Sin embargo, su hijo no tiene el mismo instinto. En otras palabras, no le entre-gue una escoba y un recogedor diciéndole: «Te gusta trabajar y alcanzar metas, ¡entonces barre el garaje! ¡Conquista!». Esto no funciona así. No se trata del deseo que Dios le ha dado a *usted*, sino el deseo que Dios le ha dado a *él*. Se trata de la alegría de ayudarle a descubrir el campo que Dios ha designado para él y alimentar su deseo de trabajar y alcanzar metas en ese campo. La falta de deseo de su hijo de trabajar en el escenario de usted solo quiere decir que el escenario de él es distinto.

He aquí otra advertencia. ¿Ha notado que su hijo, usualmente con bue-na actitud, ahora reacciona de forma negativa? ¿Lo ve desanimado o que se irrita por cualquier cosa? Reflexione por un momento. ¡Decodifique!

¿Dijo o hizo usted algo negativo relacionado con sus esfuerzos de tra-bajar o alcanzar metas? Aunque no haya tenido esa intención, ¿lo interpre-tó él como denigrante, como si usted hubiera sentido que él no estaba a la altura para llevar a cabo el esfuerzo necesario? ¿Se sintió él menosprecia-do porque no pudo lograr algo en alguna situación? ¿Acaso usó usted palabras irrespetuosas para motivarlo a actuar responsablemente? Decirle a un hijo de cualquier edad que es un idiota, cretino, perdedor, cobarde, «el niñito de mamá», imbécil, etc., nunca es correcto ni resultará en algo saludable. Esas palabras desalientan y destruyen. Como ya mencionamos, eso es comparable a un padre que usa palabras crueles y detestables hacia su hija para moldearla en una buena mujer.

Por último, evite comparar los logros de su hijo con los de otra perso-na. No compare; intente alentarlo basándose en la forma en que él ha mejo-rado. ¿Por qué comparar la manera en que su hijo toca el violín con la de otro niño? En lugar de eso, compare sus pasados esfuerzos con los presen-tes. Hónrelo por mejorar personalmente, y no porque reemplazó a Joey en la primera fila. Esto es particularmente importante entre hermanos. Los padres deben evitar los «¿por qué no haces lo mismo que tu hermano?».

Cómo aplicar D[e].C.I.D.A.S. a su conquista

¿Qué puede hacer usted como madre para alimentar en su hijo este deseo de trabajar y alcanzar metas dado por Dios? Al recordar el acrónimo D[e].C.I.D.A.S. (Dar, Comprender, Instruir, Disciplinar, Animar y Suplicar en oración), no olvide que le dije que usted jugaba un papel muy poderoso. He aquí lo que puede hacer para aplicar D[e].C.I.D.A.S. a *Conquista*.

Dele *los recursos que necesita para trabajar y alcanzar metas. Pregúntese: «¿Qué puedo ofrecer para ayudarlo en su trabajo y logros?».*

Niño más pequeño:
Cómprele su propio rastrillo para que ayude a su padre a recoger las hojas. Refiérase a él como el «pequeño asistente de papá». Dígale: «Realmente respeto lo duro que trabajas para acumular todas esas hojas para ayudar a papá».

Muchacho mayor:
Para que pueda cortar césped en el vecindario, cómprele una cortadora de césped, con interés de un uno por ciento, que pueda pagar al finalizar el verano. Comuníquele: «Creo en ti. Respeto tu deseo de trabajar y alcanzar metas. Me impresiona la cantidad de vecinos que desean que les sirvas. Esto dice muchísimo sobre la admiración que sienten por ti y también su confianza». Si no es el negocio de cortar césped, ¿hay alguna otra idea empresarial que capte su interés? Puede honrarlo invirtiendo en esto con él.

Tenga cuidado con las asignaciones. El dar debe coincidir con un hijo que trabaja. No regale una asignación, más bien, establezca tareas por las que pueda ganar dinero. La Biblia revela un principio: «Si alguno no quiere trabajar, tampoco coma» (2 Tesalonicenses 3.10). Aunque le muestre respeto a su hijo, no le prive del placer que se obtiene al trabajar y alcanzar metas. Abra una cuenta de ahorros en su nombre para que él deposite su dinero. El darle demasiado puede socavar el respeto que obtiene al ganarse el dinero.

Al mismo tiempo, está bien mostrarle gracia y benevolencia.

«Hijo, te estamos ayudando a comprar la bicicleta que quieres por dos razones. Primero, nos has demostrado que has sido diligente ahorrando para ella. Segundo, ya pronto la iglesia va a celebrar la carrera en bicicleta y creemos que puedes recaudar algunos fondos para el orfanato en esta actividad. Así que vamos a pagar la tercera parte final del precio de tu bicicleta».

Piensa en esto como el bono que una compañía ofrece para honrar a los empleados por su excelente ética en el trabajo.

Permítame añadir, es posible que no sea solamente dar dinero. La madre podría ofrecerse de voluntaria para ayudar a su equipo de fútbol como una manera de honrar al hijo. Así da su tiempo y talento. Entra en su campo, por decirlo de alguna manera, para ayudarlo a desarrollar sus destrezas en las conquistas relacionadas a la competencia en un deporte.

Comprenda *la irritación y el coraje que él puede sentir mientras trabaja. Pregúntese: «¿Entiendo su lucha al trabajar o alcanzar metas en un campo?».*

Niño más pequeño:

Mientras trabaja en su primer proyecto real a los ocho años, pintando la cerca en el patio de un vecino, se topa con la necesidad de volverla a pintar porque una tormenta de polvo dejó residuos en la pintura húmeda. Este contratiempo lo enoja y lo irrita. Dígale que usted entiende y que respeta la razón de su coraje. Déjele saber que respeta su esfuerzo y compromiso con lograr la meta en este trabajo, a pesar de que las cosas se complicaron. Dígale que respeta su determinación en medio de esta contrariedad para empezar otra vez.

Muchacho mayor:

Luego de trabajar con mucho ahínco para ser el mariscal de campo en su tercer año de secundaria, entienda la profundidad de su dolor al escuchar que el entrenador seleccionó a otro jugador para la posición. Dígale:

«Respeto el deseo de tu corazón y tu dedicación para llegar a ser el mariscal de campo. Puedo imaginar que esto se siente como una patada en el estómago. Aprecio lo bien que te has comportado con tus compañeros de equipo, aunque en el interior te sientes triste. Eres un gran ejemplo para mí».

A medida que observa su trabajo para alcanzar alguna meta, en ocasiones él fracasará. Esos momentos le permiten aplicar la conversación-respeto. Por ejemplo, si él corta el césped, que es una tarea común para los muchachos, anticipe que en algún momento la cuchilla de su podadora va a toparse con una roca y, como resultado, va a incurrir en un gasto inesperado. Cuando tenga que restar de sus ganancias el costo del negocio y se tire en el sofá con mala cara, use la conversación-respeto.

«Esto es un revés. Sin embargo, eres un muchacho honorable que ahora está aprendiendo lo que experimentan otros hombres en sus negocios. Recuerda, los accidentes ocurren. Sr. Smith tiene una compañía de camiones y sus camiones se dañan. Él tiene que planificar de antemano las reparaciones del equipo y herramientas. A pesar de lo mucho que duele, sé que harás lo posible para recuperarte».

Luego salga del cuarto. No vea esto como un momento para abrazarlo y atraer su lloriqueo. Ocúpese de otra cosa. Mantenga al grano la conversación-respeto, y no cambie a la conversación-amor. En general, los muchachos hablan menos sobre sus sentimientos, pero sí necesitan escuchar palabras de respeto; directas y agradables. Si él quiere un abrazo, más tarde se acercará para buscarlo. En estos momentos, háblele como a un hombre, no como a un bebé. Lo hermoso es que cuando le habla al hombre en el niño, más adelante, el niño probablemente será afectuoso más tarde con la madre.

Instrúyale *sobre cómo trabajar y alcanzar metas mejor. Pregúntese:* *«¿Puedo enseñarle cómo mejorar su trabajo y alcanzar más metas?».*

Niño más pequeño:

No importa lo que él haga, ya sea construir un auto con bloques LEGO o esté tratando de comenzar un negocio de pasear mascotas, cuando usted le da su opinión, ¿cómo la interpreta él? ¿Le parece que le falta el respeto, como si fuera menos inteligente, o él la ve como a un entrenador que trata de honrarlo con esta información?

Muchacho mayor:

Cuando él hace tareas en la casa de una manera que no satisface lo que usted le pidió que hiciera, ¿lo sermonea irrespetuosamente sobre cómo hacerlo bien? O pregunta: «¿Cómo puedo instruirte sin que sientas que te estoy faltando el respeto? Esto es lo que quiero que hagas, pero mi intención no es que sientas que no te respeto».

Recuerde, cuando instruya, presente la información honorablemente para que su hijo se mantenga dispuesto a aprender. Una maestra de párvulos aplicó la conversación-respeto con sus niños y descubrió que este lenguaje abrió un nuevo apetito de aprender en sus estudiantes. Ella escribió:

> He visto como esta conversación ha obrado milagros en mi clase de párvulos (que es parecido a ser madre durante seis horas al día) [...] Sus principios han ayudado a transformar a niños de cinco años, sedientos de respeto, en ayudantes y estudiantes ávidos, y apenas estoy comenzando a aplicarlos. Tal vez, como padres, nos olvidamos que los niños son varones y las niñas son mujeres desde la concepción, y que tienen las mismas necesidades de amor y respeto que nosotros como adultos.

Me encanta lo que escribió esta madre:

> Cuando nuestro hijo mayor tenía tres años, la cortadora de césped se dañó y hubo que repararla. Mientras miraba a su padre trabajar, se

presentó la necesidad de un destornillador. Luego de explicarle [mi esposo] las diferencias entre ellos, mi hijo fue a la caja y regresó con la herramienta. Mi esposo le dio las gracias, a lo que él respondió: «Oye, papá, ¡de verdad me necesitas!». Aprendí de mi esposo a siempre incluir a los muchachos en nuestras actividades. Requiere esfuerzo cuando son pequeños, y normalmente, al principio, requiere más tiempo de lo normal y el desorden es mayor; sin embargo, su autoestima, su sentido de pertenencia y de ser respetados y amados bien vale la pena.

El ofrecer instrucción sobre los distintos destornilladores hizo posible que este niño trabajara, se sintiera necesitado y se sintiera respetado.

Usted honra a su hijo alimentándolo con información en el área donde desea tener éxito. Por ejemplo, pensando en su negocio de cortar césped:

«Encontré información sobre cómo afilar la cuchilla de una podadora con una lima y un tornillo de banco. Subí un vídeo de YouTube que enseña cómo hacerlo paso a paso. Tal vez más tarde puedes verlo. Si quieres, vamos a la tienda y compramos una lima. Puedo contribuir con la mitad del dinero. Aunque la cuchilla está bien embotada, conociéndote, tengo el presentimiento que la puedes afilar rapidísimo».

Disciplínelo *si es ocioso o negligente. Pregúntese: «¿Debo disciplinarlo cuando está demasiado vago o irresponsable?».*

Niño más pequeño:

«Respeto el deseo que Dios puso en ti de trabajar y alcanzar metas. Te apoyé en tu tarea como voluntario en la iglesia para recibir a las personas los domingos en la mañana. Sin embargo, me dijeron que dejaste temprano tu puesto para irte a hablar con tus amigos en la cafetería de la iglesia. Sé que eso puede ser más divertido, pero hiciste un compromiso con el equipo de trabajo de la iglesia para servir de esta manera. A tus nueve años, te estás convirtiendo en un hombre de Dios honorable, y hacer lo que dices que vas a hacer es parte de eso. Dime que no tengo que asignarte tareas adicionales la semana que viene porque te fuiste temprano otra vez, ¿vale?».

Muchacho mayor:

«Nos han informado que has estado faltando a clases, lo que parece explicar tus bajas calificaciones del pasado semestre. Eres un hombre honorable. Necesito tu consejo. ¿Crees que es justo que yo trabaje duro para ganar el dinero para pagar tu matrícula mientras que tú descuidas tus estudios? Sabes la respuesta. Tienes que ir a todas tus clases y subir tus calificaciones para el final del semestre. De lo contrario, no te estaría respetando ni a ti ni a mí si te permito ser negligente en tu deber. Si no veo mejoría, habrá algunas consecuencias. Te digo esto porque siento como si te respetara más a ti y a tus capacidades de lo que lo haces tú mismo. ¿Te parece razonable lo que estoy diciendo?».

Todos los muchachos necesitan retos y exhortación. Ningún niño va a conquistar todas las tareas con gran éxito, y va a descuidar algunas de las tareas que se le asignen. Cuando tropiece, definitivamente necesita que se le confronte y corrija. Sin embargo, no necesita no una mirada de indignación acompañada por palabras groseras.

Pensemos en su negocio de cortar césped. Él quiere jugar y no quiere cortar césped. La conversación-respeto de la madre entra en acción.

«Hijo, creo en ti. Y porque creo en ti y en el hombre en que te estás convirtiendo, mi papel es ayudarte a ser un hombre de honor autodisciplinado. Cortar el césped es trabajo. Jugar es diversión. Sin embargo, jugar es mucho más divertido una vez hemos terminado nuestro trabajo. Así que este es el trato: no tienes que decidir entre un deseo y el otro. Cumples tu deseo de tener éxito como empresario durante los próximos cuarenta y cinco minutos y cortas el césped del señor Baylor, y luego todavía vas a tener dos horas más para jugar videojuegos con Jerry. ¡Listo! Ambos deseos se satisfacen, y te sentirás muy bien esta noche cuando pongas tu cabeza en la almohada. Por otro lado, si no lo haces, entonces Jerry se va a su casa, todavía tienes que cortar el césped y te vas a dormir temprano. De estas dos opciones, ¿cuál te honra más a ti, a Jerry y al señor Baylor?».

Anímelo *a seguir trabajando cuando se sienta desalentado. Pregúntese: «¿Puedo animarlo a seguir trabajando y a alcanzar sus metas cuando él sienta que no está a la altura para hacerlo?».*

Niño más pequeño:

«Sé que te sientes frustrado y enojado porque no jugaste tan bien como querías en tu partido de fútbol. Sentimos tristeza cuando no mejoramos tanto como deseamos. Sin embargo, lo que respeto sobre ti es tu deseo de seguir mejorando. En ocasiones, solo debemos examinarnos a nosotros mismos y mejorar, en lugar de compararnos con los demás. Esa es una lección de la que podemos sacar provecho por el resto de nuestras vidas. Sin embargo, le pregunté a Jerry —el muchacho de la iglesia que juega fútbol en el equipo de su escuela secundaria— si podía venir a casa y patear algunas pelotas contigo. Me dijo que le encantaría hacerlo. Y de hecho, va a traer algunos de sus conos para hacer ejercicios contigo».

Muchacho mayor:

«Sé que deseabas que te dieran más horas en tu trabajo de lavar autos este verano. El que tu supervisor te haya quitado horas es un fastidio. Sin embargo, ahora me doy cuenta que puedes buscar otro trabajo a tiempo parcial en el albergue de animales. Ellos están contratando a estudiantes de escuela secundaria a tiempo parcial. Esto te viene como anillo al dedo porque te encantan los animales. Este es el número al que tienes que llamar».

Pensemos otra vez en nuestro negocio de cortar césped. Digamos que un negocio profesional de cortar césped visitó el vecindario y de los seis patios que su hijo recortaba, ellos obtuvieron tres de las casas. Con su negocio reducido a la mitad, siente como si le hubieran dado un puñetazo en el estómago. Él piensa que cometió un error al intentar tener un negocio. Con la confianza y el entusiasmo de su hijo en sus niveles más bajos, su conversación-respeto entra en escena:

«Un hombre honorable piensa más en cómo termina que en cómo empieza. En un maratón, ¿empieza todo el mundo a la misma vez? Sí. ¿Terminan todos al mismo tiempo? No. Muchos se dan por vencidos al enfrentar competidores mejores y al toparse con el desaliento. Tú comenzaste tu negocio con seis patios. Perdiste tres como resultado de la competencia. ¿Terminarás haciendo estos tres de la manera más honorable posible o concluirás que debido a la competencia, no tienes la capacidad de hacerlo? En este momento, no se trata de la competencia; sino de tu confianza como alguien que termina lo que empieza. Como un hombre de honor en desarrollo, ¿cuán importante es que experimentes estos reveses? Diría que esto es un gran privilegio y no un momento de fracaso. Esta no será la última vez que enfrentarás un revés. Este es el primero, ¿cómo saldrás adelante?». (La madre, puede escribirle esto en una nota, o decírselo y luego dejarlo solo. Si se queda cerca en lo que él responde a la pregunta, es posible que se ponga a gimotear. No le dé esa oportunidad. Permita que sus palabras y preguntas sabias se queden en su corazón, pero usted no debe quedarse en su cuarto).

He aquí algunas expresiones de ánimo adicionales:

Preescolares (dos a cuatro años): «Respeto la manera en que trabajaste duro recogiendo tus juguetes, y lo hiciste rapidísimo y sin parar. ¡Dame cinco!».

Niños en edad escolar (cinco a ocho años): «Respeto la forma en que trabajaste para ganarte los veinte dólares para comprarte el kit de ciencia. Será muy divertido hacer sangre artificial y cultivar moho. Me impresiona la forma en que te estableciste una meta y la alcanzaste. ¡Dame cinco!».

Preadolescente (nueve a doce años): «Te respeto por haber leído diez libros durante el verano. Me maravillo por lo bien que lees. Me encantaría haber leído tanto como tú cuando tenía tu edad».

Adolescentes más jóvenes (trece a quince años): «Te respeto por lo duro que has estado trabajando en tu práctica de baloncesto. El entrenador está sorprendido por lo mucho que has mejorado y por la manera en que estás contribuyendo al equipo».

Adolescentes mayores (dieciséis a dieciocho años): «Te respeto por haber obtenido tu permiso de conducir y por tu alta puntuación en el examen. ¡Puntuación perfecta! Eres mucho más maduro y capaz de lo que era yo a los dieciséis años. Gracias por ser un ejemplo de responsabilidad excelente para tu hermano menor».

Adultos jóvenes (diecinueve años en adelante): «Respeto todo lo que haces para alcanzar tus metas. Estás matriculado en dieciséis créditos, estás trabajando en la cafetería de la universidad para ayudar a pagar tu matrícula y haces trabajo voluntario con el grupo de jóvenes en la iglesia. Dios tiene cosas maravillosas para ti. A él le honra tal diligencia».

Suplique *en oración con él para recibir la oportunidad y el favor para trabajar. Pregúntese: «¿Debo orar por su oportunidad para trabajar y alcanzar sus metas?».*

Niño más pequeño:

Ben Carson, exneurocirujano en el hospital Johns Hopkins y candidato a la presidencia de Estados Unidos en 2016, dijo: «Yo era un estudiante terrible. Mi hermano era un estudiante terrible. [Mi madre] no sabía qué hacer. Así que oró. Le pidió sabiduría a Dios. ¿Sabes algo? Usted no tiene que tener un doctorado para hablar con Dios. Simplemente tiene que tener fe».[1] Después de eso, todo comenzó a cambiar para Ben, y hasta el día de hoy, él acredita las oraciones de su madre por su cambio de rumbo. Santiago 5.16 dice: «La oración del justo es poderosa y eficaz» (NVI).

Muchacho mayor:

Una madre debe tener confianza ante Dios acerca de las oportunidades de trabajo para su hijo. Puede decirle a su hijo que Dios desea que trabaje y gane dinero. Puede explicarle que esto no quiere decir que Dios le dará un trabajo mientras él está sentado sin hacer nada, sino que mientras esté dispuesto a sudar y esforzarse en el trabajo, el Señor los escuchará cuando unidos pidan por un trabajo. Puede dejarle saber que usted respeta su disposición para hacer lo que sea necesario en esta etapa de su vida para ganar dinero.

Con respecto al negocio de cortar césped, si su hijo acepta con agrado que usted ore con él, pídale al Señor que le dé más oportunidades y favor para cortar césped en el vecindario. Al igual que en su vida personal, no dude en pedirle a Dios su ayuda. Usted sabe que la respuesta será sí, no o espera; pero, imitando a Jesús, usted ora. Déjele saber a su hijo que orar es mejor que no orar. El apóstol Santiago dijo que no tenemos porque no pedimos (Santiago 4.2). Puede orar para que Dios le dé recursos, para que le ayude a entender la frustración y el coraje de su hijo, para que le ayude a instruirlo para que sea más sabio, para que le conceda a su hijo una determinación más firme para ser disciplinado, para que le ayude a creer en las capacidades y talentos que él ha inculcado en su hijo.

Hay momentos en los que usted debe dejar que su hijo experimente reveses y camine solo la jornada. Déjele saber que está orando por él, pero que usted ve cómo él se está convirtiendo en un hombre que debe escalar solo la montaña. Por ejemplo, el entrenador del equipo de baloncesto de secundaria le informa a su hijo que ya no será parte del cuadro inicial del equipo y que estará como suplente en el banco durante el resto de la temporada. Jugadores más jóvenes se han destacado con mejores destrezas. Como madre, ¿cómo responde a su hijo? Mientras observa a su hijo caer en una leve depresión, ¿trata usted de animarlo con un «te amo y todo va a estar bien. Voy a llamar al entrenador y me va a escuchar»? O le dice:

«Este es un momento difícil para ti, pero respeto la razón por la que te sientes decaído. Es tu deseo de sobresalir. Admiro eso en ti. Me gustaría que no tuvieras que pasar por esto, pero también sé que tienes en ti las fuerzas para aceptar el reto. Puedes hacerlo. Admiro tu disposición para sobrellevar esto por ti mismo como un hombre de honor. Gracias por tu ejemplo».

6

JERARQUÍA

Cómo respetar su deseo de proveer, proteger y hasta morir

Una madre nos contó la historia más encantadora sobre su hijo de seis años:

Una noche, después de cenar, salí con mis cinco hijos para que gastaran un poco de energía. Comenzó a tronar. Acordamos quedarnos afuera hasta que comenzara a llover. Empezó a lloviznar, pero pronto la lluvia arreció, así que los muchachos estaban ansiosos por regresar a casa. Nuestro hijito de dos años estaba montando en su bicicleta y para nada parecía molestarle la lluvia. Así que cuando los mayores comenzaron a quejarse sobre lo mucho que estaba tardando, les di las llaves y les dije que corrieran y entraran a casa. Tres de ellos se fueron corriendo, pero Sam —que tiene seis años— se quedó conmigo y su hermanito. Le dije que se adelantara con los demás y entrara en casa pues para entonces ya estaba tronando muchísimo y la lluvia caía a cántaros. Sam contestó: «De ninguna manera, mamá. Preferiría morir antes que dejarte sola en esta tormenta». Luego, después de una corta pausa (seguro que se sentía muy valiente), añadió: «Y, si un ladrón entra en casa, no tengas miedo, porque estoy aquí». Y aunque la monada provocaba que quisiera reírme, podía ver que él lo decía muy en serio. Ciertamente, el padre de Sam modela este tipo de carácter, pero no puedo pensar en ningún momento en el que Sam haya escuchado a alguien hablar así.

Sam no tenía que escuchar estas palabras de su padre para querer proteger a su madre. Dios diseñó a los niños, incluyendo a Sam, con el deseo natural de proveer, proteger y hasta morir por otros.

El instinto protector

El hombre está en el niño. Indicios tempranos de este deseo aparecerán en varias maneras. Las madres deben prestar atención. Cuando su hijo se viste de vaquero o de superhéroe y le dice que va a protegerla, con frecuencia ella pasa por alto la importancia de sus comentarios y solo nota lo lindo que se ve.

Una madre no debe restarle importancia a estas expresiones de igual manera que no ignora a su hija cuando pretende ser la madre de su muñeca. Ninguna madre hace la vista gorda cuando su hija en edad preescolar juega a las madres. Por el contrario, afirma su instinto maternal diciéndole: «¡Eres una madre maravillosa!». Las madres entienden a sus hijitas porque algunos años atrás ella también eran niñitas. Sin embargo, ¿puede identificarse con los reclamos valientes de su hijo de que la protegerá de peligro?

Dios puso algo en cada niño que lo estimula a ser valiente y protector. No hay ningún pasaje bíblico que diga: «Peleen por sus esposos», solo por «sus esposas» (Nehemías 4.14). Dios no requiere que una mujer sea la protectora principal del hombre. Sí, ella cuida de sus hijos, pero él protege a la familia en otras formas. Esto es un fenómeno masculino en todo el mundo. Dios puso este instinto caballeroso en los hombres. Para los hombres que sirven a Cristo, el cuidar y proteger a las mujeres y los niños es una tarea divina.

Cuando su hijo alcance la adolescencia, verá su instinto de protegerla cuando se presente algo que pueda amenazarla o lastimarla. Esté pendiente a estas inclinaciones de protección y elógielo.

Señales tempranas en los niños

A raíz de estudiar a niños preescolares, los investigadores han reconocido sus tendencias de defender su dominio y propiedad, ser competitivos y de combatir sin temor al conflicto. Esta es mi pregunta: ¿el defender la propiedad es algo bueno o malo? ¿Es esta naturaleza competitiva sin miedo al conflicto un mal hábito o una virtud? Sarah le preguntó a nuestro nieto de cuatro años, Jackson, qué hacía en su escuela de párvulos con sus amigos cuando salían a jugar. «Tenemos que mantener lejos a los villanos».

En esto hay virtud. La madre puede ver la formación temprana de un hombre honorable que está aprendiendo a defender lo que él cree que es correcto. En su juego fingido, él protege el fuerte contra los malvados invasores. O cuando su amigo le quita injustamente su juguete, él se lo vuelve a quitar y luego forcejean entre ellos. Esto no se trata tanto de recuperar el juguete, sino de pelear por justicia. Y eso es bueno. Él no debe sentir vergüenza por exigir justicia. Lo que es justo es justo. A pesar de esto, necesita entrenamiento para encontrar mejores maneras de lidiar con estas situaciones. Existe una fachada de fuerza ante su debilidad oculta. La madre puede apartar a su hijo y decirle: «Respeto tu deseo de recibir un trato justo. No estuvo bien que él te quitara el juguete. Sé que eso te molesta y me alegra que te haya molestado. Sin embargo, como un hombre honorable, ¿qué puedes hacer la próxima vez?». Pídale que le dé una solución. Dele la oportunidad de resolverlo. Los niños son seres morales y espirituales que reconocen la diferencia entre el bien y el mal, y necesitan que se les pregunte. Cuando llegan a una solución por ellos mismos, se apropian de ella.

Y para el niño que dice: «Pero es que no sé qué hacer. Él siempre me quita el juguete»; la madre puede responder: «Listo, la próxima vez que ocurra, dímelo y yo hablo con él». La madre debe ver el deseo de su hijito de defenderse contra la injusticia y de combatir en favor de la justicia. Una vez ella percibe esto, el juego de su hijo cobra un nuevo sentido.

¿Y qué de esos momentos en los que él actúa egoístamente y le quita un juguete a alguien o inicia alguna riña sin pensar en su seguridad personal? Cuando un niño defiende con egoísmo lo que equivocadamente piensa que es suyo, la madre debe instruir:

«Johnny, ¿sabes lo que veo en ti? Que deseas ser un firme protector. Me gusta la manera en que defiendes lo que es tuyo. De igual manera, tengo una pregunta: ¿qué sientes cuando tu amigo te quita lo que es tuyo? Sé que no te gusta cuando toma lo que es tuyo. Por eso mismo no debes quitarle lo que le pertenece, y tampoco es honorable pelear con alguien que tiene el derecho a jugar con su juguete».

Afirme sus virtudes; corrija sus malos hábitos. Usted debe apelar a esta naturaleza honorable de su niño.

Recuerde, los niños no son niñas. Por naturaleza, las niñas negociarán; mientras que los niños pueden ser mucho más agresivos a edad temprana. Esta agresividad tiene un lado negativo, pero a medida que el niño crece, defenderá y protegerá natural y físicamente al débil. Por ejemplo, casi todos los niños irán tras el otro niño que patea el gato de su hermana. Hay maldad en el mundo, y la maldad no transa. Un porcentaje muy bajo de hombres comete la mayoría de los crímenes violentos, y otros hombres tienen que ir tras estos hombres. Sí, hay mujeres policías que portan armas, pero, en el haber cotidiano de las familias alrededor del mundo, los hombres están preparados para defender físicamente a sus familias. Mi nieto Jackson lo entiende muy bien. Hay villanos allá afuera, y alguien tiene que mantener lejos a esos villanos.

En mi casa, yo vivo con la idea de que existe un loco allá afuera, dentro de un radio de ochenta kilómetros, que está dispuesto a entrar en mi casa y hacernos daño, si no lo atrapan. Los hombres saben que ese hombre está allá afuera. Las mujeres son un poco más ingenuas porque no son depredadoras. No es que no sepan estas cosas, pero, generalmente, están más preocupadas con las relaciones y no prestan atención a las sombras. Sarah no piensa que un hombre trastornado pueda presentarse en la puerta. Yo sí. La verdad es que tal vez nunca ocurra; sin embargo, soy consciente de la posibilidad y responsable de combatir con ese tipo en caso de que se presente en medio de la noche para hacerle daño a Sarah. No está en mi naturaleza gritar y luego suplicar: «¡Sarah, haz algo!». Eso es ridículo.

Dios me programó para proteger, y casi todas las esposas que he conocido se deleitan en sentirse protegidas por sus esposos, no al revés. Por esta razón, cada madre debe reafirmar este deseo en su hijo.

Lo que me parece extraño es que la misma mujer que quiere que su esposo la defienda contra el dependiente irrespetuoso en la estación de gasolina y quiere estar segura que su esposo peleará por ella si escucha a un intruso en medio de la noche, es la misma mujer que también ataca la naturaleza combativa de su hijo cuando él va tras el niño que empujó a su hermana. Las voces culturales declaran: «Se convertirá en un ser violento y abusador a menos que lo reprenda». Pero espere un momento. Las dos situaciones no se pueden dar simultaneamente. Si una mujer quiere que su esposo la defienda sin preocuparle su propio bienestar, tiene que darle algo de libertad de acción a su muchacho, quien tampoco está preocupado por su bienestar, cuando defiende a su hermana. Sí, tal vez no debe llegar a la confrontación física. Sin embargo, los muchachos practican deportes físicos, y ese tipo de refriegas no es tan dañino a su autoestima. Él no lo interpreta como abuso, sino como valentía. Jim Hutchens —capellán de Wheaton College y el primer clérigo herido durante la Guerra de Vietnam—, me dijo: «Debemos dejar que los muchachos reaccionen naturalmente antes de exigirles que aprendan cómo reaccionar sobrenaturalmente». Los muchachos aprenden a través del ensayo y el error, y luchar en el piso con el niño que empujó a su hermana no es necesariamente algo malo. Tal vez la madre deba hacer de la vista gorda. Muy pronto él descubrirá si quiere hacerlo otra vez o es mejor negociar.

Que el esposo sea cabeza equivale morir como el Salvador murió

Leemos en Efesios 5.23: «porque el marido es cabeza de la mujer, así como Cristo es cabeza de la iglesia, la cual es su cuerpo, y él es su Salvador». Dios no llama a la esposa a cumplir con el papel de cabeza. ¿Qué mujer quiere tener la responsabilidad principal de proveer y proteger a su esposo, y hasta de morir por él?

Ser la cabeza significa servir y morir como el Salvador murió, y eso es cosa de hombres. Permítame reiterar: un niño siente que ser la cabeza (*jerarquía*) es una responsabilidad, no un derecho. De la misma manera que Cristo actuó responsablemente siendo la cabeza del cuerpo, como el Salvador, así también la mayoría de los hombres siente que como la figura de Cristo, debe cumplir con su obligación de proteger. Un niño desea ser este paraguas de protección debido a un sentido de función honorable. Él se imagina como el príncipe rescatando a la doncella en apuros. Ese deseo no es un celo chovinista de ejercer dominio sobre una mujer. Ni le pasa por la cabeza el pensamiento de: *voy a tratarla como a un trapo viejo.*

Jesús dijo en Juan 15.13: «Nadie tiene amor más grande que el dar la vida por sus amigos» (NVI). Esta idea de entregar la vida está profundamente arraigada en los hombres.

Vimos este deseo dado por Dios en nuestro hijo David durante sus años en la universidad. Sarah lo relata a continuación:

Cuando presentamos una conferencia Amor y Respeto en California, cerca de donde mi hijo iba a la universidad, Emerson y yo nos llevamos a nuestra hija, Joy, ya en su último año de secundaria y que estaba en su receso de primavera. El primer día ella se quedó en la habitación del hotel para reponerse de las tres horas de diferencia en el horario. Cuando mi hijo David, Emerson y yo regresamos al hotel, llamamos a la puerta de su habitación para que saliera con nosotros. Podía escuchar la televisión a todo volumen, pero ella no vino a la puerta. Así que Emerson llamó otra vez y aun así ella no contestó. Su habitación estaba en el primer piso y tenía una puerta corrediza que daba hacia afuera. Emerson decidió dar la vuelta por el lado. Vio que la puerta corrediza estaba entreabierta, pero no pudo abrirla. Cuando regresó pude ver la mirada de alarma en su rostro. Se volvió hacia David y le ordenó: «David, quédate aquí. Voy a buscar al gerente. Si alguien atraviesa esa puerta, lo atacas». Pensé: *¡un momento! Esto es serio.* Emerson no me pidió que atacara al tipo que saliera de la habitación. Aquí yo no era parte de la solución. Pienso que ellos sabían que comenzaría a orar, pero lo que vi en mi hijo fue esto: enderezó sus hombros; no dijo: «No, papá, no me hagas hacer eso». Sin duda, reaccionó a la altura de la situación. Y entonces fue cuando me di cuenta. Este muchacho va a enfrentarse a cualquiera que salga de aquella habitación. Lo va a atacar. Ahora bien, si usted me hubiera dicho cuando esos dos muchachos eran pequeños que él moriría por su hermana, no lo hubiera creído. Pero lo que vi en él es algo diseñado por Dios. Emerson fue a buscar al gerente, quien regresó y abrió la puerta de la habitación de Joy. Ella estaba profundamente dormida, ajena al mundo. Se sentó en la cama, preguntándose a qué se debía la conmoción. Nos sentimos agradecidos de que estuviera viva, ¡pero qué lección aprendí aquel día sobre la disposición de los hombres a morir!

En Aurora, Colorado, un loco entró en una sala de cine durante una película y comenzó a disparar. Tres jóvenes se tiraron sobre sus novias y recibieron el impacto de las balas. Más tarde, las muchachas salieron del cine; a sus novios los sacaron... muertos. Algunas comentaristas en los medios expresaron su perplejidad antes la desproporcionada cantidad de víctimas entre hombres y mujeres. Aquella perplejidad demostró cómo se ha ido difuminando la percepción sobre la virtud de proteger de los hombres. Esto no tiene la intención de degradar a las mujeres ni discutir que ellas carecen de valor. Si estas muchachas hubieran sido madres de niños pequeños, se habrían lanzado sobre sus hijos como las mamás gallina. Hubieran muerto por ellos. Sin embargo, la jerarquía permanece: los hombres protegen a las mujeres y a los niños, las mujeres protegen niños, y los niños mayores protegen a los más pequeños. Puedo decirle esto: ningún hombre en el planeta quedó perplejo al escuchar que aquellos muchachos habían muerto por sus novias.

En nuestra conferencia pregunto: «Un asesino entra en el hogar de un padre, una madre y tres hijos. Entra para matar a una persona y promete que dejará ir a los demás, y les deja escoger. ¿Quién será esa persona?». El público responde al unísono: «¡El hombre!».

Muchas mujeres me han confiado que le prestan muy poca atención a este deseo en los hombres de proteger y morir, pero, cuando honran este deseo, es profundamente conmovedor. Una profesora en Texas muy reconocida seguía mis lecciones sobre la necesidad de respeto en los hombres y comenzó a incorporar esta necesidad masculina en sus conferencias. Ella escribió:

> Ayer hablé en Austin, por invitación del Controlador de Texas. Luego de mi charla, un padre se me acercó. Su corazón estaba destrozado debido a un hijo rebelde. Después de discutir el asunto, me dijo: «Desearía que las mujeres entendieran solo una palabra: *respeto*». Entre dientes dijo que los problemas de su hijo habían sido parcialmente el motivo del divorcio de su madre. Le dije que yo sabía que él era un hombre honorable, y que si un terrorista entraba en aquella sala, sabía que él se interpondría entre el terrorista y yo. Él me dijo con absoluta convicción que recibiría una bala por mí. Esto es algo que valoro muchísimo. Le dije: «Yo también creo que su hijo lo haría». Le animé para que le dijera a su hijo lo orgulloso que se sentía de él y cuánto lo respetaba, y que tratara de separar el desempeño de su hijo de su respeto hacia él.

Ciertamente, esta profesora entiende este asunto.

Los juguetes y la violencia con armas

Dé un paso atrás y observe los tipos de juguetes que promueven los fabricantes de juguetes. Para las niñas, ¿por qué My Little Pony, Barbie, Care Bears, Strawberry Shortcake y Cabbage Patch Kids se siguen vendiendo año tras año? No es porque las madres y los padres les dicen a sus niñas que los pidan, sino porque estos juguetes apelan al corazón protector y amoroso de las niñas. Los niños, por su parte, se inclinan hacia las figuras de acción. Un objeto que pueden respetar. ¡Los fabricantes de juguetes lo entienden! G.I. Joe, La guerra de la galaxias y Transformers. Una invitación a la aventura, un peligro para enfrentar con valentía y superarlo con fuerza. Los niños anhelan ser el personaje respetado que conquista al villano y salva al inocente. Esos juguetes apelan a ese instinto.

Otra vez pregunto, cuando un niñito dispara con una pistola de juguete, ¿está combatiendo a un enemigo o está manifestando señales tempranas de violencia y naturaleza criminal?

En sus pequeñas cabecitas, todos los niños fabrican armas al entrar en un juego de combate. Luego de intentar por todos los medios de eliminar las pistolas y espadas de juguete, escuché de una madre que se dio por vencida: «Me rindo. Hoy al mediodía convirtió sus tostadas de queso en una pistola y comenzó a disparar desde la ventana». Ella no puede detenerlo. Es innato. También escuché de otra madre que evitó acercarse al pasillo de las pistolas de juguetes y los sables láser en una tienda, pero su hijito de cuatro años salió corriendo hacia esa sección. Cuando lo alcanzó y trató de detenerlo, él le dijo: «Mami. A ti no te gustan las pistolas. A mí me gustan las pistolas. A ti no te gusta mirar las pistolas. A mí me gusta mirar las pistolas. No vengas conmigo».

¿Qué está ocurriendo en estos niños? Algunos afirman que esta conducta prueba la naturaleza violenta de un niño. Sin embargo, pregúntele al niño: «¿Te ves a ti mismo como un hombre malo que quiere lastimar a otros disparándole, o te ves como el hombre bueno que solo le dispararía al que quiera lastimar a gente inocente?». Él le contestará honorablemente.

Al estudiar a su hijo más de cerca, las madres notarán detalles que antes hubieran descartado solo como conducta masculina desagradable. Ahora pueden valorar la riqueza del diseño divino y honrar el diseño que motiva a su hijo.

Honre y guíe a su hijo. Con un niño más pequeño, puede decirle: «Johnny, veo que quieres ser fuerte y proteger al inocente de la gente mala. Esto es algo que respeto de ti». Observe el semblante de su hijo en respuesta a su conversación-respeto. Verá el Efecto Respeto. Él caminará con la frente más en alto y pensará más acerca de lo que es honorable. A muchachos entre los dieciséis y diecisiete años puede decirles: «El que estés en casa conmigo mientras tu papá no está me hace sentir segura. Te aprecio por esto». Observe su respuesta.

Honre las cosas pequeñas que hace su hijo

He aquí cómo una madre aplicó la conversación-respeto cuando descubrió esta verdad sobre su hijo:

He visto en mi hijo de nueve años las cualidades de proteger y servir en su comportamiento hacia mí. Cuando terminó el seminario [Amor y Respeto], le dije a mi hijo (mientras estábamos sentados uno al lado del otro), lo honorable que era el que me acompañara a las tiendas en la noche y esperara hasta que yo entrara primero al auto, y le di las gracias. Se le dibujó una sonrisa en el rostro, y no solo hizo lo que siempre hace cuando vamos a la tienda en la noche, ¡sino que también abrió y cerró la puerta por mí!

¿Le cuesta trabajo decirle esto a su hijo? Algunas madres han pasado completamente por alto la declaración del alma masculina: «Quiero cuidarte». En las películas, cuando el héroe rescata a la doncella y jura que va a cuidarla por el resto de su vida, comienzan a aparecer los pañuelos; sin embargo, en los pasillos del mundo académico algunos de nosotros asumimos posturas muy distintas.

Cuando el anhelo de un niño de ser respetado y honrado por este deseo de proveer y proteger se topa con burlas en algunos sectores, se siente desconcertado y con dudas sobre sí mismo. El niño se preguntará: *¿Tendré en mí el deseo para proveer, proteger y hasta morir?* Como madre que ama a su hijo, puede contestar respetuosamente: «Sí, serás capaz de hacerlo».

Sin duda alguna, él va sentir temores. Por ejemplo, un preescolar le teme a muchas cosas. Él necesita el cuidado y la protección de su madre cuando siente miedo. No siempre será ese guerrero valiente. Los truenos, algunos animales y las personas nuevas pueden crearle aprensión. No se burle ni lo provoque diciendo: «¡Ah, pero yo pensaba que eras valiente! ¿Eres un miedoso?». Su hijo necesita que no lo ridiculicen cuando muestra su temor. Debe alentarlo a que se acerque a usted sin vergüenza en esos momentos. Déjele saber que hay ocasiones cuando hasta los hombres más valientes se asustan, y que no hay nada malo en eso.

Algunas madres pierden la oportunidad de felicitar al hijo adolescente que ha tomado la decisión firme de proteger a su tía, hermana y vecina durante una amenaza de tornado repentina. Él las reúne en un lugar seguro y se mantiene alerta hasta que pasa el peligro. Algunas desean suprimir este respeto por miedo a que la vulnerabilidad femenina vaya a socavar su igualdad con el hombre; así que se suprime de elogiar al hijo para prevenir que se llegue a la conclusión de que una mujer necesita a un hombre.

Cómo aplicar D[e].C.I.D.A.S. a su jerarquía

Dar: *¿Puedo darle algo para ayudarlo a proveer y proteger?*

Niño más pequeño:

Separe un espacio en la casa donde pueda tener el perrito que le ha pedido. Asumiendo que él ya se ha comprometido verbalmente a darle comida y cuidarlo, dígale:

> «Creo en ti y respeto tu deseo de proveer y proteger a este perro. Estás listo para la tarea y tienes la capacidad para ser responsable».

Muchacho mayor:

Déjele saber que se siente orgullosa por la manera en que cuida de su hermano y su hermana menores mientras usted sale a cenar con papá. Exprésele lo bendecida que se siente porque sabe que a sus quince años es capaz de protegerlos y de prepararles comida. Dígale:

> «Eres extraordinario. No solo mereces los diez dólares por hora, sino que también eres una gran influencia en tu hermano y hermana, y ellos tratan de imitarte. Gracias. Te respeto».

Comprender: *¿Entiendo sus dificultades con el deseo de proveer y proteger?*

Niño más pequeño:

Luego de hacerse responsable por su primer pececito, su hijo se olvida de alimentarlo y se muere. ¿Qué puede decirle? Dígale: «Entiendo lo mal y lo triste que te sientes porque en lo profundo de tu corazón, el cual respeto, tenías el deseo de proteger a Ernie y darle comida, pero otras cosas te distrajeron. Estoy segura que aprenderás mucho de esta dolorosa experiencia. Luego de esta pérdida, sé que te vas a asegurar que tu próximo pececito reciba su comida a diario».

Muchacho mayor:

Si su hijo experimenta el despido de su trabajo de verano, cuando necesita ganar dinero para su matrícula en la universidad en el otoño, entienda su sentido de incapacidad por no poder proveer para sí mismo. Identifíquese con la presión varonil que siente ante este giro imprevisto y tan costoso. Mientras él trata de lidiar con este revés, dígale: «No tengo una solución para ti; sin embargo, como el hombre que eres, te las ingeniarás de alguna manera para generar este ingreso». Nota: los hombres necesitan que se les respete por su independencia y por encontrar maneras de resolver sus problemas. Un hijo adulto no necesita que su madre solucione la situación por él.

Para entender mejor cómo se siente su hijo, reconozca cómo se ven los hombres entre ellos mismos. Una gran historia bíblica es la de David, el futuro rey de Israel, provocando a Abner, el soldado responsable de proteger al rey Saúl. David había entrado sigilosamente en una cueva mientras Saúl dormía, y le robó su lanza y su vasija de agua. Lo hizo para probar que no quería hacerle daño a Saúl puesto que pudo haberlo matado y convertirse en rey. En 1 Samuel 26.15, David le pregunta a Abner: «¿No eres tú un hombre?». ¡Ay! Esto fue como una bofetada para Abner. Un hombre es responsable por guardar lo que le encargan. Un hombre protege, y esto es un componente central del significado de la palabra *hombre*. David cuestionó la hombría de Abner. En el caso de su hijo, él se siente obligado a probar que es hombre cuando está entre hombres. Esto es parte de su carácter, y al observarlo, lo notará claramente.

Instruir: *¿Puedo instruirlo en cómo proveer y proteger?*

Niño más pequeño:

Cuando él quiere proteger a su perro, pero deja la puerta abierta y el perro se escapa, déjele saber que usted lo instruye porque lo respeta. Asegúrese de que él entiende que usted lo instruye porque confía en ese protector responsable en el que se está convirtiendo, y que la huida del perro provee una gran lección y un recordatorio.

Muchacho mayor:

Cuando esté ahorrando dinero para comprarse un auto viejo para conducir al colegio, instrúyale acerca de su necesidad de comprar seguro para protegerse a él y a los demás. Asegúrese de impartir esta información respetuosamente, de parte de un adulto a otro. Aunque es muy posible que él intente convencerla de que usted pague por el seguro, asegúrese de rebatir: «Mira, eres una persona responsable y honorable, y este es un buen momento para que aprendas cómo los gastos se van sumando. No te honraría si te evito estas frustraciones. La gente responsable aprende sobre los gastos escondidos y paga por ellos».

Disciplinar: *¿Debo disciplinarlo cuando él se comporte demasiado indiferente o temeroso?*

Niño más pequeño:

«Respeto el deseo que Dios puso en ti de proveer y proteger. Apoyé tu petición de comprar esos jerbos. Sin embargo, mira su jaula. Han pasado dos días y no la has limpiado. Aunque le pusiste comida y agua, la jaula está desordenada y apesta. Un hombre de honor cuida a sus animales. Este es el trato. Cada vez que yo limpie la jaula, voy a tomar dos dólares de tus ahorros. Esos jerbos dependen de ti para sobrevivir. Te necesitan».

Muchacho mayor:

«Compramos ese vehículo todoterreno para que pudieras correr por los senderos y caminos pedregosos. Pero nuestro trato fue que tú te encargarías de mantenerlo: te asegurarías que estuviera limpio, que tuviera gasolina, aceite, y que lo manejaran responsablemente.

Vimos tu madurez y sentimos que protegerías esta inversión. Tu padre y yo salimos a dar una vuelta, y nos quedamos sin gasolina a media milla de la casa. Tuvimos que regresar caminando a casa para buscar gasolina y luego caminar de vuelta para echársela. También nos dimos cuenta que el espejo de la derecha está roto, y que le faltaba aire a dos de las llantas. ¿Puedes asegurarme que vas a hacerte cargo de estos problemas porque deseas honrar nuestro trato, o deberíamos ponerlo a la venta?».

Cuando lo esté disciplinando, tenga cuidado de no humillarlo. Una madre nos escribió:

Hasta hace poco tiempo, cuando disciplinaba a mi hijo mayor, solía humillarlo. Tal vez me pregunte: «¿Y servía de algo?». Obviamente no. Me sentía frustrada con el asunto y había estado orando para encontrar una solución sobre cómo entender a mi hijo y sus necesidades como un hombre joven. Bueno, pues no son muy distintas a las de mi esposo. Él aprecia el respeto, y su respuesta ha sido positiva y menos frustrante para mí.

Cuando una madre se da cuenta de cómo se percibe su negatividad y hace un ajuste, la relación con su hijo mejora. Usted no necesita ser ruda para comunicar algo con claridad. De hecho, cuando sabe que usted busca honrar su espíritu mientras confronta su mala conducta, él se mantiene disponible emocionalmente. Suavice sus palabras. La verdad cargará su propio peso.

Animar: *¿Puedo animarlo para seguir proveyendo y protegiendo?*

Niño más pequeño:

«Sé que ese niño te está molestando. El que te llame cobarde destroza tu corazón. Tengo absoluta confianza que tienes el valor para ignorarlo. Respeto tu valentía. Sin embargo, también sé que este tipo de situaciones enciende un fuego en el interior de un niño para aprender a defenderse. El karate es un excelente ejercicio y te ayuda a defenderte. ¿Quieres probar algunas clases de karate? Es una excelente forma de aprender cómo protegerte contra un acosador y de proteger a otros, si se presenta la necesidad».

Muchacho mayor:

«El proyecto que creaste el año pasado en tu escuela para proveer una caja de zapatos con productos básicos para niños pobres tuvo un buen comienzo y pudieron regalar más de mil cajas de zapatos. Dijiste el año pasado que continuarías con estos esfuerzos. Sin embargo, he notado que durante las pasadas dos semanas, cuando deberías estar contactando a donantes potenciales, no has hecho nada. Sospecho que te estás cansando de hacer bien, algo que la Biblia señala específicamente. Te respeto a ti y a tu visión. Sé que tienes que hacer sacrificios personales para continuar con este proyecto. Pero permíteme animarte a remangarte. Estas son algunas fotos y notitas de varios niños que ayudaste que te recordarán que esta es una causa por la que vale la pena luchar. Es un proyecto honorable».

Los niños son niños. Quieren jugar, no quieren ser el padre y el esposo que provee y protege. Sin embargo, hay momentos en los que manifiesta este deseo masculino de proveer y proteger, y, cuando lo haga, use la conversación-respeto de acuerdo a su edad.

Preescolares (dos a cuatro años): «Te respeto. Cuando te vistes con el disfraz de Supermán, te veo protegiendo a la gente buena de la gente mala».

Niños en edad escolar (cinco a ocho años): «Te respeto. Hoy, cuando comenzó a llover, te dije a ti y a tu hermano y hermana menores que corrieran a casa. Sin embargo, me dijiste: "No, mami, tengo que quedarme contigo y el bebé". Gracias por querer protegerme».

Preadolescente (nueve a doce años): «Te respeto. Te estaba observando justo antes de salir a montar en bicicleta con tus amigos. Verificaste sus neumáticos, te aseguraste que las tuercas de retención estuvieran bien ajustadas y le entregaste los cascos protectores a todo el mundo. Tu sentido de precaución me demostró liderazgo considerado».

Adolescentes más jóvenes (trece a quince años): «Te respeto. Te escuché defender a la hermana de tu amigo frente a los comentarios crueles de aquel muchacho. Eres un joven honorable».

Adolescentes mayores (dieciséis a dieciocho años): «Respeto tu manera de conducir. Antes de salir, ajustas los espejos, ves el nivel de gasolina y te aseguras que todo el mundo se abroche el cinturón de seguridad. Cuando estás manejando, te enfocas en la carretera en lugar de conversar. Me siento segura contigo».

Adultos jóvenes (diecinueve años en adelante): «Respeto tu deseo de servir en las fuerzas armadas. El que desees servir con valentía para protegernos me conmueve profundamente. Eres un hombre honorable. Gracias».

Con los varones, usted no necesita comunicarse con ellos de esta forma todos los días, busque momentos significativos. Estas palabras retumban en los oídos de un niño por mucho tiempo. Él recuerda estos comentarios. Se siente energizado y motivado por ellos.

Suplicar en oración: *¿Debo orar por su provisión o protección?*

Niño más pequeño:

Su gatito se escapó. Este es un buen momento para que una madre ore con su hijo para que Dios los ayude a encontrarlo. Aunque no puedes prometer que Dios hará que regrese el gato, puede decirle a su hijo:

«Tu tristeza me revela lo mucho que te preocupas por este gatito y que quieres cuidarlo y protegerlo. Eres un niño honorable».

Muchacho mayor:

Cuando su hijo se da cuenta que le falta dinero para pagar la matrícula de la universidad, déjele saber que usted está orando para que Dios le dé la sabiduría que necesita para resolver esta situación. Exprese esto respetuosamente. No transmita que necesita a Dios porque él es incapaz de salir a flote.

Vea el panorama general. De aquí a muchos años este instinto en su hijo de proveer y proteger se manifestará hacia usted, específicamente si queda viuda. Durante esos años, su hijo detectará cuando otros estén tratando de sacar provecho de su edad. A largo plazo, esta capacidad y deseo en su hijo obra en beneficio de usted. Cuídelo y elógielo. Dígale: «Realmente respeto tu deseo de protegerme».

Siglos atrás, las mujeres honraban la naturaleza protectora y provisoria de sus hombres. Como mujeres que vivían en el campo abierto, su supervivencia dependía directamente del valor de sus hombres para protegerlas y proveer para ellas. Las mujeres apreciaban esta fuerza y valentía. Hoy día, los hombres todavía intentan expresarse de esta forma, pero muchas mujeres los atacan diciendo que es un intento para mantenerlas subordinadas. Como madre, no sucumba ante esa idea falsa sobre su hijo. Él no está pensando en suprimir a las mujeres, sino en que lo respeten como el protector y el proveedor. Su hijo no se ve a sí mismo como alguien dotado con el derecho divino de gobernar sobre la familia, sino como que se le ha confiado la responsabilidad divina de proteger a la familia. Él se siente llamado a servir y a morir tal como el Salvador sirvió y murió; sin embargo, en sus años de infancia se pregunta: *¿estaré a la altura?* Usted puede confirmárselo.

7

AUTORIDAD

Cómo respetar su deseo de ser fuerte,
dirigir y tomar decisiones

Cuando hablamos del deseo de un niño y su relación con la autoridad, ¿a qué nos referimos? Él desea ser fuerte, dirigir y tomar decisiones. Esto puede ser algo bueno o algo malo.

En esto hay un componente de virtud. En lo profundo de su alma, él desea ser invencible, estar al mando y ser firme. Naturalmente, él reacciona a la acusación de ser débil, tímido e indeciso. Esto toca una fibra sensible de su masculinidad. Muy pocas cosas lo estresan tanto como esto.

Un hombre, a cualquier edad, reaccionará enérgicamente a todo lo que rete su autoridad. La autoridad es un asunto serio para un niño, aun cuando no entienda el significado de la palabra. Las investigaciones revelan: «Estas [las niñas] empiezan a reaccionar más ante el estrés de la relaciones y los muchachos, ante los desafíos a su autoridad».[1]

Niños preescolares

Tan temprano como en la escuela de párvulos, un niño intenta demostrar su fuerza, imponer rango, mandar a otros, defender su territorio y sus posesiones, y advertir sobre consecuencias desagradables (en otras palabras, amenazar). En su esencia, no hay nada malo en buscar estas cosas.

Los padres exhiben estas cualidades. Imponen rango sobre sus hijos, los mandan a hacer sus tareas domésticas y les advierten sobre consecuencias desagradables si no obedecen.

Lamentablemente, existe un aspecto menos virtuoso con respecto a la autoridad de un niño. Él puede ejercer autoridad de forma inmadura con un hermano o amigo, o intentar medir su fuerza con su madre.

Cualquiera que trate con niños y niñas preescolares reconoce el reto constante que los niños representan en el ambiente escolar. Los niños son la causa principal para que los empleados de la guardería se arranquen los pelos. Esto no tiene la intención de estereotipar a las niñas como «buenas e inocentes», sino para evaluar los patrones innatos entre las niñas y los niños.

Una maestra de preescolar comentó:

Uno de los factores más comunes entre los niños «problemáticos» es que tienen deficiencias académicas. Con frecuencia recurren a la intimidación, la insolencia, las rabietas, las luchas de poder, la rebelión y a otras conductas por el estilo para compensar por esta limitación crítica en el salón de clases. Muy a menudo, nosotras las maestras (y la mayoría somos mujeres en los niveles primarios) recurrimos a técnicas de cariño con todo el mundo (con niños y niñas), y ni siquiera pensamos en técnicas de respeto. He descubierto que los niños responden al amor incondicional que les demuestro, pero nunca con tanto éxito como las niñas, y siempre con un balance frágil y precario. ¡Cuando leí sus libros fue como si se hubiera encendido una lámpara! Comencé a aprovechar las fortalezas de los niños que eran particularmente difíciles de manejar, usándolos como ejemplos y validándolos como líderes en ciertas áreas, cuando era posible. (Curiosamente, a las niñas no parece importarle mucho esto. Se sienten contentas solo con saber que yo pienso que han hecho buen trabajo).

Me encanta su comentario acerca de validarlos como líderes. Algunos piensan que la validación inapropiada alimenta el ego; sin embargo, defiendo la postura de que esto alienta al hombre honorable en el niño.

¿Y qué del autoritarismo?

Casi todo el mundo concuerda en que, desde pequeños, los niños exhiben más agresividad que las niñas. Un varón puede parecer veinte veces más agresivo que una niña de la misma edad. Por ejemplo, una madre puede escuchar sin querer cómo su hijo se enfrenta a un amigo y sonarle como un oficial de la Gestapo en formación temprana:

«¡Te puedo dar una paliza!».

«¡Esta es mi casa, y aquí soy yo el que manda!».

«¡Tú no me mandas!».

«¡Esto es mío y no te lo presto!».

«Te lo estoy advirtiendo, ¡no lo hagas otra vez o te voy a pegar!».

Dentro de su pequeño dominio, él no se ve a sí mismo como alguien débil, sin autoridad, como un simple seguidor, un flojo o un blandengue. Él se ve como alguien que está en lo correcto y que tiene derechos.

Este tipo de actitud dominante aterra a la madre puesto que ella ve cómo su hija negocia dulcemente con su amiga hasta llegar a un acuerdo. «¿Por qué él no puede ser como mi hija?». Aunque las niñas son insolentes y atrevidas, intimidan menos físicamente. Muy pocas declaran: «Puedo darte una paliza».

Al tratar con un niño excesivamente agresivo, las madres no pueden repudiar o difamar irrespetuosamente su sentido interno de autoridad solo porque lo aplica inmaduramente en esta edad. El que una madre niegue o denuncie esto en su toro joven es como batir una bandera roja en su cara en lugar de conducirlo en la dirección correcta.

Cuando tiene que lidiar con el autoritarismo del hijo, una madre debe mantener a su esposo respetuosamente involucrado en el proceso. Deborah Tannen, en su libro clásico *Talking from 9 to 5*, abordó lo que ella llama indicadores de autoridad. Los hombres son «más altos, más corpulentos y tienen una voz más grave y sonora».[2] Estos indicadores obviamente contrastan con las mujeres, que son más bajas en estatura, más delgadas y tienen un tono de voz más agudo.

Los niños detectan estos indicadores de autoridad. Ellos saben. Hablando en términos generales, su naturaleza, no la corrección política, dicta lo que cree un niño sobre su madre y su padre. Pregúntele a la madre de cualquier joven adolescente. Esto no tiene la intención de proclamar neciamente que una mujer o una madre no merecen ser respetadas. Sí tenemos que respetarlas. Sin embargo, ninguno de nosotros debe imprudentemente afirmar «las mujeres deben ser respetadas» como si esto fuera a igualar automáticamente a los sexos en este asunto y pudiera cambiar a un adolescente que escucha meras palabras. El argumento es sencillo: una mujer enfrenta un reto mayor para lucir autoritaria, dentro y fuera de la casa. El que algunas mujeres no quieran que esto sea cierto —que sus indicadores de autoridad son menos obvios— no lo hace falso. Así son las cosas. Aunque Deborah Tanner promueva la verdad de que las mujeres merecen ser respetadas, aun así difiere de la realidad de lo que ella llama los indicadores de autoridad.

Nuestra naturaleza no siempre se somete a lo que es políticamente correcto o a lo que la gente piensa que debería ser. En el caso de la madre, ella merece respeto independientemente de que no posea los indicadores de autoridad que tiene su esposo. Nadie debate esa idea. No obstante, aun así el padre tiene que traer sus indicadores de autoridad al adolescente, y la madre debe enlistar a su esposo para que la apoye. El padre es un factor clave para contrarrestar el autoritarismo en su hijo adolescente y para apoyar la instrucción de la madre usando la autoridad que su hijo adolescente reconoce. No hay ningún problema en decirle al padre que se necesitan sus indicadores de autoridad. Hónrelo.

Su sensibilidad

A medida que su hijo crece, se vuelve hipersensible a cualquiera de los siguientes mensajes:

«No tienes poder ni credibilidad para influenciar a otros».

«No eres fuerte; eres débil».

«No tienes porte de mando».

«No tienes capacidad de liderazgo».

«No tienes ningún conocimiento especial».

«No puedes tomar una decisión ni aun si tu vida dependiera de ello».

«No tienes opinión en esto».

Los niños, en términos generales, toman estas expresiones como un insulto a su hombría. Estos enunciados amenazan su esencia misma y lo lastiman como muy pocas palabras pueden hacerlo. Escuchan el mensaje: «Creo que eres incapaz y no te respeto». Ellos sienten que tienen que defenderse, así que contratacan. Aunque en su interior duden de sí mismos debido a las palabras degradantes, tienen que probarle a la persona que está mal. Asumen entonces una posición de combate, a menos que la madre les golpee tanto que se vuelvan pasivos y blandengues.

Una niña, por lo general, escucha estos comentarios y eventualmente se retrae. Tal vez diga: «No te caigo bien. Me estás rechazando. Me consideras inaceptable. ¿Por qué crees que soy tan mala? ¿Qué he hecho que es tan grave para que digas esas cosas de mí?». Ella se siente social y emocionalmente desconectada a raíz de tales comentarios. No sabe hacia dónde se dirige la relación y siente miedo. ¿Dejarán de amarla y se quedará sola?

¿Existen excepciones? ¿Sienten algunas niñas que nos las respetan y contratacan, y algunos niños se retraen, y sienten que no los aman y que están solos? Sí. No obstante, típicamente, una niña no se pone tensa al interpretar que otros están retando su femineidad, sino porque la están rechazando como persona. Sin embargo, un niño encorva su espalda ante sus contrincantes. Para un varón, no se trata tanto de sentirse rechazado como persona, más bien se trata de un ataque a su hombría.

La fuerza y la Santa Palabra

Los jóvenes responden al llamado de ser fuertes y vencer el mal, y las madres deben usar ese lenguaje con sus hijos. El apóstol del amor dijo en 1 Juan 2.14: «Les he escrito a ustedes, jóvenes, porque son fuertes, y la palabra de Dios permanece en ustedes, y han vencido al maligno». En lugar de decirles: «Pórtate bien y no hagas nada malo», una madre puede elevar el lenguaje al nivel del vocabulario de Juan. Juan usa la conversación-respeto. La madre puede energizar e inspirar a su hijo diciéndole:

> «Te veo como un joven fuerte, no solo físicamente, sino también espiritualmente. Veo que tienes el poder para vencer lo malo con lo bueno que hay en ti. La verdad de Dios está en ti. ¡Que el Señor te acompañe!».

Aunque todos los niños fallan, el llamado a ser fuertes moviliza ese deseo que Dios puso en ellos.

La Biblia reconoce la fuerza masculina, y cada madre debe resaltar esta dimensión de la personalidad de su hijo. En 1 Corintios 16.13 dice: «portaos varonilmente, sed fuertes» (LBLA). Este es un versículo importante que resalta una característica propia de los hombres. Imagine que un grupo de doscientos estudiantes universitarios, compuesto de cien muchachas y cien muchachos de diecinueve años, están en la playa para celebrar un servicio de adoración. Si llegara una pandilla de veinte motociclistas e intentara interrumpir el servicio, los muchachos probarían ser ejemplares de pelea perfectos. Los hombres son fuertes, y los hombres buenos usan esa fuerza para proteger a las mujeres y a los niños. Claro, algunas mujeres tal vez tengan su cinturón negro y puedan unirse a la pelea; sin embargo, a nivel mundial ocurre como lo describo. No obstante, sé de un especialista bíblico que quiso cambiar la traducción de 1 Corintios 16.13 de «portaos varonilmente, sed fuertes» a «portaos como personas, sed fuertes». En su opinión, las mujeres tenían la mayoría de las virtudes, y donde los hombres tenían virtudes, se necesitaba posicionar a las mujeres como iguales, aun cuando significara cambiar la Palabra de Dios.

En 1 Reyes 2.2 dice: «Sé valiente y compórtate como hombre» (TLA). El texto no dice: «Sé valiente y compórtate como persona». 1 Samuel 4.9 dice: «sed hombres, y pelead». No leemos: «sed mujeres, y pelead». Esto se reconocía y se urgía universalmente, ya fuera que vivieras en Israel o en Filistea.

Más convincentemente, Proverbios 20.29 afirma: «La gloria de los jóvenes es su fuerza». Dios realza la fuerza como la gloria del joven. ¿Se puede decir esto de otra manera para captar su atención? Estamos hablando sobre la gloria del muchacho cuando hablamos de su fuerza. Los niños lo sienten. Sí, para algunos esto puede convertirse en egocentrismo y darse golpes de pecho, igual que se puede volver vana la belleza en una mujer. Sin embargo, en general, los hombres usan su fuerza para servir a otros, y debemos admirarlos por esto y honrarlos.

Aunque leemos sobre la fuerza de una esposa y una madre en Proverbios 31, esto no es una referencia a su gloria. Al comparar sus brazos fuertes con los de su hijo adolescente, no existe comparación.

Las investigaciones confirman la unicidad de la fuerza masculina. Por ejemplo, en un estudio que se llevó a cabo en el 2006 para medir la fuerza de la empuñadura reveló que el noventa por ciento de las mujeres producía menos fuerza que el noventa y cinco por ciento de los hombres.[3] Las diferencias fisiológicas son tan drásticas que es impactante. La muestra incluyó atletas femeninas altamente entrenadas comparadas con hombres, y las atletas más fuertes estuvieron escasamente por encima de la media de la fuerza en la empuñadura de los hombres.

A nivel práctico, en un imcendio, cuando los bomberos tienen que levantar y rescatar a una persona de 127 kilogramos, pocas mujeres bomberos pueden llevar a ese individuo a un lugar seguro. Esto no es para criticar a las mujeres, sino para señalar lo obvio. La mayoría de las mujeres son más pequeñas que los hombres; por lo tanto, se necesita a un hombre más fuerte para rescatar a una persona más pesada. Y para hacerlo más personal, cuando este hombre salve a su padre de un fuego, usted no se quejará de sexismo cuando le diga a su compañera bombero: «No puedes salvar a este hombre. Yo sí puedo. Puedo cargarlo sobre mi hombro. Además, conozco a su hija; es mi amiga. La estimo demasiado como para dejarlo morir. Tengo que sacarlo de ahí».

El hombre más sabio que jamás haya vivido, el rey Salomón, lo dijo: «La gloria de los jóvenes es su fuerza» (Proverbios 20.29). No debemos desacreditar esta verdad, sino honrarla.

Una madre dijo: «Apenas el otro día, Benji (de seis años) vino a mostrarme sus bíceps. Extraño, pues ninguna de las niñas jamás me ha mostrado los suyos». Cuando un hijo hace esto, la madre solo tiene que decirle: «Te respeto por ser tan fuerte». Esa afirmación no alimenta su ego, sino que responde a su pregunta del momento: «¿Soy lo suficientemente fuerte?».

Una abuela compartió con nosotros que ella y su esposo usaron la conversación-respeto con excelentes resultados:

Luego de ver el vídeo Amor y Respeto, pusimos en práctica estos principios [de respeto] con nuestro nieto de ocho años cuando vino a visitarnos por un mes el verano pasado. Nosotros, y otras personas, notamos cambios extraordinarios en él. Algo que él dijo que lo resume todo fue: «Cuando llegué aquí ni siquiera era más fuerte que mi hermano menor, ¡pero mira ahora! Entonces, se enrolló la manga para mostrar su brazo flaco. A pesar de que no veíamos ninguna diferencia, él creía que se había convertido en un trabajador, en un toro, y nos lo estaba mostrando. Era una persona nueva.

La Biblia habla sobre gobernar: Dirigir y tomar decisiones

Eclesiastés nos dice que «mejor es la sabiduría que la fuerza» (9.16). Más allá de sus habilidades físicas, un niño tiene deseos de liderazgo y de tomar decisiones.

Para algunos en esta cultura, cualquier mención de jefatura y dirección se recibe con menosprecio, pero una madre sabia sabe que estamos hablando de su carne y sangre. No estamos sentados en una clase de género en el aula de una universidad secular discutiendo este tema entre personas obsesionadas con atacar la «jefatura» como la intención del hombre de ejercer derechos «divinos» y dominar a la mujer. Mientras ella lee este libro en la quietud de su hogar, con su hijo haciendo su tarea en la mesa, la madre conoce el espíritu de su hijo. Él no está pensando en exigir sus derechos, sino que aspira a ser un hombre honorable que actúa responsablemente. Ella detecta que él siente esto como su obligación y llamado. Ella sabe que está preguntando: «¿Estaré a la altura?».

Cada madre debe decidir en qué cree. ¿Llama Dios a los hombres a gobernar y dirigir su hogar de una forma que él no les revela a las mujeres? Esto no significa que las mujeres carecen de dones de liderazgo y administración; la palabra de Dios revela que estos dones son dados a varios miembros del cuerpo de Cristo (Romanos 12.8; 1 Corintios 12.28). Sin embargo, ¿recogen los comentarios de Pablo a Timoteo lo que cada hombre siente que es su deber? Leemos en 1 Timoteo 3.4–5: «Que gobierne bien su casa [...] (pues si un hombre no sabe cómo gobernar su propia casa, ¿cómo podrá cuidar de la iglesia de Dios?)» (LBLA). Lo mismo se repite en 1 Timoteo 3.12 a los diáconos de la iglesia: «[deben] gobernar bien a sus hijos y su propia casa» (NVI). Entre todo un grupo de hombres dignos se seleccionan a los diáconos y los ancianos. Las madres deben decidir en su mente: «¿Colocó Dios este deseo en los hombres —a falta de una mejor manera de expresarlo—, de ser el administrador principal del núcleo familiar?».

En la cultura occidental, los niños no saben cómo expresar su deseo de dirigir y tomar decisiones en la familia. La resistencia de las voces feministas bien intencionadas silencia a estos niños, que instintivamente sienten una responsabilidad de dirigir a sus familias con sus virtudes y fortalezas masculinas. Lo que estos niños sienten como algo honorable, algunos lo castigan como algo injusto hacia las mujeres. Este tipo de censura desgarra la esencia de su ser. A medida que se hace mayor, se pregunta en silencio: *¿por qué no reconocen quién soy? Siento que debo ser el líder. ¿Por qué me hacen sentir como si fuera malo? Me veo a mí mismo como la persona responsable de proveer, proteger y rescatar, y tal vez morir.* A los hombres les cuesta expresar con palabras sus deseos. La mayoría se calla. Muchos dudan de ellos mismos. No obstante, la conversación-respeto de la madre puede motivarlo y moldearlo.

Cómo aplicar D[e].C.I.D.A.S. a su autoridad

Dar: *¿Puedo darle algo para ayudarlo a ser fuerte, dirigir y tomar decisiones?*

Niño más pequeño:

No tenga miedo de hacerle regalos que puedan servir como una oportunidad para usar la conversación-respeto. Por ejemplo, cuando le compre un sable de luz, saque provecho de ese momento. Comente sobre la fortaleza de carácter de Luke en *La guerra de las galaxias*. Puede decirle:

«Realmente respeto la decisión de mantenerse como un hombre de honor y no irse al lado oscuro. Quiero regalarte esta espada iluminada como un símbolo de tu fuerza para defender al inocente contra el lado oscuro. Usa este sable de luz para dirigir y tomar decisiones que sirvan al universo».

Qué ocasión más hermosa para sacar provecho de la imaginación honorable del niño en lugar de proferir de manera tajante un «¡No le pegues a nadie!». Lamentablemente, algunas madres pierden la oportunidad. Ella le compra el sable de luz y luego espera que su amiga liberal no la ataque verbalmente por convertir a su niño en un hijo violento.

Muchacho mayor:

Como él mencionó su deseo de ponerse más fuerte, cómprele una pesa de quince kilogramos para que la use en su cuarto. Con repetición, una pesa desarrollará sus músculos y fuerza. Ayúdele preparando comidas saludables. Apriete su brazo y dígale: «Encuentro fascinante el que Dios haya creado a los hombres para ser fuertes. Te estás convirtiendo en un hombre con fuerza. Respeto esto de ti». Sin embargo, siempre que sea posible, enfóquese en la cualidad de carácter más profunda, no en la apariencia física. Comentarios como:

«Hijo, respeto tu compromiso y disciplina en convertirte en un hombre fuerte. Las mujeres se sientes seguras alrededor de un hombre lo bastante fuerte como para poder protegerlas. Aunque a ella no le importe mucho el que tengas grandes músculos, sí respeta tu determinación de ser lo suficientemente fuerte para protegerla, de ser necesario».

Comprender: *¿Entiendo su lucha con el deseo de ser fuerte, dirigir y tomar decisiones?*

Niño más pequeño:

Cuando él tome una mala decisión, como gastar el dinero que ha ahorrado para comprar un helicóptero de control remoto más barato que se estrella y se rompe el primer día que lo vuela, dígale que entiende el porqué está enojado y triste. Comuníquele que usted respeta su deseo de tomar buenas decisiones al comprar las cosas que quiere. Dígale:

> «El comprar el helicóptero más barato no fue tu mejor decisión; pero, aun así, te respeto porque sé que esta lección ayudará a que te conviertas en un hombre que tome mejores decisiones».

Muchacho mayor:

Después de matricularse en un curso de inglés avanzado durante el verano, ahora le está costando completar todas las tareas de la clase. ¿Cómo responde usted cuando él cuestiona la sabiduría de su decisión de tomar la clase cuando podría estar disfrutando el verano con sus amigos? Dígale:

> «Respeto tu disposición para estar adelantado académicamente, para tomar un curso difícil y por preocuparte por tus calificaciones, pues son señales de lo esmerado que eres. Creo que tomaste una excelente decisión, aunque la salida más fácil hubiera sido jugar videojuegos y baloncesto con tus amigos».

Usted y su hijo tendrán serios desacuerdos. Por ejemplo, puede que él no esté de acuerdo con sus reglas sobre la hora de llegar a casa. El escuchar sus objeciones respetuosamente es muy bueno. Reconocer su derecho a tener una opinión distinta también es bueno y muestra respeto. Puede identificarse con él diciéndole: «Entiendo que quieras regresar a casa más tarde, que te estás divirtiendo. Si estuviera en tu posición, me sentiría igual». Sin embargo, preséntele respetuosamente las razones por las que no cambiará de postura.

«Tú necesitas descansar, yo no quiero quedarme despierta preocupándome y nada bueno ocurre después de las diez de la noche. Por ahora, reglas en cuanto a cuándo debes llegar a casa siguen siendo las mismas. Y claro está, si quieres pelear conmigo sobre esto, felizmente las cambio a las nueve».

Comprender no significa acceder.

Aunque él es imperfecto, déjele saber que usted valora su deseo de tomar buenas decisiones. Este es un momento para mirar en lo más profundo del espíritu de su hijo, aun cuando haya tomado una mala decisión. Asegúrele que su objetivo no es ser grosera o intransigente. Muchos conflictos se evaporan cuando la madre entiende el porqué su hijo reacciona.

Instruir: *¿Puedo instruirlo en cómo ser fuerte, dirigir o tomar buenas decisiones?*

Niño más pequeño:

Cuando él decida gastar inmediatamente el dinero que se ganó haciendo tareas en la casa para comprar dulces, en lugar de ahorrar una parte para la compra futura de una patineta, comparta con él que usted lo instruye en la toma de decisiones porque usted lo respeta. Ayúdele a reconocer su instrucción como un deseo honorable de verlo a él administrar mejor su dinero para que pueda adquirir lo que desea.

Muchacho mayor:

Reconozca la tendencia que él tiene para comer de más, lo que le ha llevado a ganar más peso. Dígale:

«Creo que es un buen momento para un pequeño recordatorio. Uno de los aspectos de ser un hombre de honor es disciplinarte controlando las calorías. Si quieres ser fuerte y estar en buena forma física —y sé que ese es tu deseo— necesitas ejercitarte más y comer menos azúcar y carbohidratos».

Cuando un niño no dirija de la manera adecuada, la madre puede apelar al sentido de honor de su hijo. Podría instruirle así:

«Hijo, te estás convirtiendo en un hombre de honor. Permíteme darte un consejo sobre cómo hacerlo más rápido. En este conflicto con tu hermano, sé que crees que tienes la razón sobre el asunto, y que mucho de lo que le dijiste es correcto. Pero lo que sucede es esto: la manera en que lo dijiste se interpretó como un comentario inflexible, como si todo el mundo tuviera que ponerse firme y saludarte como el nuevo dictador en el bloque. Permíteme compartir algunas ideas contigo. Primero, "la sabiduría lleva su propio peso". En otras palabras, no necesitas un tono de mandón para expresar tu idea. En lugar de eso, aprende a ser sabio en lo que dices y deja que la sabiduría toque el corazón de tu hermano. Segundo, "puedes tener razón en lo que dices y estar equivocado en el tono que usas". Los gritos y el alboroto desacreditan tu sabiduría y el tener razón. Creo que Dios ha inculcado en ti fuerza y liderazgo. Pienso que Él ha creado autoridad en ti. Sin embargo, cuando le hablas a la gente en un tono tan alto, no escuchan lo que estás diciendo».

Cuando quiera enseñarle sobre su fuerza física, puede decirle:

«Te respeto por intentar que tu hermano menor haga lo correcto. Sin embargo, Dios quiere que uses tu poder y fuerza para servir a tu hermano, no para amenazarlo. No necesitas probar que eres mayor y que estás en control usando amenazas. Utiliza tu fuerza para ayudar a la gente, no para lastimarla. No puedes forzar a nadie a hacer lo correcto. Cuando él no responda, ven a mí. Yo te ayudaré. Esa es parte de la razón por la que Dios te dio una madre».

Cuando le instruyas acerca del liderazgo, puede comentarle:

«Aprecio tu deseo de ser un buen líder, pero gritarle órdenes a los demás no significa que eres un buen líder. Existe una diferencia entre dirigir y controlar. Piénsalo bien. ¿Cómo te sientes cuando ellos te dan órdenes, especialmente cuando no quieres hacer lo que ellos quieren?».

A medida que le imparte conocimiento acerca de la toma de decisiones, puede expresarle:

«Usa tu fortaleza mental para llegar a una solución con la que ambos estén de acuerdo. Llamamos a esto una situación en la que todos ganan. Requiere algo de pensamiento, pero tú tienes la capacidad para resolver esto. Toma decisiones democráticamente; no como un dictador».

Conversa con él acerca de su liderazgo espiritual futuro y que su esposa anhelará que él lo tenga. Háblele sobre lo que significa ser un líder espiritual en la familia y lo que esto significa para usted como mujer. Háblele sobre cómo una esposa se abriga bajo la sombrilla de autoridad del esposo cuando ella cree él se ha colocado genuinamente bajo la sombrilla de la autoridad de Cristo. Déjele saber lo honorable que él es ante Dios cuando dirige como Cristo dirige. Háblele sobre el poder de invitar a una esposa a orar con él durante unos minutos por los asuntos que agobian el corazón de ella.

Disciplinar: *¿Debo disciplinarlo cuando es muy indisciplinado o muy mandón?*

Niño más pequeño:

«Respeto el hombre que hay en ti. Respeto el deseo que Dios plantó en ti para ser fuerte, dirigir y tomar decisiones. Sin embargo, un niño de once años no debe tratar de ser el mandamás con su hermana de nueve. Eso es ser un dictador. Cuando le pidas a tu hermana que haga algo, hazlo con cortesía, como se lo pediría un caballero de honor. Si ella te dice que no, mantén la calma y deja el asunto tranquilo. Deberás hacerlo tú mismo o pedirme que te ayude a negociar. Si insistes en estar a cargo, te pondré a cargo de limpiar el garaje. Cuando te discipline, no quiero que te sientas mal o avergonzado. Quiero ayudarte a que llegues a ser el hombre fuerte y valiente que sabe cómo lidiar con personas como tu hermana».

Muchacho mayor:

«Hijo, te estás convirtiendo en un verdadero hombre, tanto así que ya pronto podrías unirte a la Marina y defender a tu país. Sin embargo, como un hombre de honor, también sabes que vives bajo este techo y que tenemos reglas sobre la hora que debes regresar a casa. Una de las razones para esto es porque no puedo dejar de preocuparme cuando no has llegado a casa a la hora acordada. ¿Tienes la intención de deshonrarme violando esta regla familiar? No creo que esa sea tu intención, pero es la segunda vez que no cumples con la regla. Por lo tanto, dame las llaves del auto. Te voy a llevar y a traer de la escuela durante esta semana, de lunes a jueves. Si te atienes respetuosamente a esta disciplina, te devuelvo las llaves el fin de semana».

Una madre nos escribió, insegura sobre su autoridad:

Me pregunto cómo balancear la autoridad que necesito como una madre que educa a su hijo en casa y la necesidad que él tiene de recibir respeto de mi parte. Veo que mi hijo mayor (que ahora tiene doce años) reacciona pobremente cuando se siente desacreditado debido a algunos comentarios que hago en frustración. Siento como si Dios me estuviera mostrando esto ahora para que pueda criar a mi hijo en un ambiente amoroso y respetuoso... Parece como si fuera más complicado que una madre críe a un hijo porque, eventualmente, ese hijo será la cabeza de su propio hogar y ejercerá una dirección reverente sobre una mujer. A esta edad mi hijo todavía necesita autoridad y, sin duda, necesita corrección, lo que en ocasiones crea un pequeño obstáculo para mí pues existe una línea muy fina entre la autoridad, la corrección y el hablarle respetuosamente.

Esta madre jamás debe negociar su autoridad y ceder ante el estilo autoritario del hijo. La madre es ella. No debe permitir que su hijo obstinado, se rebele continuamente, pase de dirigir a mandar o tome decisiones egoístas.

Algunas personas piensan que la falta de respeto tiene que acompañarse con la disciplina y esto es un error enorme. Una madre escribió:

Tenemos cuatro hijas, pero una amiga —una madre soltera— tiene cuatro hijos adolescentes. Veo cómo intenta amarlos, guiarlos y educarlos, pero ellos se están distanciando. Me parece que es muy controladora y no está dispuesta a darles el respeto que ellos están comenzando a desear. Cuando le hablé del tema a mi amiga, ella me dijo que no sabía cómo respetar a sus hijos y mantener la disciplina como madre soltera.

La respuesta es: tiene que hacerlo. La falta de respeto no es la clave para motivar a un hijo a obedecer. Los hijos obstinados se opondrán a una madre cuando ella los discipline por despreciar quiénes ellos son. Los varones no se someten a la falta de respeto. Esto explica la razón de su distanciamiento.

Una madre no debe sentir miedo de decirle a su hijo que ella desea hablarle respetuosamente cuando lo esté disciplinando.

«Hijo, quiero decirte esto respetuosamente y por favor, pídeme que haga una pausa si crees que no estoy siendo respetuosa. Sin embargo, en esta casa hay reglas; como por ejemplo, poner tu ropa sucia en la cesta de ropa, hacer tu cama, limpiar el lavamanos, cepillarte los dientes antes de acostarte y levantarte para ir a la escuela cuando suene tu alarma. En el proceso de llegar a ser un hombre de honor, necesito que obedezcas estas reglas. Y sí, sé que piensas que hemos creado algunas reglas injustas. Pero, por ahora, debes cumplirlas. Llegará el día cuando ya no vivas aquí, pero, para ser un buen líder, primero tienes que aprender a ser un buen seguidor».

El ser estricto no es una falta de respeto. No hay problema en usar un tono de voz que le deje saber a tu hijo que no estás de acuerdo con su conducta. No está bien gritar ni vociferar para ejercer autoridad final.

Al disciplinar, una madre no debe decir: «No te respeto». En cambio, debe decir: «No respeto lo que hiciste». Ella debe mantener respeto hacia el espíritu de su hijo, aunque no sienta ningún respeto por lo que hizo. Recuerde, una razón importante por la que los niños reaccionan es su percepción de que su persona y su autoridad han sido humilladas. Los niños saben que desobedecieron, pero retroceden ante la manera en la que la madre les confronta. Una madre será menos eficaz cuando denigra impertinentemente lo que Dios ha creado en su hijo. Condene la conducta, no al niño. Las palabras irrespetuosas atacan la imagen que él tiene de sí mismo. Y cuídese de no responder con algún tipo de diatriba: «Las mujeres son mejores y más listas que los hombres. Los hombres solo piensan en ellos mismos. Los hombres solo quieren salirse con la suya y controlar a los demás. Los hombres quieren tratar a las mujeres como trapos. Los hombres están hambrientos de poder». Esto causa estragos en la mente bondadosa de un niño.

Me encanta lo que una amiga mía, que es consultora profesional para maestros de niños en edad preescolar hasta segundo grado, les dice a los maestros: «No puedes amar a un niño para que cambie su conducta, pero sí puedes respetarlo hasta que ocurra». Obviamente, esto es muy dogmático, pero la verdad que contiene es una pepita de oro de diez libras.

A los niños no les gusta la frase «pórtate bien» cuando les suena a que les están pidiendo que actúen como niñas. Esto no los calmará. Una madre y directora de un colegio preescolar escribió:

Tenemos cuatro hijos; dos niños y dos niñas. Nuestros varones son los del medio y se llevan dieciséis meses entre ellos. Ellos se la pasaban discutiendo, peleando por tonterías y molestándose el uno al otro, a propósito, entre los nueve y diez años. (Alguna gente podría decir que esto era parte de su crecimiento y desarrollo; sin embargo, no estaba de acuerdo con la perspectiva bíblica de nuestra familia: fuimos creados a su imagen). Les recordaba que se «portaran bien» o que «fueran amables», y sus acciones cambiaban por un momento, pero mis palabras no llegaban a su corazón. Entonces, comencé a aplicar el principio respeto con ellos y a decirles cosas como: «No le estás mostrando respeto a tu hermano cuando tú _____» o «les muestras respeto a tus

amigos, así que, debes extenderle ese mismo respeto a tu hermano».
Esto transformó sus vidas; les habló al corazón. No me malentienda,
todavía tienen desacuerdos, ahora que ya tienen trece y catorce años;
sin embargo, los resuelven rápidamente y ahora son mejores amigos.

¡No se desanime! Su hijo obstinado tiene todas las capacidades para
cambiar el mundo para bien y para Dios. En este momento, usted está en
el proceso de moldearlo.

Animar: *¿Cómo puedo animarlo para que siga siendo fuerte, siga
dirigiendo y tomando buenas decisiones?*

Niño más pequeño:

Como en la curva de crecimiento correspondiente con su edad está en el cinco
por ciento, se ve tan pequeño que la gente piensa que es mucho más joven.
Esto lo desanima. Sin embargo, puede comenzar a transmitir un mensaje que
le anime a darse cuenta de que la fuerza es más que solo el tamaño físico.

«Muchos hombres famosos han sido bajos de estatura, pero compensaron
esto aprendiendo a tomar buenas decisiones y dirigiendo a otros. A pesar
de lo difícil que fue aceptar lo que no podían cambiar, se esforzaron en
pulir lo que sí podían: su fuerza de carácter, su mente y su toma de
decisiones. Lo que respeto de ti es que tú ya sabes esto. Aunque es
doloroso, el regalo que Dios te ha dado es la oportunidad para
desarrollar capacidades que muchos de tus amigos ni siquiera van a
considerar en veinte años. Esta tristeza puede alimentar algo grande
en ti. Más tarde en la vida, la gente no seguirá a alguien que mida dos
metros de altura que no tenga capacidades de liderazgo. La gente
sigue a los líderes, y tú puedes ser un líder».

Muchacho mayor:

Después de decidir que trabajaría en un campamento de verano cristiano, ahora ya no está tan seguro de su decisión porque se enteró de un

aumento en la matrícula de la universidad. Preocupado por no tener los fondos suficientes, se siente desanimado. Típicamente, la madre intenta tranquilizarlo, para hacerlo sentir mejor, y le dice: «Ah, me siento mal por ti, pero todo va a solucionarse. Siempre es así». Recomiendo que mejor le diga:

«Hasta cierto punto, me alegro por ti. Hiciste el compromiso de servir a otros, sin saber que tendrías estos gastos inesperados. Esto te ha puesto contra la pared. Hiciste lo correcto y lo noble, conforme a lo que sabías. Mi experiencia me dice que Dios honra a aquellos que buscan su sabiduría sobre qué hacer en estas circunstancias. Estoy segura de que Dios te ayudará, pero también confío en tu capacidad para decidir qué hacer».

Con muchachos mayores, la madre debe permitirles ser independientes como una señal de su respeto por su madurez y hombría. Esto puede ser un episodio valioso que le permita a él sentir que usted lo ve como un hombre. El dejar que él solucione esta situación por sí mismo no le convierte a usted en una madre negligente y descuidada. Esto lo libera para vencer su desaliento con valor. Le permite descubrir que él tiene la capacidad para superar este obstáculo.

Si va a ofrecerle unas palabras de ánimo, cuando funcionan mejor es inmediatamente después de la situación que lo desanimó. No obstante, esas son situaciones delicadas. Antes de hablar, la madre debe preguntarse: *Lo que estoy a punto de decir, ¿lo percibirá como algo respetuoso o irrespetuoso? ¿Le parecerá a mi hijo que estoy diciendo que no da la talla o que no lo respeto como ser humano, o creerá que lo estoy honrando?*

Una amiga —consultora de maestros de niños en edad preescolar— afirma que «es respetuoso creer que un niño puede ser mejor de lo que es. Por lo tanto, si un niño está actuando de forma inapropiada, es razonable decirle: "Esa conducta simplemente no refleja quién eres en realidad; espero mucho más de ti" (o algo así por el estilo)».

Afirme su buen liderazgo y la buena toma de decisiones como una manera de moldearlo. Por ejemplo:

Dígale a un *preadolescente:* «Respeto tu forma de razonar y tu decisión. Escuché que le dijiste a tu hermano menor: "Sé que existen las drogas, los cigarrillos y cosas como esas, pero yo no voy a probar nada de eso. Eso solo nos causará problemas". ¡Impresionante! Eso demuestra tu liderazgo y tu fortaleza de carácter».

Dígale a un *adolescente:* «Respeto tu capacidad para tomar buenas decisiones cuando conduces y para decir "no" cuando tus amigos te dicen que "pises el acelerador". Quiero darte las gracias por actuar como un hombre maduro. Eso no es fácil cuando tus amigos quieren que les demuestres que eres atrevido».

A un *adulto joven,* dígale: «Respeto tu decisión de ir al colegio comunitario durante dos años y luego transferirte a esa universidad cristiana de artes liberales. Me encantó tu punto de vista cuando dijiste: "En los primeros dos años en la universidad se cursan todas las asignaturas de educación general, y puedo hacer eso por una fracción del costo en un colegio comunitario"».

Suplicar en oración: *¿Debo orar para que sea fuerte, dirija y tome buenas decisiones?*

Niño más pequeño:
Ore con él, diciendo:

«Señor, conoces el deseo de Bobby de ser fuerte, físicamente, y de ser una influencia sólida y positiva en sus amigos. Señor, respeto esto y sé que honrarás su deseo en los años venideros».

Muchacho mayor:
Déjele saber que está orando por su decisión acerca de la universidad a la que debe asistir. Pregúntele si hay algo en lo que necesite consejo o validación de usted, y si a él le gustaría que orar por estos asuntos. Puede animarlo

diciendo: «A veces Dios me concede mis peticiones, y otras veces no es así. Sin embargo, él sabe qué es lo mejor y ciertamente cree en tu futuro».

Cuando tenga algún conflicto con hijos mayores, dígales lo siguiente:

«Mira, las cosas están algo tensas aquí. No estoy tratando de ser irrespetuosa contigo, y sé que tampoco quieres ser irrespetuoso hacia mí. Así que, tomémonos un receso de cinco minutos para calmarnos y orar por esta situación, y pidámosle sabiduría al Señor. Sé que Él te ha dado discernimiento y la capacidad para decidir qué es lo mejor. No tenemos que estar de acuerdo, pero discutamos esto respetuosamente. Tú necesitas mi respeto y yo necesito el tuyo. ¿Te parece justo? Tal vez el Señor nos dará la sabiduría para decidir cómo proceder».

Manténgase en el Espíritu de Dios. Una madre escribió:

Me he estado enfocando en algunas de sus fortalezas y tratando de no quedar atrapada en un ciclo negativo de pensamientos y coraje. Él, por supuesto, siente algún bienestar de este ciclo, aun cuando sea negativo. Él intenta arrastrarte otra vez con falta de respeto o desobediencia. Cuando estoy en el Espíritu de Dios, puedo resistir o alejarme del tira y afloja. Mantengo mi voz calmada y me enfoco en la corrección para guiarlo. Se han dado momentos en los que el Espíritu me ha impulsado a solo darle un abrazo. He visto algunos cambios significativos en nuestra relación. Siempre estoy pensando en la necesidad de respeto, valor y estima de mis muchachos.

Ore por usted. Pídale a Dios que le ayude a ser una mujer de honor.

Proverbios 31.25 afirma: «Fuerza y honor son su vestidura; y se ríe de lo por venir». En 1 Timoteo 3.11 leemos: «Las mujeres asimismo sean honestas».

Para concluir este capítulo, lo más apropiado es la experiencia de una madre. Ella compartió conmigo el diálogo que sostuvo con su hijo de siete años:

MADRE: Te respeto.

HIJO: (muestra una media sonrisa)

MADRE: ¿Sabes lo que eso quiere decir?

HIJO: (dice «no» con la cabeza)

MADRE: Bueno, significa que estoy orgullosa de ti, y que pienso que eres honorable, y que pienso que eres un hombre
fuerte.

HIJO: (sentado más derecho con una sonrisa tímida) Gracias,
mamá.

MADRE: ¿Qué te gusta escuchar más? ¿Que estoy orgullosa de
ti y que pienso que eres un hombre fuerte, o que te amo?

HIJO: Que está orgullosa, y que soy fuerte.

Esta madre terminó su carta comentándonos: «El enseñar a las madres
a respetar a sus hijos es una práctica que se ha perdido. Mi oración es que,
mientras comienzo a enfocarme en esto, mis hijos se críen sin ninguna
confusión acerca de quiénes son por diseño divino».

8

PERSPECTIVA

Cómo respectar su deseo de analizar, resolver y aconsejar

¿A qué se refiere esto de la perspectiva de un niño?

M e encanta la sagacidad de esta madre al solicitar las perspectivas, el consejo y las soluciones de sus hijos:

Cuando mis hijos eran adolescentes, les fascinaba que les pidiera su opinión; especialmente cuando los escuchaba y afirmaba sus perspectivas en asuntos como:

«¿Qué piensas sobre lo que el pastor predicó hoy?».

«Necesito un celular nuevo. ¿Crees que tienes el tiempo para investigar un poco y luego hacerme algunas recomendaciones?».

«No puedo decidir qué fotos de las vacaciones debo conservar. ¿Me puedes ayudar?».

«Quisiera añadir música nueva a mi MP3. ¿Podrías recomendarme algo que me guste?».

«¿Leíste el artículo en el periódico sobre el nuevo puente? ¿Qué opinas sobre el plan de la ciudad?».

Veo la astucia de otra madre cuando le pide consejo a su hijo sobre cómo debe pintar. «Cuando estaba pintando una pared del estudio, nuestro hijo de once años me explicó cómo usar una técnica especial para no dejar marcas de la brocha en la pared. A decir verdad, como llevo años pintando, esto no era ninguna novedad para mí, pero sí fue una oportunidad para respetar su perspectiva y agradecerle su ayuda».

Los niños desean ofrecer su perspectiva. Al hablar de perspectiva nos referimos a su inclinación (no siempre su capacidad) para analizar, resolver y aconsejar. ¿Cuándo fue la última vez que usted honró las perspectivas de su hijo? Le pregunto porque, a veces, cuando un niño ofrece su punto de vista o perspectiva, lo hace de manera insistente y en consecuencia, sus ideas no siempre son recibidas con brazos abiertos. A veces recibe rechazo y falta de respeto a causa de su perspectiva. La tensión que rodea la conversación provoca que una madre frustrada pierda una oportunidad para usar la conversación-respeto. Como ella se siente inclinada a corregirlo por la forma en que le habló, pasa por alto las respuestas que él le presentó. Le resta importancia al análisis del niño. La madre termina obsesionándose por los pobres rasgos interpersonales que ve en su hijo y pasa por alto la perspectiva positiva que él le presenta.

Orientados a la solución

Una madre me escribió sobre un incidente que ocurrió justo después de ella haber asistido a una conferencia Amor y Respeto. Su hija, de diez años, y su hijo, de doce, se habían tenido una discusión en el auto después que el hijo, con una actitud servicial, intentó responder a una pregunta que la hija le había hecho a su madre. Sin ninguna cortesía, la hija rechazó su oferta. Le soltó un «¡Le pregunté a mamá!». La madre comentó: «Nunca me había percatado de tanta falta de respeto de parte de mi hija». El niño, ofendido porque no lo habían escuchado, se calló y se fue a la parte de atrás de la camioneta. La madre escribió que, normalmente, ella le hubiera dicho a su hijo que se calmara, pero esta vez ella le concedió algunos minutos de silencio y luego le pidió a su hija que se disculpara por haberle gritado a su hermano. Momentos más tarde, la madre le pidió si él podía contestar la pregunta de su hermana, y él lo hizo gustosamente.

Este tipo de episodio puede ser difícil para una madre. En ocasiones, cuando un niño ofrece su perspectiva a un familiar; por ejemplo, a una hermana menor, los ánimos se exaltan porque nadie le ha pedido el comentario. La madre centra su atención en cómo actúa el niño en lugar de enfocarse en lo que él dice. El niño se siente lastimado, frustrado y enojado cuando sus ideas se encuentran con falta de respeto, y la madre presta más atención a la reacción de él que a lo que motivó su reacción.

Sin embargo, si la madre tiene presente que los niños se inclinan al lado analítico y a ayudar ofreciendo respuestas, se hace más fácil que ella entienda mejor a su hijo. Le ayuda a entender el porqué él habla de la forma en que lo hace: porque él está orientado a la solución. Esto le ayuda a discernir porqué él reacciona negativamente cuando no valoran su ofrecimiento de ayuda.

No está mal, simplemente es diferente

Las mujeres están más orientadas a la empatía que sus esposos e hijos. Una mujer se identifica con los sentimientos de una persona triste que tiene un problema para así aliviar la tristeza. Su hijo y su esposo, por su parte, intenta solucionar el problema de la persona triste para así aliviar la tristeza. La virtud en todo esto es que él piensa en remedios cuando se trata de las preocupaciones de otras personas.

Mi amiga Shaunti Feldhahn me informó personalmente que, aunque las esposas anhelan apoyo emocional durante sus experiencias dolorosas, su estudio revela que el ochenta por ciento de ellas reconoció de buena gana que el consejo que les ofrecieron sus esposos fue bueno. Los hombres tienen buenas soluciones. Les digo a las mujeres: «¿Por qué no dice en ese momento?: "esa es una excelente perspectiva y solución, pero, en este momento, solo necesito a alguien que me escuche. Me sentiré mejor una vez hable de lo que me está agobiando. En muchos casos, sé lo que debo hacer"». Desafortunadamente, algunas esposas gritan: «¡No sigas intentando arreglarme!».

Su hijo les ofrecerá consejos a otras personas de la misma manera. Él quiere ayudar. En momentos como esos, dele las gracias y luego dígale respetuosamente: «En este momento lo que tu hermana necesita es alguien que la escuche». No es necesario menospreciarle. Él está haciendo eso para lo que Dios creó a los niños.

¿Son los muchachos siempre juiciosos?

De hecho, algunas madres me han dicho:

> Emerson, ¡solo quiero que mi hijo piense! Él debe pensar con más astucia sobre sus tareas, pensar con más sabiduría sobre sus decisiones, pensar con más bondad sobre la gente y pensar con más inocencia sobre sus chistes. Él debe pensar antes de hablar, antes de brincar, antes de tirar la bola al abanico, antes de bajar a desayunar con una camisa a cuadros y un pantalón a cuadros, antes de poner plastilina en el microondas, antes de usar la bolsa de basura como paracaídas, antes de acelerar el auto calle abajo en el vecindario, antes de escuchar a sus amigos desafiándolo para que tome alcohol...

Estoy de acuerdo. La Biblia afirma en Proverbios 7.7: «vi a unos muchachos ingenuos; a uno en particular que le faltaba sentido común» (NTV). Por esta razón, una madre debe actuar según Tito 2.6, que dice: «Exhorta asimismo a los jóvenes a que sean prudentes». Los jóvenes no siempre son juiciosos. Las madres tienen que suplicarles a sus hijos que sean prácticos, realistas, razonables, lógicos, equilibrados, sensatos, discretos, considerados y sabios.

En Estados Unidos, a un estudiante de segundo año se le llama *sophomore* y muchos dicen que esta palabra compuesta significa «sabio tonto». En un microsegundo, un muchacho puede pasar de sabio a muerte cerebral. La parte de *sophy* significa «sabio», y de aquí también se origina «sofisticado». Otros sostienen que *moros* quiere decir «estúpido» o «tonto», la raíz de la palabra *morón*.[1] Esto resume a un muchacho de dieciséis años. El lunes este muchacho puede exhibir una sabiduría superior a sus años, pero el martes raya en una conducta imbécil que un niño de cinco años ni siquiera consideraría. Los niños nos frustran, al igual que el drama de una hija adolescente.

Sin duda alguna, la madre nunca debe respetar la necedad. Proverbios 26.8 nos dice: «Rendirle honores al necio es tan absurdo como atar una piedra a la honda» (NVI). Y Proverbios 26.1: «Como no conviene la nieve en el verano, ni la lluvia en la siega, así no conviene al necio la honra».

Sin embargo, la madre tiene que seguir buscando el *sophy* en medio del *moros*. Honrarle por *sophy* puede limitar su *moros*. Cuando él es sabio y juicioso, la madre debe honrarle verbalmente. Proverbios 12.8 dice: «El hombre será alabado conforme a su discernimiento». La madre debe alabar lo que puede alabar.

¿Puede reaccionar la madre de forma exagerada?

La necedad de un niño puede provocar que la madre se vuelva muy negativa. Y, si ella se vuelve demasiado criticona y se queja por los defectos de su hijo, podría pasar por alto su buen pensamiento. Si ella da paso a una manera argumentativa y enfadada que a él le parece irrespetuosa, puede distanciarlo y perder su corazón.

Una madre compartió:

Si mi hijo hace algo que no merece respeto, rápidamente puedo caer en esta trampa de desilusión, y hasta de repudio de la que usted habla. Entonces, me da un sentimiento de: *¡Ah, pero es que nunca va a cambiar!* Luego me siento como una mala madre porque percibo que su conducta, de alguna manera, es mi culpa o repercute en mí [...] Después de esto, probablemente emito esta actitud de decepción, y sé muy bien que mi hijo la percibe. Y entonces lo más difícil es ver a tu hijo derrotado y triste [...] Como usted señaló, practicamos y buscamos maneras de amar, pero tal vez más importante es buscar oportunidades o maneras de respetar a nuestros hijos.

En Proverbios 21.19 —un versículo que citamos también en el capítulo 3— dice: «Mejor es morar en tierra desierta que con la mujer rencillosa e iracunda». Este versículo se refiere a una mujer en el hogar. Algunos la restringen a la esposa, pero también puede incluir a la madre. El que Dios les pida a las mujeres que eviten la rencilla y la ira sugiere que algunas, por costumbre, están en desacuerdo con lo que ellas ven mal; esa es su inclinación. En lugar de ejercer un sosiego disciplinado, y abstenerse de comentarios negativos y emocionales, se quejan y critican agresivamente. La palabra *iracunda* se refiere a la manera en que hace sentir a los demás: molestos, frustrados y enojados. La palabra *rencillosa* significa que es dada a pleitos o a provocar discusiones. En el caso de madre e hijo, una madre puede provocar a ira a su hijo tildándolo de insensible e indiferente, cuando en realidad él intentaba ser sabio al ofrecer su perspectiva.

Una madre puede sentir que él es insensible en la manera en que trata a su hermana, pero esto no quiere decir que sea indiferente. Tampoco significa que esté mal. Algunas madres juzgan severamente a los muchachos y piensan que son indiferentes, cuando con bastante frecuencia él está ofreciendo respuestas con soluciones porque en realidad se interesa y se preocupa. Simplemente él no lo aborda de la manera en que la madre lo abordaría.

Cómo controlar el negativismo y la hostilidad

Las madres confiesan sin problema la intensa negatividad que les agobia en el hogar, particularmente hacia los muchachos. Las madres me dicen que se disgustan más por lo que su hijo hace mal que lo que se alegran por lo que hace bien. Al fin y al cabo, se *supone* que él haga lo correcto, entonces, ¿por qué hay que celebrar eso? Sin embargo, no se supone que haga algo mal, y eso debe confrontarse... ahora, y con tristeza.

Invito a cada madre a que considere sus reacciones iniciales hacia su hijo cuando él es sabio y cuando hace tonterías. ¿Fija más su atención en los tropezones de su hijo que en su buena perspectiva? ¿Reacciona negativamente cuando le falta sentido común, pero le hace muy pocos comentarios positivos cuando lo que hace tiene perfecto sentido? ¿Debe ella abandonar esa actitud sombría y tenebrosa? Como la naturaleza de la madre es cuidar, a ella le preocupan los errores de su hijo. Sin embargo, si no tiene precaución con esto, puede enfocarse en sus deficiencias y pasar por alto oportunidades para mostrarle respeto por su perspectiva. Tal vez por esto es que necesita mujeres mayores que la alienten a ser más amigables en el hogar (Tito 2.4). La palabra griega para amor en este versículo es *phileo*, no *agape*. En otras palabras, como la ciudad del amor fraternal, Filadelfia, las madres tienen la necesidad de ser más fraternales o amigables. Firmes pero amigables.

A medida que el niño crece, la madre no puede seguir siendo «la mamá helicóptero» que probablemente era cuando su hijo era más pequeño. En edad preescolar, ella tenía la necesidad de vigilarlo de cerca y controlarlo para que no corriera a una calle concurrida. Sin embargo, a medida que el niño crece, ella debe hacer la transición de controlar, a aconsejar y a soltar las amarras.

Recibí un correo electrónico de una «mamá helicóptero» de un hijo mayor. Ella continuaba vigilándolo con temor, e intervenía constantemente para tratar de cambiar cualquier cosa que ella percibiera como deficiente en él. La madre tenía sus expectativas sobre cómo quería que luciera el hijo y se enfocaba en lo que deseaba cambiar en él. Desafortunadamente, ignoraba todo lo extraordinario. Como era de esperarse, mientras ella continuaba con su vigilancia, tan pronto el muchacho tuvo la oportunidad de mantenerse lejos, pasaba menos y menos tiempo en la casa. Su casa le recordaba todas las maneras en las que él no daba la talla ante los ojos de su madre. Si bien los motivos de la «mamá helicóptero» eran buenos, fueron contraproducentes para obtener los resultados que ella quería: una familia feliz y unida.

Le pedí a una consejera que evaluara a una «mamá helicóptero», que tenía dos hijos, de diecisiete y diecinueve años. La situación estaba repleta de cosas buenas, pero la madre no lo veía. Ambos hijos estaban saliendo con muchachas cristianas, pero la madre decía que una de ellas era muy callada y le preocupaba que no pasaran más tiempo socializando con otras personas. El otro hijo había decidido trabajar en el negocio familiar, se había bautizado y había dado testimonio público hacía unos meses; no obstante, la madre estaba enfocada en que él no había ido a la universidad, que era demasiado transparente sobre su ansiedad, y se quejaba sobre la audacia de su hijo de haberse mudado de la casa a los diecinueve años.

¿Qué le recomendó la consejera? «La animé a que hiciera una lista de todas las buenas cualidades de ellos y de sus buenas decisiones, y que le diera gracias al Señor todos los días por sus hijos. Ella debe redefinir estos incidentes como elogios a la forma en que ella (y su esposo) los han criado. Su hijo, quien reconoce que se pone ansioso, tuvo el valor para mudarse a vivir solo, a pesar de su ansiedad. (¿Podría estar afectándolo la ansiedad de su madre? Tal vez él sabía que necesitaba salir de ese ambiente). Los muchachos están apuntando al lugar preciso; están haciendo todo lo que es apropiado para su edad. ¿Quiere ella realmente que sus hijos sigan viviendo en casa cuando sean adultos? ¿Que dependan de sus padres?».

Listo, quería madre, cambiemos de dirección a lo positivo, si no es que ya lo has hecho. He aquí algunas sugerencias sobre una conversación-respeto positiva. ¿Está lista?

Cómo aplicar D[e].C.I.D.A.S. a su perspectiva

Dar: *¿Puedo darle algo para ayudarlo a analizar, resolver y aconsejar?*

Niño más pequeño:

Invierta en los materiales para niños de Dave Ramsey sobre la buena administración del dinero. Déjele saber que usted respeta su capacidad para pensar en asuntos de dinero: cómo ahorrarlo, gastarlo y compartirlo.

Muchacho mayor:

Compre la serie de regalo en video titulada *The Graduate's Survival Guide* por Dave Ramsey, que lo prepara para sus experiencias en la universidad. Dígale:

«Respeto cómo analizas la información y usas tus descubrimientos para solucionar problemas. Quiero regalarte estos recursos para ampliar esa capacidad en asuntos financieros».

Bien vale la pena honrar a su hijo invirtiendo financieramente en materiales que agudicen estas destrezas de pensamiento. A nuestro nieto Jackson, que tiene cuatro años, le encantan los laberintos, así que Jonathan y Sarah le compran libros con laberintos. Esto desarrolla su sentido de dirección. Él piensa en términos de principio y final.

¡Qué bueno es que la madre piense en usar sus recursos para desarrollar la capacidad de resolver problemas de su hijo! Existe una plétora de materiales que dan forma a las destrezas de pensamiento y las capacidades para resolver problemas en un niño. Busque en la Internet y decida por materiales basados en la edad de su hijo. El comprar estos materiales puede resultar emocionante y provechoso.

Comprender: *¿Entiendo su lucha en lo que respecta a analizar, resolver o aconsejar?*

Niño más pequeño: Cuando no llega al resultado correcto en sus problemas de matemáticas luego de mucho esfuerzo para resolverlos, ¿le dice usted que entiende y respeta el porqué está enojado y molesto? ¿Responde con...

«Respeto tu deseo de analizar y resolver los problemas de matemáticas. Respeto tu deseo de hacer bien tu trabajo y llegar a soluciones. ¡Solo puedo imaginar lo frustrante que es esto!»?

Muchacho mayor: ¿Comprende usted lo difícil que le resulta a su hijo decidir qué decirle a su novia ante la pérdida de su abuelo a causa del cáncer? ¿Le dice...

«Hay ocasiones en las que no hay nada que podamos decir, y lo más honorable y amoroso que podemos hacer es simplemente escuchar y dejarles saber que estarás orando. Hiciste justo eso y lo respeto»?

Quizás el concepto de entender la perspectiva de su hijo simplemente significa escuchar. Dios llama a las mujeres a ejercer la disciplina del silencio de una manera en la que él no llama a los hombres (1 Timoteo 2.11–12). En 1 Pedro 3.4 leemos: «Que su belleza sea más bien la incorruptible, la que procede de lo íntimo del corazón y consiste en un espíritu suave y apacible. Esta sí que tiene mucho valor delante de Dios» (NVI). Esto no es un comentario sexista, sino una palabra de advertencia para proteger a la madre de hablar demasiado, muy rápido o de una manera demasiado parcializada en la casa. El amor impulsivo de una madre provoca que hable en situaciones que le causan alguna molestia. Esto puede ser bueno, pero a veces ella habla según lo que ve como mujer, en lugar de tratar de entender a su hijo. Proverbios 18.13 dice: «Precipitarse a responder antes de escuchar los hechos es a la vez necio y vergonzoso» (NTV).

Como las madres cuidan y protegen, pueden cometer el error de hacerlo de tal forma que cuando corrigen al hijo para que sea más intuitivo y afectuoso, el hijo oiga falta de respeto. Una madre escribió: «Él estaba expresando algunos prejuicios contra ciertos grupos de personas. Respondí tratando de mostrarle una mejor forma, una forma de amor, lo que ahora aprendí que era una falta de respeto hacia él y sus ideas. Me excluyó por mucho tiempo». En vez de un amor impulsivo que corrige al niño, es mejor evitar el hacer afirmaciones y hacer preguntas como: «¿Por qué te sientes así? ¿Cómo te han ellos lastimado o deshonrado? Dime cuáles son tus observaciones sobre estas personas». Cuando la madre expresa sus preocupaciones, debe preguntarse, antes de hablar: *lo que voy a decir, ¿será sincero, necesario y respetuoso?*

El tratar de entender la opinión de él no quiere decir que esté de acuerdo o que cambie lo que usted dice o hace. Simplemente significa que usted reconoce el derecho de él a tener su propia opinión. Dígale:

«Respeto el que estés pensando seriamente sobre este problema y que tengas una opinión firme en cuando al remedio».

Aunque el ajetreo de la vida le distraiga, escuche las opiniones de su hijo lo mejor que pueda. Cuando usted escucha sus pensamientos, él siente que usted lo estima. Cuando usted repite lo que él ha expresado, muchas veces se relaja, especialmente si estaba expresando su opinión con demasiada intensidad. O tal vez, él puede corregirle si lo que usted entendió no fue lo que él quiso decir.

Instruir: *¿Puedo instruirle sobre cómo analizar, resolver y aconsejar?*

Niño más pequeño:

Cuando, de forma insensible, él le suelte soluciones a su hermana, quien le hizo a usted una pregunta, responda con respeto. Instrúyale a que le pregunte a su hermana si ella quiere escuchar su respuesta, puesto que ella le preguntó a usted, no a él. Al mismo tiempo, asegúrese de reconocer y honrar sus esfuerzos bienintencionados de ayudar a su hermana.

Muchacho mayor:

Cuando sus amigos lo inviten a pasar un fin de semana en su casa y usted sabe que los padres no van a estar, dígale:

«Tú y yo sabemos que eso no va a ser solo un tiempo para socializar. Implicará tentaciones. Como hombre de honor, no puedo controlarte todo el tiempo. Hasta cierto punto, Dios me llama a confiar y a respetar tus decisiones. Sin embargo, en general, una buena regla es declinar esas invitaciones y tener el valor para aceptar las burlas de tus amigos. Además, en estas situaciones, te recomendaría encontrar una actividad que sabes que vas a disfrutar. ¿Qué tal si te doy algo de dinero para que vayas con tu hermano al partido de béisbol este fin de semana?».

Puede ayudar a su hijo a verse como alguien que resuelve problemas haciéndole preguntas. ¿Por qué darle la respuesta a su hijo si puede darle la oportunidad de llegar a ella? «¿Qué idea tienes? ¿Qué piensas?». Afirme su proceso mental. Pídale varias ideas, no solo una. No le critique cuando no tenga la razón, más bien pregúntele: «¿Por qué piensas así?». También puede preguntarle: «¿Hay algún otro lugar donde puedas encontrar más información sobre esto?». Además, puede ayudar a su hijo a pensar anticipadamente. «Si hacemos esto o aquello, ¿qué crees que pasaría? ¿Puedes predecir lo que ocurriría?».

Un consultor para maestros de niños en edad escolar me dijo: «Cuando hablo con maestros que parecen tener éxito con sus estudiantes varones, ellos (1) esperan mucho de los muchachos; (2) comunican la creencia de que el muchacho tiene lo que hace falta para resolver el asunto». Luego continuó:

«Una de las cosas que he aprendido sobre el tema de resolver problemas con los niños y las niñas (y probablemente con hombres y mujeres) es esta: si no atiende los sentimientos de la niña antes de ofrecer una solución para un problema, su solución no tendrá validez para ella. Si no le pide una solución a un niño antes de ofrecerle una solución, su solución no tendrá validez. Lo opuesto no parece funcionar (niño con sentimiento, niña con solución)».

¿Y qué si él le dice abruptamente: «Mamá, ¡eso está mal!»? ¿Recibiría usted su perspectiva sincera o se sentiría ofendida? ¿Y qué si él le dice: «Mamá, necesitas calmarte»? ¿Se ofendería? ¿Le escucharía cuando él le dice: «Mamá, esperas que hagamos malabares. Quieres que todos y todo esté perfecto»? ¿Aceptaría su observación como válida si es válida?

Sarah cuenta de una ocasión en que Jonathan le dijo: «Acéptalo, mamá. Querías una familia perfecta y no la recibiste». Eso le habló al corazón. Ella no esperaba perfección, pero se dio cuenta que así lucía a los ojos de Jonathan. A pesar de lo difícil que es, mientras la madre modela la actitud de aprender, la conducta redunda en un gran beneficio para ella. Ella puede apelar ante el hijo que siga su ejemplo:

«De la misma manera que me señalaste algunos puntos que yo necesitaba enfrentar; como hombre de honor, ¿tienes la fortaleza interior para escuchar algunas cosas que veo que estás haciendo que no representan quién eres realmente?».

Admita que él puede aconsejar a todo el mundo en la familia, pero no atenerse a sus propios consejos. Esto es válido para la mayoría de nosotros. Todos sabemos más de lo que hacemos. Es muy fácil decirles a otros lo que sabemos que ellos deberían hacer. Por lo tanto, la madre debe exhibir algo de gracia con su hijo cuando se disgusta por las críticas que él hace sobre otros mientras que, convenientemente pasa por alto sus metidas de pata.

Los niños necesitan instrucción aun cuando reclaman que lo saben todo. Las madres tienen que seguir instruyéndoles. Pueden decir:

«Respeto el que sientas que sabes qué hacer. Respeto el que quieras hacer las cosas por ti mismo. Eso es bueno. Sin embargo, déjame decirte un secreto. Nadie sabe todo. Somos un equipo y necesitamos escuchar las sugerencias que nos hacemos mutuamente. A la larga, esto nos hace más astutos, más felices y mejores».

Disciplina: *¿Debo disciplinarlo cuando no está receptivo a recibir instrucción o se comporta de una manera imprudente?*

Niño más pequeño:

«Respeto el deseo que Dios infundió en ti para ver nuestras imperfecciones como familia. Sí, tu hermana mayor formó un berrinche sin ninguna razón, y yo desatendí las hamburguesas y se quemaron. Aprecio tu crítica. Pero ¿necesito recordarte que anoche no lavaste los platos, que dejaste que se desbordara el lavamanos y que no recogiste tus toallas mojadas? Como hombre honorable, necesitas aprender este proverbio: "El que vive en casa de cristal no debe tirar piedras". Pienso que sería más respetuoso de tu parte el que estuvieras más dispuesto a aprender antes de ofrecer tu consejo. Por lo tanto, esta noche te toca lavar los platos, a pesar de que es tu noche libre y no comentes sobre lo injusta que soy o voy a encontrar otras tareas para ti».

Muchacho mayor:

«Todos tenemos momentos de enojo. El coraje puede ser bueno. Respeto el que te enojes ante la injusticia y el deshonor. Sin embargo, a veces te descontrolas cuando algo no sale a tu manera. Este no es un asunto de injusticia ni deshonor. El que tu uniforme de baloncesto esté sin lavar no justifica que un estudiante de cuarto año de secundaria salga manejando irresponsablemente y en un arranque de coraje. Si atropellas a alguien, podrías terminar en una celda por homicidio involuntario. Así que, vas a perder tus privilegios de manejar por una semana, y este fin de semana estás castigado, y no puedes hacer otra cosa que no sea trabajo. Eres un joven honorable, pero esta conducta es impropia para la sabiduría que veo en ti».

Cuando un muchacho no está receptivo a recibir instrucción o se comporta de una manera imprudente, el tono y la mirada de madre no deben ser despectivos. Eso no funciona. Una madre me dijo:

Fue esta sugerencia de asociar el respecto con nuestro amor hacia nuestros hijos lo que primero abrió mi corazón en este asunto. Pude entender cómo mis niñitos escuchaban desprecio en lugar de corrección al regañarlos con firmeza. Cuando era severa con ellos en mi tono de voz y en mis expresiones faciales, ellos se enfocaban inmediatamente en si mamá todavía los amaba o no, en lugar de atender el asunto que yo quería tratar. Cuando eliminé la brusquedad en mi voz y tuve el cuidado de comunicarles mi preocupación acerca de su conducta, con respecto en mis ojos y ternura en mi voz, ya no recibí más lágrimas ni rabietas como respuesta. Simplemente corregían su conducta. ¡Milagroso!

Comience con una afirmación respetuosa al momento de disciplinar. Una maestra escribió:

Durante muchos años no les estaba dando a mis estudiantes varones lo que ellos necesitaban. Sin embargo ahora, de pronto, tengo una nueva herramienta para usar en la sala de clases: el respeto. Ahora recibo respuestas muy positivas de mis estudiantes varones adolescentes, aun cuando tengo que disciplinarlos. Siempre trato de comenzar con una afirmación respetuosa; como por ejemplo: «Quiero que sepas que realmente respeto tu naturaleza competitiva y la confianza que tienes en tus capacidades». Entonces, cuando tengo que corregir una conducta, ellos están mucho más receptivos.

Sobre el asunto de disciplinar a su hijo cuando no está receptivo a recibir instrucción o se comporta de una manera imprudente, escuche lo que me dijo este consultor escolar:

Tengo una teoría que parece sostener en la práctica [...] Al disciplinar, es mejor darles a los muchachos una tarea que quitarle un privilegio. Mi teoría es que darle un trabajo a un niño (piense, en este caso, en un niño de cinco años) es una afirmación de respeto. «Creo en tu capacidad para hacer algo provechoso». También animo a los maestros a que le asignen una tarea que pueda hacer con el maestro. La mayoría de los niños que vuelven locos a sus maestros, tarde o temprano recibirán un diagnóstico de trastorno por déficit de atención o de trastorno por déficit de atención con hiperactividad. Por lo tanto, es muy probable que no se haya relacionado bien con los adultos. Así que, una asignación haz-esto-conmigo en realidad le dice: «Te respeto lo suficiente como para confiarte una responsabilidad, y te aprecio lo suficiente como para invitarte a trabajar conmigo (amistad hombro a hombro)».

Recomiendo asignar una tarea que exija que se resuelva un problema. «Tenemos unos leños en el patio que debemos traer al garaje. ¿Cuál es la mejor manera de hacerlo?». De esta manera, ha sido disciplinado también resolviendo un problema.

¿Acaso usted está reaccionando irrespetuosamente ante lo que parece ser un desafío abierto cuando no es otra cosa sino la incapacidad de su hijo para resolver un problema o para cumplir con su expectativa de pensar como un adulto? Tal vez deba evaluar cuidadosamente qué son expectativas razonables; si es razonable que un niño resuelva algún problema o que tenga el nivel de atención para hacerlo. La reacción negativa e irrespetuosa de la madre no remediará la inmadurez del hijo.

Animar: *¿Puedo animarlo para que continúe analizando, resolviendo y aconsejando?*

Niño más pequeño:

Luego de notar las tendencias perfeccionistas de su hijo, usted se da cuenta cómo esto le lleva a una intensa frustración cuando trata de resolver rompecabezas de laberinto complicados. Antes le hubiera dicho: «¡Contrólate, eso no es nada del otro mundo!». Ahora le dice:

«Respeto tu deseo de resolver problemas. Trabajas duro para resolver esos laberintos. Aunque quiero que controles tu temperamento, aplaudo tu determinación para tomar el camino correcto y llegar al final apropiado. Los hombres de honor trabajan con empeño con el fin de tomar el camino correcto».

Muchacho mayor:

Él llama a casa a principios de verano desde el campamento cristiano en el que sirve como consejero. Le dice que se siente incompetente y no sabe cómo guiar a alguien a Cristo. Él quiere ser un buen consejero; alguien que enseñe correctamente la Palabra, pero se siente desalentado. Varios jóvenes dijeron que no estaban listos para aceptar a Cristo. Anímelo diciéndole:

«Cariño, lo que veo es que ellos entendieron perfectamente el mensaje del evangelio que les presentaste y por eso quieren esperar. Los muchachos entienden claramente que tienen que pedirle a Cristo que los perdone personalmente, y luego rendirse a él. A través de los años, muchas mujeres me han dicho: "No estoy lista". No concluí que no había sido clara. Anímate a preguntarles cómo están y si escucharon lo que les dijiste. Diles que esto te ayudará a crecer como consejero».

La madre debe balancear sus comentarios cuidadosamente:

«Hijo, lo que dijiste es muy cierto. Respeto tu sinceridad, tus perspectivas y tu deseo de ayudar. Gracias. Pero antes, cuando te enojaste con tu hermana, casi nos callas y por eso no valoramos tu punto de vista. En momentos como esos, te recomiendo que le digas a tu hermana: "Pienso que sé la respuesta. Si te interesa, podría compartir contigo lo que pienso". Esto le permite a ella invitar tus puntos de vista y probablemente lo haga con un corazón más tranquilo. Sí, ella debió haber recibido tu opinión, y se disculpó, pero esto podría hacer todo más fácil la próxima vez. Permíteme animarte a actuar de esta forma hacia tu hermana. Gracias por escucharme. Respeto eso de ti».

Dios ha dotado a las madres con la capacidad para sazonar sus reprimendas blandas con un lenguaje que honra a sus muchachos. Una madre tiene la aptitud verbal para aplaudir la perspectiva y la capacidad de su hijo para decir la verdad, mientras lo ayuda a calmarse y a ser más paciente, amable y afectuoso. Sin embargo, ella debe reconocer el grado de falta de respeto que él percibe cuando ella no filtra el intercambio igual que él. Ella ve rosa, él ve azul. Él desea que respeten sus ideas y se enoja cuando son rechazadas. Todo su deseo de ayudar contribuyendo con información reveladora sale volando por la ventana.

Considere estas maneras de afirmar y animar a un niño con la conversación-respeto:

Preescolares (dos a cuatro años): «Respeto toda la información que tienes en ese cerebro tuyo. Te sabes los colores y, cuando algo es igual o diferente, puedes contar, conoces las formas, puedes montar rompecabezas y muchísimo más. También sabes cómo cooperar con otras personas y esperar tu turno».

Niños en edad escolar (cinco a ocho años): «Respeto algo en ti que noto que está cambiando. Solías decir: "Nunca me sale bien nada". Ya no lo escucho tanto. Por ejemplo, ahora te das cuenta que el no entender un aspecto del juego de mesa no significa que carezcas de todo el conocimiento acerca del juego. Tienes muchas perspectivas y conocimiento. Ninguno de nosotros sabe todo sobre todo. La clave está en seguir aprendiendo lo más posible, y veo que estás tratando de hacerlo y respeto eso de ti».

Preadolescente (nueve a doce años): «Respeto la manera en que estás pensando. Por ejemplo, cuando te escuché hablar sobre lo que podrías hacer este verano mientras mamá y papá están de viaje durante las dos últimas semanas de junio, te ofreciste para hacer muchas tareas. Lo que respeté fue la manera en que miraste los pros y los contras de cada opción antes de tomar tu decisión. Cualquiera de ellas habría sido buena, pero me gustó cómo decidiste lo que sería mejor para ti y para los demás».

Adolescentes más jóvenes (trece a quince años): «¡Lo que dijiste es una excelente solución para el problema! Realmente respeto lo que manifestaste. Sin embargo, pienso que en este momento la solución primordial para tu hermana menor es escuchar de su hermano que él se preocupa por su corazón triste. Ella necesita tu apoyo ahora. Pero, sí, lo que dijiste fue muy intuitivo. ¡Gracias!».

Adolescentes mayores (dieciséis a dieciocho años): «Te respeto por darme información sobre reglas de conducir que no conocía. ¡Qué tontería la mía! No sabía que debía moverme al carril más distante para pasar a un oficial de policía que ha detenido a alguien. ¡Gracias! Me acabas de salvar de recibir una multa».

Adultos jóvenes (diecinueve años en adelante): «Respeto tu perspectiva sobre las relaciones. Dijiste algo muy profundo en lo que nunca había pensado. "Todo el mundo quiere encontrar a la persona adecuada, en lugar de enfocarse en tratar de ser la persona adecuada". ¡Es una idea brillante!».

Una dama de Michigan nos contó de un día que estaba en un café con su sobrina de diecisiete años y su sobrino de dieciocho. La sobrina estaba refunfuñando sobre algo, y el sobrino dijo: «¿Esto es algo que quieres que yo resuelva o simplemente estás hablándote a ti misma?». Ella dijo: «Oh, solo estoy hablando conmigo misma». Así que él se recostó en la silla y escuchó, pero no dijo nada. La tía comentó sobre lo impresionada que estaba por lo bien que ellos habían entendido la conversación-respeto que sus padres les habían modelado. A pesar del refrigerio que este episodio fue para la tía, me resultó curioso que no le dijo nada a su sobrino. Nada de conversación-respeto con él. Nadie lo elogió por esa respuesta perspicaz a su hermana.

Suplicar en oración: *¿Debo orar sobre esto de analizar, resolver y aconsejar?*

Niño más pequeño:

Ore con él sobre la decisión de jugar en la liga infantil de fútbol americano o en la liga comunitaria de fútbol. Explíquele que Dios quiere que oremos

por todo. Sin embargo, déjele saber que tiene la libertad de escoger cualquiera de los deportes, pero que usted respeta su deseo de preguntarle a
Dios. Dígale que eso es honorable.

Muchacho mayor:

Su hijo, que ya es un joven adulto, le dice que no sabe si ama a Jesús. Él se
enlistó en el ejército, y con mucha franqueza le cuenta sobre sus dudas en
el intento de decidir sobre su fe. Ese tipo de comentario lastima a una
madre. Usted debe responder lo siguiente:

> «A pesar de que tu comentario me pesa y me hace sentir muy triste,
> aplaudo tu sinceridad conmigo. El ser honesto sobre lo que alguien
> cree sobre Jesús tiene que venir primero. Como bien sabes, hay
> muchos que pretender creer, pero no son tan sinceros como tú. Te
> niegas a ser hipócrita mientras analizas lo que es cierto. Sabes que
> voy a orar por el favor de Dios sobre ti».

Mientras ora por su hijo y aplica D[e].C.I.D.A.S., quiero que piense en
Eva. En 1 Timoteo 2.14 leemos: «y Adán no fue engañado, sino que la
mujer, siendo engañada, incurrió en transgresión».

¿Por qué fue Eva engañada? Eva tenía el Paraíso, pero quería más.
Algunos se refieren a esto como la insaciabilidad femenina. La mujer nunca está satisfecha. Aunque Dios creó a Eva perfectamente en su imagen,
ella ansiaba ser más «como Dios» (Génesis 3.5).

Eva anhelaba más bondad que la bondad del Paraíso y ansiaba una
sabiduría más allá de la sabiduría del Paraíso. Leemos en Génesis 3.6: «La
mujer vio que el fruto del árbol era bueno para comer, y que tenía buen
aspecto y era deseable para adquirir sabiduría, así que tomó de su fruto y
comió. Luego le dio a su esposo, y también él comió» (NVI).

Irónicamente, el engaño gira alrededor de lo que es bueno, lo que es
sabio y lo que es semejante a Dios. En la mente de Eva, ¿qué hay de malo
en desear ser como Dios y disfrutar de más bondad y sabiduría? Y como

estas cosas eran importantes para ella, se volvió agresiva e intencional para alcanzarlas. Nadie menosprecia a Eva o la considera una cobarde.

¿Cómo rayos se aplica esto a las madres? La mayoría de las mujeres cristianas quiere parecerse más a Dios; ser buenas y sabias. Y pretenden lo mismo para sus esposos e hijos. Esta actitud sale a relucir cuando escuchamos a mujeres confesar: «Cuando soy absolutamente sincera conmigo misma, quiero un matrimonio perfecto y una familia perfecta. A decir verdad, quiero caerle bien a todo el mundo. Si todo el mundo se pareciera a mí, todos seríamos felices».

Este tipo de madre sabe que la perfección no es posible, pero se niega a creer que la imperfección debe permitirse, y ella no la permitirá. Su esposo debe detener sus imperfecciones. Sus hijos tienen que suspender sus imperfecciones. Ellos están mal.

Para decir algo a favor de ella, creo que Dios permitió que un remanente del Paraíso se quedara en el corazón de la mujer. Algo en el interior de ella, como mujer, siente un idealismo acerca de lo que es bueno, sabio, agradable y semejante a Dios. Cuando la familia no se alinea con este ideal, ella intenta moldear agresivamente a cada persona hasta que lleguen a ser personas buenas, sabias, agradables a los ojos y semejantes a Dios; en comparación con ella.

Desgraciadamente, por ejemplo, los hijos no se ajustan o no lo hacen tan rápido como deberían. Por lo tanto, para ayudar a alcanzar su idealismo, ella se queja, critica, controla y hasta coacciona a su muchacho. A pesar de lo cariñosa y protectora que es, la madre da paso a otro lado de su femineidad que usas métodos ineficaces. Cuando su hijo no cambia según el ideal de ella, se vuelve hostil y desafiante. Ella usa el Efecto Falta de Respeto, al que nos referimos antes en este libro.

Si bien es cierto que ella no espera una perfección más allá de la perfección del Paraíso, como fue el caso de Eva, esta madre quiere perfección en un mundo imperfecto, y ahí está el problema. En esa coyuntura ella está levemente engañada. Aunque Jesús murió en la cruz para salvar al mundo de este aprieto pecaminoso, algunas madres no aceptan la cosmovisión bíblica de que todos hemos caído y que jamás seremos perfectos (Romanos 3.23). Por ejemplo, este tipo de madre se aferra a la idea de que su hijo es una hoja en blanco sobre la que ella debe escribir. Ella dice: «Sé como yo. Hazlo como yo. ¡Ahora!». Cuando él no cumple con el estándar de perfección de ella; la madre se queja, pelea y menosprecia.

¿Son así todas las madres? No. Muchas madres reconocen esta inclinación a la insaciabilidad. Ellas están aprendiendo a balancear los ideales que tienen para sus hijos —de parecerse más a Dios, a pesar del pecado— con los ideales que tienen para ellas mismas de ser semejantes a Dios, y extender gracia y perdón cuando ellos ceden ante el pecado.

¿Cómo sabe una madre si ha alcanzado este balance? Ella nunca usa la falta de respeto hacia su hijo. Cuando la sacuden los defectos y el pecado de su hijo, ella se niega a elevar el listón denunciándolo con desprecio por no ser perfecto. Ella no tiene derecho a hacer eso. Cuando él no vive según las virtudes de sus seis deseos, y no analiza correctamente, ni resuelve los problemas prudentemente ni aconseja sabiamente, ella evita adoptar el Efecto Falta de Respeto. La buena noticia es que cuando ella exhibe una actitud respetuosa al corregir las imperfecciones del hijo, es cuando mejor alcanza ese balance.

9

RELACIÓN

Cómo respetar su deseo de una amistad hombro a hombro

«¿Podríamos dejar de hablar ya, por favor?»

Muchas madres me escriben cuando sus hijos cumplen cuatro años. Comparten conmigo historias como la que sigue y se preguntan qué le está pasando a su preciado bebé:

> Después de asistir a una conferencia y pedirle a una niñera que se quedara con nuestros dos hijos (una niña de doce años y un terrorista de cuatro), le pregunté a Johnny qué había hecho con la niñera. ¿Jugaron? Sí, mamá. ¿A qué jugaron? Al escondite. ¿Qué escondiste? Juguetes. ¿Qué tipo de juguetes? Los míos. ¿Y tu hermana jugó también? Sí, mamá. ¿Encontraste todos los juguetes? Sí, mamá [...] ¿podríamos dejar de hablar ahora, por favor?

No han sido pocas las madres que han escuchado de sus hijos un «¿Podríamos dejar de hablar ya, por favor?». ¿Qué les ocurre a estos niños? Por ser varones, ellos hablan menos de los temas que a las madres les gustaría discutir. Interesantemente, como las madres necesitan visualizar qué ocurrió, necesitan información. Para obtener los detalles, necesitan preguntar. Sin embargo, la necesidad de la madre de recrear los eventos

150

no es algo que el niño necesite, solo ella. Él está listo para pasar a la actividad siguiente. ¿Para qué hablar del pasado?

Aunque algunos niños hablan todo el tiempo, al igual que algunos esposos; según investigaciones sobre los varones en la familia, el patrón revela una historia diferente. Muchos de ellos se mantienen más callados cuando la madre los acribilla con preguntas. Si bien las madres participan de buena gana, apreciativa y activamente en tales preguntas, se desconciertan ante la irritabilidad de sus hijos cuando se sienten bombardeados con sus preguntas.

Cuando nuestro hijo David estaba en quinto grado, tanto a Sarah como a mí nos costaba trabajo entender su desinterés en conversar con nosotros y compartir lo que había en su corazón, para que así pudiéramos darle todo tipo consejos sabios y maravillosos. Sarah recuerda cuando lo recogió el primer día de clases y le preguntó:

—¿Cómo pasaste el día?

—Bien.

—¿Qué hiciste?

—Nada.

—¿Pasó algo emocionante?

—No.

El segundo día fue más de lo mismo.

—¿David, cómo pasaste el día?

—Bien.

—¿Qué hiciste?

—Nada.

—¿Pasó algo emocionante?

—No.

Tercer día: «David, ¿cómo pasaste el día? ¿Algo emocionante?». «No...».

Al cuarto día, David miró a su madre y le dijo con cortesía, pero firmemente: «Mamá, te voy a decir algo. Todos los días es lo mismo. Si cambia cualquier cosa, te dejaré saber». Por consiguiente, ella decidió reducir la rutina diaria de veinte preguntas, pero aun así seguía tratando, alguna que otra vez, de que nuestro hijo conversara... con muy pocos resultados.

Sarah me decía de vez en cuando: «Simplemente no entiendo a David. Él no me habla de la manera que quiero que me hable». En aquel tiempo, todavía no habíamos definido bien cómo los hijos y las hijas hablan con sus padres. Por ejemplo, las niñas generalmente hablan de sus sentimientos con más frecuencia que la mayoría de los varones; incluyendo el tema de cómo se sintieron en el día. Por lo que he observado, esta conducta comienza desde muy pequeños. Típicamente, los hijos no recuerdan sus conversaciones ni sus experiencias en detalle, y por lo tanto, no las comparten con el mismo entusiasmo ni con la misma frecuencia de las niñas. Era perfectamente normal que Sarah preguntara: «¿Cómo pasaste el día?», y era perfectamente normal que David no quisiera conversar sobre ello. Y Sarah dice con frecuencia que le hubiera gustado aprender esto en quinto grado; claro, el quinto grado de David.

Más adelante, cuando David llegó a la adolescencia y nosotros estábamos enseñando sobre los principio de Amor y Respeto en conferencias para matrimonios, Sarah descubrió que la clave para relacionarse con su hijo no es confrontándolo con preguntas directas, sino simplemente estar con él haciendo alguna actividad que él disfrute: hombro a hombro.

Simplemente, esté con ellos... ¡y hable menos!

Hombro a hombro, sin hablar

Cuando la madre trata empecinadamente de que su hijo le hable cara a cara sobre sus sentimientos, es como si ella fuera el polo positivo de un imán moviéndose hacia el polo positivo del imán de su hijo. Aunque ella es positivo (+) y él es positivo (+), ambos se repelen. Esta es una ley física de las relaciones interpersonales entre madre e hijo. Sin embargo, cuando ella se acerca a él de una forma que para ella se siente menos positiva, ella lo atrae.

La respuesta es tiempo hombro a hombro, sin hablar. Por supuesto, ese comentario desconcierta a algunas madres, y las deja mirándote como un ciervo frente a los faros de un auto. Ella se siente incómoda y sin idea sobre qué hacer. Aun cuando aplica el tiempo hombro a hombro, sin hablar, se siente ilógico y contracultural.

Una convicción esencial en una mujer es que la conexión de cora-
zón-a-corazón llega al conversar sobre lo que ocurrió durante la semana y
que está vinculado al estrés en la relación. El presentar la información crea
compenetración. El diccionario define *compenetrarse* como «llegar a estar,
o estar dos o más personas muy en armonía y de acuerdo en sus ideas,
gustos, etc. Comprenderse, identificarse».[1] Esto es lo que las madres qui-
sieran hacer con sus hijos. Para las madres, el no comunicarse previene la
comprensión y la cercanía. La madre se siente distante y aislada de su hijo.
«Necesitamos hablar». Sin embargo, ella sabe que eso es muy directo, así
que hace preguntas. Sarah llama a esto «las veinte preguntas de mamá». A
favor de la madre, ella cree que sus preguntas son perceptivas. En su mente, ella no le está ordenando al hijo: «Háblame».

No obstante, con mucha frecuencia, sus preguntas se topan con la
resistencia de su hijo para responder. Esto la deja aturdida e impotente.
Una madre escribió: «Anthony, mi hijo de trece años, me dice que se siente como si yo siempre estuviera interrogándolo. Ore por mí para que pueda respetarlo y no molestarlo demasiado. ¡Simplemente estoy tratando de
conectarme con él!». Ahí está. La madre quiere relacionarse; conectarse.
Ella hace preguntas honestas porque le interesa saber y se preocupa por la
relación. Sin embargo, para algunos muchachos, las preguntas de su madre
se sienten como si ella lo estuviera poniendo a *él* en entredicho. No se siente como una consulta honesta, sino como una forma de interrogatorio.

«Pero Emerson, mi hija contesta mis preguntas de buena gana». Sí,
porque es mujer. Una hija no interpreta las preguntas como que la están
poniendo en entredicho. Ella lo ve como cariño; no como falta de respeto.
Cuando la madre hace preguntas, una hija tiene un sexto sentido sobre el
porqué la madre pregunta. «Mamá se preocupa y sabe que voy a sentirme
mejor después de hablar». Por ejemplo, cuando está estresada por sus sos-
pechas de ser caer bien y ser aceptada en la escuela —que es una experiencia diaria—, una hija sabe instintivamente que la madre quiere descubrir
lo que siente para así poder aliviar su estrés. El conversar alivia sus ansiedades reprimidas y después se siente mejor.

Los niños se compenetran de una forma distinta. Los niños crean
vínculos llevando a cabo una actividad hombro a hombro, como parte de

una misión. Por ejemplo, los mejores amigos estuvieron juntos en combate; ganaron un campeonato nacional de baloncesto; crearon un proyecto de ciencia ganador; ocuparon el tercer lugar entre los cuartetos de violoncelo en Nueva Inglaterra; sirvieron juntos en el cuerpo policiaco como compañeros; construyeron casas juntos; operaron juntos como doctores en la sala de emergencias; y la lista continúa. Los padres e hijos que son más allegados participan intencionalmente de actividades juntos. Puede ser ir de caza, trabajar en el taller con un torno o vitorear a los Leones de Detroit. La conexión emocional viene de compartir actividades, no de hablar en sí. El hablar tiene su origen en la sensación de conexión, y esa conexión viene de llevar a cabo una actividad hombro a hombro.

Hombro a hombro lleva a la conversación

Entonces, ¿los hombres nunca hablan? Como buenos amigos que se tienen confianza y se respetan mutuamente, los hombres hablan, pero hablan menos y en maneras que las mujeres no prefieren.

En un estudio de la lingüista Deborah Tannen, se llevaron a cabo varias pruebas con varones y mujeres de cuatro grupos de edades distintos, y todas las parejas eran buenos amigos. Los sujetos estaban en segundo grado, sexto grado, décimo grado, y los otros tenían unos veintitantos años. El formato era el mismo: cada pareja, solos, entraba en un cuarto, se les decía que se sentaran en dos sillas y que esperaran hasta recibir instrucciones adicionales. Los investigadores grabaron a cada pareja en el cuarto —sin ellos saberlo— para ver lo que hacían mientras esperaban. A medida que se desarrollaba la prueba, cada pareja de mujeres, sin importar la edad, respondió de la misma manera: voltearon las sillas hasta quedar de frente, se inclinaron hacia delante y comenzaron a hablar. Los varones respondieron de manera distinta. Ninguno volteó su silla para quedar frente al otro, sino que se mantuvieron uno al lado del otro, hombro a hombro, mirando hacia delante, excepto por miradas ocasionales a su compañero. Como las mujeres se voltearon o, literalmente, movieron sus sillas para establecer un contacto cara a cara y directo, los investigadores asumieron que ellas tendrían las conversaciones más íntimas. Pero, en realidad, los más abiertos y transparentes de todas las parejas, varones o mujeres, fueron los varones del décimo grado.[2]

Esto no me sorprendió. Los hombres nos abrimos con un amigo que está a nuestro lado. Cuando los hombres se sientan hombro a hombro, hablan con transparencia. Los hombres no le temen a ser transparentes; le temen a la vergüenza, la desaprobación y al sermoneo. Le temen a la falta de respeto. Cuando se abstienen de decir lo que quieren decir, es porque no confían en el oyente.

¿Cómo aplica esto a la madre? Para lograr que su hijo hable, debe acercarse de lado. Una madre escribió:

> Descubrí por qué mi hijo y yo tenemos dificultades para comunicarnos. Él me ha dicho con frecuencia que yo simplemente no lo entiendo y que no nos podemos comunicar. Así que, comencé a sentarme al lado de él en el sofá (hombro a hombro) para verlo jugar videojuegos, sin pronunciar ni una palabra. (Sí, ¡los milagros existen!). Él se sintió tan bendecido. Al hacer este importante ajuste, nuestra relación ha cambiado. El otro día salimos a almorzar y él no paraba de hablar; mientras que antes, la conversación habría sido forzada. ¡Vaya mejoría!

¿Notó las palabras de esta madre? «Él no paraba de hablar». Los niños se abrirán, pero solo cuando sientan de parte de la madre un interés cordial y hombro a hombro. Y la madre debe aceptar la interacción al estar uno al lado del otro que la de cara a cara.

He aquí el descubrimiento de otra madre:

> Desistí en el intento de hacerle preguntas en el viaje a casa, de regreso de la escuela. Simplemente lo saludo con una sonrisa de oreja a oreja y le digo: «Me siento feliz de verte», luego dejo que él decida si conversamos o no. A veces es un viaje silencioso; otras veces no se calla en todo el camino a casa. También he estado tratando de separar tiempo todos los días para dejar lo que estoy haciendo y mirarlo,

y realmente escucharlo, y prestarle mi atención absoluta cuando él me quiere decir algo, en lugar de estar haciendo varias a cosas a la misma vez.

Una madre compartió:

El evento importante más reciente en la vida de mi muchacho es la pubertad. Emocionalmente, ha sido lo más difícil que he experimentado como madre desde que lo dejé en su pupitre en su primer día de primaria. En esto hay un sentido de pérdida, además de este cambio de vida en él. Los arrullos terminaron abruptamente; la necesidad de que yo lo consolara cuando estaba lastimado físicamente y el sentido de pertenencia se ha desvanecido. Al reflexionar en esto en los pasados meses, me di cuenta que debía relacionarme con él de una forma distinta. En una ocasión leí en un libro de Dobson que hablar con los muchachos mientras se hace alguna tarea es más efectivo que hablar con las niñas mientras estás sentada en el sofá. Abordar esto fue más difícil de lo esperaba; lo que a mí me interesa es completamente distinto a los intereses de mi hijo. Decidí hornear galletas. Por supuesto, a los niños les encanta comérselas, pero es una historia diferente cuando estás mezclando harina, azúcar y los otros ingredientes. Así que, en lugar de invitarlo a hornear conmigo, simplemente comencé a hacerlo sola. Él se dio cuenta, observó, y eventualmente se acercó y comenzó a ayudarme. Hablamos sobre nuestra familia, lo que mi madre hacía cuando yo crecía, la escuela, los sueños, y muchos otros temas. Mientras mi hijo pasaba cada bolita de masa para galletas por el azúcar con canela, descubría más de lo que había en su mente. Después de colocar diez docenas de galletas en el horno y sacarlas, finalmente disfrutamos algunas. Fue una tarde muy gratificante y una excelente oportunidad para reconectarnos. Esta fue la misma noche en que mi hijo de casi doce años me pidió que lo llevara a la cama y lo arropara. Seguramente estaba sintiendo lo mismo que yo. Solo porque tomé el tiempo para reducir la marcha y simplemente dejarlo ser.

¿Llevarlo a la cama y arroparlo? Sí, las actividades uno al lado del otro que un niño disfruta crean tiernos sentimientos de afecto. Los niños quieren relacionarse.

El hombro a hombro motiva al hijo a responder a la madre

Cuando la madre se compromete con el enfoque hombro a hombro ocurren muchas cosas buenas. ¿A qué me refiero? Suponga que una madre tiene dos hijos, uno de nueve años y otro de once. Ambos salen al patio a jugar a la pelota. Recomiendo que la madre salga unos quince minutos para observarlos mientras se tiran la pelota de lado a lado. Que saque una silla y se siente silenciosamente. No debe estar leyendo ni haciendo otra cosa que la distraiga de mirarlos. Debe enfocarse solo en ellos. Luego, después de los quince minutos, puede irse y comenzar a cocinar. Muy pronto notará algo. Cuando llame a los chicos para entrar a cenar y les pida que se laven las manos y cuelguen las toallas, predigo que los chicos responderán inmediatamente. No van a rezagarse y van a colgar las toallas (o algo así; no estoy prometiendo milagros). ¿Por qué? El observar a los muchachos sin decirles nada, les estimula y les hace querer a la madre. Esto ablanda sus corazones y les vuelve más receptivos a los deseos de la madre. Al honrar a sus hijos, cosecha el Efecto Respeto. Una alegría inexpresable sobrecoge a muchas madres al hacer este descubrimiento.

Una madre me contó:

> Mi esposo lucha con nuestros hijos varias noches a la semana, y ellos besan el suelo por donde él camina y siempre tratan de complacerlo. Tratando de imitar el ejemplo de mi esposo, cuando es necesario discutir la conducta de mi hijo, he descubierto que mientras menos palabras uso, mejor es. Mientras más hablo, menos respetada me siento. Sin embargo, generalmente están más en paz y dispuestos a obedecer después que hemos hecho alguna guerra de pulgares, cuando hemos jugado videojuegos o cuando me siento en el sofá con ellos, hombro a

hombro, sin decirles ni una sola palabra. Ha sido un reto divertido el aprender a ser no verbal con mis hijos.

Escuche la invitación de su hijo a pasar tiempo hombro a hombro

Cuando las madres reflexionan, pueden recordar esa invitación del niño para sentarse y observarlo. Una madre escribió:

Otra cosa que me ha dado trabajo al relacionarme con Josiah es saber qué hacer cuando quiere que juegue con él. He intentado imitar los sonidos de los autos de juguetes y correrlos como él, manejar sus tractores en el fango y llenar su camión con tierra, pero él me sigue diciendo: «No, mamá, no hagas eso». Siempre termino sintiéndome realmente frustrada. Mi deseo era responder a su tierno: «Ven a jugar conmigo, mamá», pero claramente él no apreciaba mi manera de jugar. Otra vez, fue mi esposo quien me explicó otro concepto de su libro. A los niños les gusta pasar tiempo juntos, hombro a hombro. Me quedé pasmada. ¿Me quieres decir que él solo quiere que me siente a su lado, no haga nada y le llama a eso «jugar» con él? Este concepto realmente me dejó boquiabierta [...] Y, sin embargo, ¡es precisamente lo que Josiah quiere! Lo sé; ya lo he intentado.

Otra madre compartió:

Me parece muy interesante la necesidad que tienen los hombres de una relación hombro a hombro con sus esposas, y, después de leer sobre ello, lo vi en uno de mis hijos. Él tiene doce años y se dirigía al patio a jugar en los columpios. Mi esposo y yo nos hemos dado cuenta que ya es demasiado grande para los columpios, pero él va allí cuando parece necesitar tiempo a solas. Un día, mi hijo y yo nos dirigíamos a la puerta trasera al mismo tiempo, y me dijo: «¡Voy al columpio! ¿Quieres venir conmigo?». Supe de inmediato lo que realmente me estaba diciendo.

El hombro a hombro le da energía al niño

Cuando Sarah comenzó conscientemente a aplicar el concepto hombro a hombro con nuestros hijos, ya ellos eran mayores. Por ejemplo, Jonathan tenía veintitantos años y era dueño de una camioneta. Un verano, tomamos vacaciones, y Sarah y Jonathan viajaron juntos a nuestro destino en su Toyota, mientras que el resto de nosotros viajó en mi auto. Ella decidió que no iba a hablar a menos que Jonathan hablara. Él no dijo nada excepto preguntar: ¿debemos virar aquí? ¿Debemos echar gasolina ahora? ¿Prendemos el aire acondicionado? ¡Eso fue todo! Sin embargo, ella piensa que aquellas fueron las mejores vacaciones familiares que jamás hayamos compartido. Ella marcó la pauta simplemente estando con Jonathan hombro a hombro sin hablar. Le dio energía a Jonathan, y él se condujo en maneras más atentas y cariñosas.

Madres, por más extraño que esto les suene, visualicen su silencio de esta manera. La receta para los varones conversar y conectarse requiere marinarlos hombro a hombro. La relación tiene que remojarse por un periodo de tiempo más largo, lado a lado, sin hablar. La buena noticia es que la presencia silenciosa de la madre suaviza al hijo, y el proceso altera, realza y sazona la relación de una forma que la satisface más a ella.

Hoy día Jonathan es sicólogo clínico y trabaja conmigo como administrador ejecutivo de los Ministerios Amor y Respeto. Él se describe claramente como melancólico e introvertido mientras crecía. Así que cuando Sarah, una chica de campo de Indiana, ayudó a Jonathan a reacondicionar su primera casa, una vez más ella aplicó el enfoque del silencio. Un electricista que asistía a nuestra iglesia le dijo: «Jonathan, tu madre está aquí. ¿Cuánto cuesta ella?». Jonathan respondió de inmediato: «Ella no tiene precio». Esas palabras todavía suenan en los oídos de Sarah. Como madre, aquellas palabras confirmaron ser invaluables para ella.

Para los hijos, hombro a hombro se siente amigable

En la naturaleza de cada mujer hay una capacidad para cuidar y proteger que asegura que el mundo sea un lugar mejor. Si se pierden en un parque de diversiones, les decimos a los hijos que busquen a una madre que esté caminando con sus tres hijos y le diga que no encuentran a su madre y a su padre. Esta madre es la única isla de virtud, el único refugio seguro que queda en nuestra cultura secular. El mundo sería un lugar horrible si no tuviéramos amor de madre. Sin embargo, para la madre, una relación trata solamente del amor ágape, incondicional o piadoso. Ella siente este tipo de amor, sueña con este amor, responde a las necesidades con este amor, piensa en maneras de expresar este amor, ve ese amor, habla este amor, exige que sus hijos demuestren este tipo de amor, quiere este amor de su esposo y da este amor diariamente.

Sin embargo, en Tito, Pablo insta a las mujeres mayores a «que enseñen a las mujeres jóvenes a amar a sus maridos y a sus hijos» (2.4). Sabiendo que estas mujeres ya viven, respiran, sueñan y sienten ágape todo el tiempo, ¿por qué estas madres jóvenes necesitan que las mujeres mayores las animen a amar a sus hijos? ¿Acaso no lo hacen ya claramente? La diferencia está en que cuando Pablo habló de amor en este pasaje, no usó la palabra griega *agape*. En su lugar, usó *phileo*, que se refiere a un tipo de amor humano y fraternal. No creo que a Pablo se le haya caído el bolígrafo griego, sino que envía un mensaje específico a las mujeres bajo el ministerio de Tito y a todas las mujeres cristianas de ese tiempo en adelante. Creo que Pablo entendía que a las madres cristianas no había que recordarles demostrar ágape a sus familias pues está en su naturaleza amar a su esposo e hijos incondicionalmente, y pase lo que pase. Sin embargo, es necesario recordarles a las madres que sean un poco más amigables hacia sus hijos, especialmente cuando alguien está probando seriamente su paciencia; y frecuentemente es su hijo.

Pregúntele a un hijo: «¿Tu mamá te ama?». Le dirá: «Sí». Luego pregúntele: «¿Le agradas a tu mami?». Es posible que diga: «No, hoy no. No me he portado bien». Innumerables madres testifican: «Hay días en los que amo a mi hijo pero, francamente, no me agrada ni un poquito».

Sin embargo, cuando ella es habitualmente poco amigable, la madre debe preguntarse si está motivando a su hijo a comportarse como ella desea.

Una madre escribió:

Nuestro hijo (de siete años) es muy distinto a mí y me cuesta entenderlo [...] Me leo en las páginas de su libro cuando usted habla sobre las madres que aman incondicionalmente a sus hijos, pero que son impacientes, poco amigables y suspiran demasiado. Esto es muy cierto conmigo [...] Aunque lo amo entrañablemente y sé que tiene un futuro prometedor por delante, casi todo el tiempo experimento algún nivel de frustración [...] (¡¿Por qué la respuesta a una pregunta cerrada siempre comienza sin ese sencillo sí o no?!).

Otra madre escribió:

Quiero que mis hijos me agraden (por supuesto, los AMO más que a nada), y quiero que me guste estar con ellos. Me siento muy mal porque realmente no es así. Pero no sé cómo cambiar la situación [...] Ahora estoy llorando, y creo que lamento todo esto. Simplemente quiero que me agrade nuestro tiempo familiar y la mayor parte del tiempo no es así. Es demasiado estresante. Y me siento extremadamente por pensar así, y mucho más por decirlo [...] Simplemente no sé qué hacer.

¿Se está distanciando su hijo porque le ve como una persona poco amigable? Sí puede cambiar la imagen que él tiene de usted. No busque popularidad, sino oportunidades para actividades hombro a hombro. Cuando él la invite a que lo observe hacer algo, no le conteste: «Lo siento, no tengo tiempo ahora». En lugar de esto, agradezca el deseo de su hijo de establecer una amistad hombro a hombro. Responda a su invitación y vea cómo crecen ante sus ojos los tiernos sentimientos de amor y afecto de su hijo hacia usted. Sea amigable. Sí funciona.

Cuando él le cuente algo, mantenga la confidencialidad

¿Comparte información privada y sensitiva acerca de su hijo con otros miembros de la familia? ¿Cree que esto lo avergüenza? Si aquellos con los que usted comparte la información no tienen derecho o la responsabilidad para ayudar a resolver el asunto, entonces, ¿para qué les interesa saberlo? ¿Acaso su necesidad de catarsis justifica exponer a otros información sobre su hijo que es personal para él y que pudiera provocar que sienta que no lo respetan? Antes de decirlo, ¿le pide permiso para hacerlo?

Las mujeres hablan sobre problemas en las relaciones. Las madres hablan de sus hijos. Las madres buscan apoyo emocional. Sin embargo, un niño no es un robot sin sentimientos y temores. Exponerlo puede humillarlo. Puede sentir que usted le ha faltado el respeto profundamente. Él no puede discernir la necesidad de la madre de buscar la perspectiva de otras personas sobre cómo lidiar con la situación de él. En cambio, se siente avergonzado y vulnerable. Si oye por casualidad este tipo de conversación, va a pensar que usted está haciendo algo a sus espaldas. ¡Y es su propia madre!

El hecho de que la madre ame a su hijo y que busque otras opiniones no evita que un niño se sienta avergonzado. El amor de ella no justifica el que comparta esto con otras mujeres. Esto puede afectar la confianza entre madre e hijo. Algunas madres se preguntan por qué sus hijos se distancian de ellas. Una razón podría ser que él escuchó por casualidad lo que ella dijo sobre él a otras mujeres y tomó la decisión de guardarse sus sentimientos.

Los niños se desaniman cuando las madres hablan mal de ellos delante de los demás. Una maestra de preescolar me dijo: «Siempre siento que me desvanezco cuando elogio a alguno de estos jovencitos delante de sus madres, y las madres responden con algo como: "¿Qué? ¿Está bromeando? ¡Usted no puede estar hablando de Marshall! Él nunca se comporta así en la casa". Solo puedo imaginar cómo se sienten los niños».

Cómo dicen «lo siento»

Es fascinante observar lo que ocurre cuando un lobo alfa macho pasa por el territorio de otro lobo alfa. El lobo viajero se encoge de miedo cuando se topa con el macho alfa de ese territorio. Muestra deferencia y pleitesía mirando hacia otro lado y agachándose. Periódicamente, se establece el contacto visual, pero solo por breves segundos. El mensaje es claro: «Voy de pasada. No quiero pelear. No quiero controlarte ni tomar tu territorio».

Sin embargo, si el lobo viajero mira a los ojos al lobo alfa residente, le envía el mensaje: «No siento ninguna deferencia ni respeto». La palabra «enfrentamiento» captura el significado de este momento. El lobo viajero exhibe una actitud de confrontación, no de conciliación. Su gesto facial y su postura de su cuerpo provocan una pelea, posiblemente a muerte.

Imagine que un niño de seis años tumba accidentalmente a una niñita. La madre dice: «Dile que lo sientes. Ve donde ella. Mírala a la cara y pídele disculpas. ¡Mírala!». Para una mujer, todo es cara a cara, y la gente debe mirar a los ojos cuando pide disculpas. Sin embargo, permita que el niñito responda de acuerdo a su naturaleza masculina y él se acercará a los alrededores de la niñita; y, cuando está lo suficientemente cerca, se detiene, baja la mirada y le dice suavemente: «Lo siento».

Él no establecerá contacto visual con ella, excepto una ojeada rápida. ¿Por qué? Él tiene el alfa en él. Instintivamente, desea evitar el contacto visual que pueda entenderse como «no siento ninguna deferencia ni respeto». Para reducir las posibilidades de una pelea, él quiere evitar provocarla a toda costa, o que sentirse provocado, asegurándose de no mirarla a la cara. Para evitar el riesgo de un estallido cara a cara, él actúa honorablemente. Desafortunadamente, muchas mujeres lo etiquetan como insensible y les parece que esta conducta es malísima. Típicamente, las mujeres no son físicamente agresivas durante las provocaciones, pero los hombres sí. En un momento dado, los hombres dejan de hablar y recurren a la fuerza. Para prevenir esto, los hombres hacen lo mismo que el lobo alfa viajero. Esta conducta es sabia, honorable y afectiva.

Mi hermana Ann me escribió para contarme sobre una de sus amigas, que es maestra. «Lauren me dijo que hoy, durante el recreo en la escuela, cuando tuvo que intervenir con unos niños que estaban peleando y les pidió que se disculparan, ellos patearon la tierra y mantuvieron sus cabezas bajas, pero sí se dijeron "lo siento". Ella me dijo que si no hubiera visto tu video, probablemente habría dicho: "Ahora mírense a los ojos y discúlpense". Pero ahora sabe que no es así».

Una madre comienza a ver la luz: «Mi cuñada le pidió a su hijo que se disculpara con mi hijo por algo, y él bajó la vista y agachó la cabeza para disculparse. Y por supuesto, usted sabe lo que dijo: "Ben, míralo a los ojos y discúlpate". Inmediatamente le dije lo que usted había compartido... que el contacto visual puede ser provocativo para los varones».

En momentos como esos, se trata menos de que el niño se sienta provocado y más sobre sentirse avergonzado. El niño baja la vista y mira para otro lugar para evitar el sentimiento de autoconciencia y vergüenza personal. No están tratando de ser fríos. Por lo general, cuando las mujeres miran a los ojos no sienten la misma autoconciencia ni el sentido de vergüenza. Instintivamente saben que se están reconectando.

Una madre debe considerar la seriedad de la infracción de su hijo. Si él es responsable de haber sido insensible y deshonroso, entonces sí debe mirar cara a cara y disculparse. En situaciones realmente serias, el mirar de frente es honorable. Sin embargo, la mayoría de los conflictos son de menor magnitud. Es mejor decir: «Eres un hombre de honor, entonces, por favor, discúlpate». Entonces, déjelo que él decida la manera que le parece apropiada. Típicamente, mirará a la persona brevemente, bajará la vista y dirá: «Lo siento».

Cómo aplicar D[e].C.I.D.A.S. a su relación

Dar: *¿Puedo darle algo para ayudarlo a desarrollar amistades hombro a hombro?*

Niño más pequeño:
Déjele saber que usted respeta cómo él y su amigo juegan por largos periodos de tiempo para construir un fuerte, y que lo hacen hombro a hombro, como mejores amigos. Explíquele que muchos hombres se paran espalda con espalda para defenderse contra ataques enemigos, y pregúntele si sabe lo que significa *espalda con espalda*. Regálele unos binoculares para niños, para que él y su amigo puedan vigilar al enemigo desde su fuerte.

Muchacho mayor:

Reconózcalo por haber sido seleccionado para jugar en el equipo del fútbol americano de escuela superior como estudiante de primer año y en la posición de guardalínea. Exprese delante de la familia lo mucho que lo respeta, no solo por su selección al equipo, sino también por ser un gran jugador hombro a hombro en la línea que defiende al quarterback. Preséntele ese nuevo par de zapatillas de fútbol, que él había deseado comprarse algún día, como agradecimiento por su gran esfuerzo en su selección para formar el equipo y por ser un excelente jugador de equipo. Hónrelo presentándole las zapatillas al momento de cenar.

Comprender: *¿Entiendo su esfuerza para hacer amigos?*

Niño más pequeño:

Consciente de que su hijo es tímido y que además es un niño que prefiere jugar hombro a hombro, ¿se identifica usted con su tendencia a ser menos sociable? ¿Respeta la forma como Dios lo creó en lugar de avergonzarlo porque no habla mucho? Cuando usted percibe que él se siente mal por lo difícil que le resulta interactuar con otros, ¿lo tranquiliza diciéndole que está bien? ¿Le ofrece ideas para hacer cosas por otras personas; como por ejemplo, actos de servicio en lugar de palabras de afirmación? Esta puede ser una forma excelente de bendecirlo con la idea de que él está bien y que cuando se siente incómodo en un área, Dios provee otra maneras para que él fortalezca sus relaciones de amistad. Algunas personas usan las palabras para acercarse a la gente, mientras que otras llevan a cabo actos de servicio.

Muchacho mayor:

Cuando el «círculo popular» en el equipo de fútbol lo rechaza, ¿le dice que usted entiende por qué se siente herido y hasta enojado? ¿Le manifiesta que usted respeta el que reconozca a las personas que influencian y dirigen a otros, y que también respeta el que esté descubriendo qué hace a los verdaderos amigos? ¿Le dice que este momento de rechazo lo capacita para descubrir los ingredientes de una buena amistad entre hombres de honor? Déjele saber que no podemos ser los mejores amigos con todo el que es chulo o de buena onda; sin embargo, eso no quiere decir que la amistad con otras personas son menos significativas. De hecho, déjele saber que con bastante frecuencia esos muchachos que hoy pertenecen al «círculo popular» terminan trabajando para los empollones diez años más tarde.

En términos de su relación con él, he aquí algunas expresiones que crean un toque significativo para él y que pueden mejor su amistad con él:

«Déjame sentir esos músculos hoy».

«¡Dame un abrazo de oso!».

«Ven aquí y a ver si no te ríes cuando te hago cosquillas».

«Súbete en mi espalda y déjame llevarte a la cama».

«Córrete, me voy a acostar contigo en la cama».

Instruir: *¿Puedo instruirlo en cómo aprender a hacer amigos?*

Niño más pequeño:

Cuando él empuja o le pega a alguien, usted le pregunta:

«¿Sabías que los hombres honorables solo empujan, pegan y pelean para defender al débil? Los hombres honorables no pegan ni empujan para salirse con las suyas. Si tienes un cucurucho de helado que yo quiero, no te pego para quitártelo. Eso es egoísta. Sin embargo, si papá ve que alguien te está pegando y te quita tu helado, papá usaría su fuerza para detener a esa persona que te está pegando».

Muchacho mayor:

¿Le dice: «Creo en ti y en tu capacidad para hacer amigos e influenciar personas»? Por ejemplo, si él es un estudiante de escuela secundaria luchando con sus relaciones, ofrézcale ayuda para aprender más sobre cómo mejorar sus relaciones de amistad e influencia. Por ejemplo, en el curso Dale Carnegie hay principios, como «Sé un líder: cómo cambiar a las personas sin ofender ni que se resientan». Compraría el libro de Carnegie y buscaría secciones que aplican inmediatamente a algunos de los

retos interpersonales que su hijo tiene en la escuela. Cuando un muchacho siente una necesidad de información y la madre aporta ese contenido, es el ajuste perfecto, especialmente cuando él ve la solución como un
remedio importante justo para el problema que enfrenta. Recuerdo un
curso que tomé en la universidad sobre dinámicas interpersonales. Aquel
curso cambió mi manera de establecer relaciones. Yo no sabía que existía
información que me guiara en formas prácticas. Su hijo tal vez no conoce la ciencia detrás de la amistad; sin embargo, una vez descubre esta
información, todo un nuevo mundo se abre para él. Así me ocurrió a mí.

Disciplinar: *¿Debo disciplinarlo cuando es muy poco amistoso o se
aísla demasiado?*

Niño más pequeño:

«Un hombre de honor no le pone sobrenombres a sus amigos. No
está bien. Si ellos lo hacen, te faltan el respeto. La regla de oro dice
que trates a los demás como quieres que te traten a ti. Debes llamar a
tu amigo y disculparte».

Muchacho mayor:

«Respeto tu independencia. Jesús dijo que un hijo debe dejar a su
padre y a su madre. Dios te creó para ser un hombre respetable que
viva independiente. Y tú claramente tienes lo que eso requiere. Sin
embargo, todavía vives en nuestra casa y nosotros todavía tenemos
amigos que nos visitan. El que hayas ignorado a nuestros invitados
mientras cenábamos y que ahora te hayas ido de la sala en medio de
la conversación sin pedir ser excusado va en contra de las destrezas
sociales que veo en ti. La gente disfruta de tu compañía,
especialmente cuando muestras interés en lo que ellos están haciendo
y les permites que te pregunten sobre lo que tú estás haciendo. En
unos momentos, quiero que regrese y converses con nuestros
amigos. Muéstrales el respeto que quisieras que otros te mostraran».

Animar: *¿Puedo animarlo a seguir desarrollando amistades?*

Niño más pequeño:

Joey, su mejor amigo en el vecindario con quien ha jugado por tres años, acaba de mudarse. El niño se siente abrumado por sentimientos de melancolía, así que la madre le dice:

«Esto es lo que realmente respeto sobre ti. Eres un hombre de honor que realmente valora a sus amigos. Esta tristeza se debe a que ustedes eran muy buenos amigos. Si no le importara, no te sentirías tan triste ahora mismo. Esto no alivia el dolor, pero quiero que sepas que eres un gran ejemplo para mí».

Muchacho mayor:

En su segundo año de secundaria, su hijo era parte del equipo de baloncesto iniciador, por lo que pasaba mucho tiempo con los muchachos de cuarto año en el equipo. Ellos lo tomaron bajo sus alas y lo incluyeron en sus actividades sociales. Sin embargo, a medida que se aproxima la graduación de ellos, le golpea como una tonelada de ladrillos el que ellos no estarás el año siguiente. *¿Qué me voy a hacer?*, se pregunta. Como madre le puede decir:

«Este es un momento decisivo para ti. De la misma manera que esos muchachos de cuatro años te recibieron y fueron tan amigables, ¿tienes tú lo que hace falta para imitarlos y recibir como amigos a los jugadores menores que tú durante los dos años siguientes? Sé que puedes hacerlo. Como hombres de honor, ellos te reconocieron como hombre de honor, y los hombres honorables imitan a hombres honorables».

Suplicar en oración: *¿Ora usted por las nuevas amistades que él está desarrollando?*

Niño más pequeño:

Ofrézcale orar con él por la petición de tener un amigo. Tal vez él reaccione diciendo: «Dios no escucha mis oraciones». Usted puede honrarlo diciendo:

«Creo en ti, y creo que sabes cómo ser un buen amigo. Sé que Dios sabe esto. Entonces, vamos a esperar a ver qué pasa. No perdemos nada orando, ¿cierto? ¿Crees que no debemos orar? Jesús oró, el hombre más sabio en el planeta; y también Salomón y el rey David, y Pablo. Estamos en buena compañía».

Muchacho mayor:

Déjele saber que usted está orando por sus amigos y coméntele sobre todas las cosas por las que usted agradece a Dios relacionadas con sus amigos:

«Ustedes son leales unos a los otros. Se cubren las espaldas unos a otros. Se aparecen cuando el otro siente que le han dado una patada en el estómago. Se hacen reír mutuamente. No toleran a los bravucones. Influencia a los muchachos más jóvenes en sus equipos de fútbol y baloncesto. Y tienen el compromiso de ser hombres honorables».

Él hace relaciones de manera distinta

Una madre me dijo:

Me hubiera gustado saber esto cuando mis muchachos eran pequeños. ¡Pensaba que eran extraterrestres! Algo en particular me llamó la atención. Mi hijo mayor, Robert, me estaba contando sobre su amigo en la escuela [...] Él y Robert tenían varias clases juntos, así que su relación era bastante cercana. Como típica mujer, le hice todas las preguntas pertinentes: ¿cuál es el apellido de «Bruce»? No sé. ¿Tiene hermanos o hermanas? No sé. ¿Dónde vive? Mamá, yo no sé, ¿estás escribiendo un libro? Justo en ese momento pensé: *¡este es un muchacho que ni siquiera se preocupa por averiguar el apellido de su amigo!* Pensé que había algo que faltaba en él.

Esta madre ve a su hijo como desinteresado e indiferente. Los chicos interaccionan de forma distinta. Esto no quiere decir que su hijo es indiferente. El que él no conozca la información que para ella parece importante no significa que le falta un tornillo en el cerebro. Los niños son distintos a las niñas, pero eso no quiere decir que la calidad de la relación es superficial.

Según los hombres se van haciendo viejo, pueden hacer cosas similares. Una esposa le pregunta a su esposo sobre el tiempo que pasó con Harry. Él le dice que lo pasaron bien. Ella pregunta: «¿De qué hablaron?». Él dice: «De nada». Lo que quieres decir es «de nada que sea importante para ti». Él habló sobre un asunto técnico de su trabajo, una preocupación sobre un asunto de política, el concepto de la predestinación y el libre albedrío de su pastor y sobre cómo destripar un ciervo y usar la piel. Además, el contarle sobre esto a su esposa significa repetir una información con la que ya lidió. Hay un factor de fatiga cuando los hombres tienen que repetir algo. Ellos no reciben tanta energía como las mujeres al repetir un informe.

Y en cuanto al niño, él está desarrollando una amistad con su amigo que es significativa para él como niño, pero no gira en torno a las relaciones de su amigo en la casa. En el momento apropiado descubrirá esa información, pero no es ahora.

Sin embargo, a las madres les cuesta trabajo entender la manera en que sus niños se relacionan con la gente. Una madre escribió:

> Mi hijo de catorce años llamó a su amigo Peter. Hablaron treinta segundos, simplemente exponiendo los hechos. «Te recojo, a las dos. Lo hacemos. Está listo». Clic. Las mujeres *jamás* harían algo así. Se lo dije a mi hijo. Él me contestó: «¿Qué quieres que diga?». Simuló que estaba llamando a Peter otra vez y dijo: «Oh, Peter [...] ¿cómo estás? ¿Te gustaría ir al cine? ¿Qué película quisieras ver? ¿Cómo te sientes con eso?». Me reí a carcajadas. Sin embargo, hay ocasiones en las que los hombres no se dan cuenta que son fríos, y eso envía el mensaje equivocado a la mujer [...] Los hombres tienden a ser breves, ir al grano, solo los hechos, y luego se vuelve seco o frío [...] luego pasa a rudeza.

Sí, él necesita aprender buenos modales. En cierta manera, la madre tiene razón. Yo predico sobre la importancia de las dinámicas interpersonales. Sin embargo, en este ejemplo, ¿esperaba la madre que su hijo hablara con su amigo igual que como ella conversa con sus amigas? ¿Asumió que su hijo le hablaría a una mujer de la misma forma que hablaba con su amigo? Aunque su hijo debe aplicar lo que ella dice cuando esté hablando con su tía en Nueva York, sí puedo decirle a esta madre que los hombres, entre hombres, ven la interacción verbal como un intercambio de información. Una vez la información ha sido intercambiada, todo está resuelto. Los hombres ven la comunicación como funcional, no siempre relacional.

En este intercambio entre Peter y su hijo, a ninguno de los dos les molestó ni un poquito la interacción corta y directa. Las mujeres, por su parte, debido a su naturaleza protectora, se sienten obligadas a preguntar cómo está y cómo se siente la otra persona. Y como desean esto para ellas, asumen que los varones quieren lo mismo. Curiosamente, sé de esposa que porque están retrasadas para llegar a recoger a una amiga de un retiro, les piden a sus esposos que las llamen: «Por favor, llámala. No tengo tiempo para conversar». En ese momento la manera de proceder de los hombres es una virtud.

Hay un refrán que dice: «Para un martillo, todo es un clavo». Un cirujano ve el problema resuelto quirúrgicamente. Una dietista ve el problema resuelto con una dieta. Una madre ve el problema de su hijo resuelto pareciéndose más a ella. Desde la perspectiva de vida de una mujer, una conversación telefónica normal con otro ser humano no dura treinta segundos. ¿Pero dónde dice en la Biblia que esto es pecado si lo hacen dos muchachos? Sí, repréndalo si le cuelga el teléfono a su tía, pero déjelo tranquilo con su amigo. Sin duda, se enlistarán en la Marina y se salvarán la vida mutuamente, pero luego no hablarán mucho del tema, y tal vez no lo hagan por el resto de sus vidas. Los hombres no están mal, simplemente son diferentes.

10

Sexualidad

Cómo respetar su deseo de entender y «conocer» sexualmente

U n niño es un ser sexual que se interesa naturalmente en asuntos sexuales. Dios infundió en él una curiosidad para entender el dominio de la sexualidad y eventualmente «conocer» a su esposa, como «conoció Adán a su mujer Eva» (Génesis 4.1).

Por lo tanto, hay un deseo apropiado para entender y conocer.

Dios diseñó el sexo

El interés sexual apropiado tiene sus raíces en el diseño de Dios del sexo para el matrimonio; en el que hay placer y del que proviene la procreación.

Por ejemplo, maravillosamente, Dios ordena a su esposo: «¡Que sus pechos te satisfagan siempre!» (Proverbios 5.19 NVI). Toda esposa es consciente del hecho de que su esposo se orienta visualmente.

Desde la eternidad, Dios, en su santidad y sabiduría, creó el plano. En Cantar de los Cantares, el rey describe su atracción hacia los atributos físicos de la mujer que él ama (7.1–9). Allí expresa: «Tus pechos son como dos cervatillos, mellizos de una gacela» (7.3 NTV). Luego de esto escribió: «¡Cuán hermosos son tus pies en las sandalias, oh hija de príncipe! Los contornos de tus muslos son como joyas, obra de mano de excelente maestro» (7.1). Transmite con emoción: «Cuán bella eres, amor mío, ¡cuán encantadora en tus delicias!» (7.6 NVI). En respuesta, ella declara: «Yo soy de mi amado, y él me busca con pasión» (7.10 NVI). Toda esposa anhela que su esposo la desee... en cuerpo, alma y mente.

En nuestra conferencia Amor y Respeto para Matrimonios, describo una escena en la que una esposa sale de la ducha, mientras que su esposo se cepilla sus dientes. Él la mira y cita Proverbios 5.19: «¡Que sus pechos te satisfagan siempre!». Y mientras sigue mirando, él anuncia que decidió que ese sería el versículo de su vida. Dándose cuenta de lo fácil que había sido memorizarse este versículo, le dice a la esposa que él debería comenzar a memorizarse más la Biblia porque ese recuerdo le llegó sin problema ninguno.

Al otro día hablamos de una escena distinta en el baño cuando él sale de la ducha. Mientras ella lo mira mientras sale, le dice en voz alta: «Entra a la ducha otra vez. Estás mojando todo el piso. No puedo creer el desorden que estás haciendo. Pon una toalla en el suelo antes de salir. Y cúbrete con una toalla. ¡Eso es enfermizo!».

El público se desternilla a carcajadas. Todo el mundo conoce esta diferencia entre varones y mujeres.

No estoy diciendo que las mujeres no tengan interés en el cuerpo de un hombre. Las esposas disfrutan claramente las dimensiones físicas de sus esposos. Tampoco estoy diciendo que un hombre solo está interesado en el cuerpo de la mujer. Él ama su corazón y su mente, además de su apariencia física, y esto lo vemos claramente en las parejas de ancianos, como el hombre de noventa y siete años que adora a su esposa de noventa y cuatro.

Lo que estoy diciendo es que los hombres se sienten atraídos hacia el cuerpo femenino más que las mujeres son seducidas por el físico masculino. Y esto les concierne a ambos. Las esposas me escriben sobre las maneras en las que sus esposos miran a otras mujeres. Los hombres no me escriben sobre sus esposas mirando a otros hombres lujuriosamente. Ambos saben que él tiene que guardar sus ojos cuando van a una playa pública, y ella espera que él no mire a las mujeres en bikinis.

Sí, la orientación visual de algunas féminas ha aumentado en América en las pasadas décadas, y esto puede ser un problema para algunas mujeres

(Ezequiel 23.14–16). Sin embargo, la mayoría está de acuerdo en que un hombre paseándose en un tanga por la playa incita una respuesta de una esposa que difiere de la respuesta de su esposo ante una universitaria paseándose en un diminuto bikini. No hay ni que decir que un esposo nunca tiene que sentar a su esposa y preguntarle: «Cuando vayamos hoy a la playa, ¿te atraerán los hombres en tanga?». La verdad es, cuando esta madre ve a un hombre caminando en tanga, siente náuseas.

Interés sexual inapropiado

Si bien hay un aspecto adecuado en la sexualidad de un niño, también tiene uno inapropiado. El interés sexual inapropiado del varón, según la Biblia, puede propiciar lujuria (internamente), fornicación (sexo premarital con otra persona) y adulterio (un hombre casado con otra mujer).

Con respecto a la lujuria, Jesús dijo en Mateo 5.28: «Pero ahora yo les aseguro que si un hombre mira a otra mujer con el deseo de tener relaciones sexuales con ella, ya fue infiel en su corazón» (TLA). Jesús no solo enseña la realidad del deseo sexual, que sabemos que existe; él enfatiza la orientación visual de los varones. Este es un hombre. Este hombre «mira a otra mujer». Jesús reconoció que la mirada lasciva del hombre puede llevarlo a la lujuria. Lo que el hombre ve puede afectarlo sexualmente.

Como Dios programó al varón con esa orientación visual, Dios revela en su Santa Palabra que los hombres deben tener cuidado con lo que miran. Por ejemplo, Job dijo: «Yo había convenido con mis ojos no mirar con lujuria a ninguna mujer» (Job 31.1 NVI). En Proverbios 6.25 leemos: «No codicies su belleza; no dejes que sus miradas coquetas te seduzcan» (NTV).

La fornicación es sexo premarital. Aunque puede incluir adulterio, escuchamos a Jesús decir: «Porque del corazón salen [...] los adulterios, las fornicaciones» (Mateo 15.19, y similarmente en Marcos 7.21). Pablo también separaba la fornicación del adulterio (1 Corintios 6.9). El escritor de Hebreos enfatizó esta distinción cuando escribió: «Honroso sea en todos el matrimonio, y el lecho sin mancilla; pero a los fornicarios y a los adúlteros los juzgará Dios» (Hebreos 13.4). Dos personas solteras que tienen sexo no honran el matrimonio. En esta generación de «conexiones», nuestros hijos enfrentarán la presión del sexo premarital, a pesar de que los estudios revelan repetidamente sobre el daño que esto puede traer.[1]

Adulterio es cuando una persona casada tiene relaciones sexuales con alguien que no es su cónyuge. En 2 Samuel 11.2 leemos sobre el rey David, que estaba casado; pero que «vio desde el terrado a una mujer que se estaba bañando, la cual era muy hermosa». Conocemos la historia: él ve a Betsabé, la esposa de Urías, y en su cuerpo se enciende una reacción química. Lujuria. Al principio, él no sabía quién era la mujer. Tampoco tenía una relación romántica con ella. David cede al deseo lujurioso que él mismo encendió en él al mirar el cuerpo desnudo de Betsabé, y entonces la manda a buscar y comete adulterio con ella. En Santiago 1.14 leemos: «La tentación viene de nuestros propios deseos, los cuales nos seducen y nos arrastran».

Los miedos y el enojo de una madre

Obviamente, toda madre cristiana teme que su hijo ceda ante la lujuria y peque sexualmente. El pensamiento la desalienta extremadamente.

Para algunas madres, su aflicción las lleva a hacer lo que sea necesario para ayudar a su muchacho, y por eso algunas madres leen primero este capítulo. Preocupadas, quieren saber qué hacer ahora. Aplaudo a esas madres.

Para otras madres, este tema es demasiado intimidante y prefieren creer que sus hijos son diferentes, y que nada de este asunto de lujuria afectará a sus hijos. Estas madres se mantienen ocupadas en otros asuntos y suprimen esta información. Ojos que no ven, corazón que no siente. Ellas deciden ver a sus preciados muchachos como eunucos en su forma de pensar, y creer que no tendrán intereses ni deseos sexuales hasta el día que se casen.

También hay otras madres que revientan de enojo por esta presentación. La autora Juli Slattery escribió: «Desde la perspectiva femenina, la sexualidad masculina con frecuencia se ve como un deseo sórdido. Parece representar lo peor de la masculinidad: pasión sin amor, deseo sin dominio propio, sensualidad sin sensitividad».[2]

Estas madres reaccionan visceralmente. Sienten que toda esta explicación lleva a la justificación por su falta de amor, falta de dominio propio y
falta de sensibilidad. En su opinión, es un intento de justificar el pecado
sexual de los hombres y los niños.

Lo que enfrentamos es la dificultad que algunas madres tienen para
creer que su hijo luche con su imaginación, tanto como lo hace, en respuesta a las imágenes del cuerpo femenino. Algunas madres argumentan
que los varones tienen que dejar de ser tan agresivos en esto de mirar la
figura femenina. Para estas madres, un interés en las partes del cuerpo de
la mujer raya en algo pervertido. Ellas no pueden imaginar cómo las curvas femeninas, una blusa sin abotonar o unos pantalones bien cortos pueden ser sexualmente provocativos.

Algunas mujeres buscan ser sexualmente atractivas, pero no para
tener sexo. No tienen la intención de atraer con el propósito de excitar
sexualmente a los hombres. Para ellas, una respuesta lujuriosa nace de la
mente torcida del hombre. En opinión de muchas chicas, los hombres son
unos pervertidos si se excitan así con las mujeres. Ellas creen que los
muchachos, y los hombres, están intencionalmente al acecho para ver lo
que ellos quieren ver, y que se buscan todos estos problemas porque quieren recibir gratificación sexual. Estas mujeres creen que los muchachos se
parecen demasiado a los animales y que deben ser más como las niñas, que
no miran a los niños con el propósito de desvestirlos con los ojos. No
entienden el fantaseo con el cuerpo masculino, sino la idealización de la
relación y el amor.

¿Qué impele esta perspectiva entre algunas mujeres? El miedo y el
coraje. Por esta razón, quiero que usted haga una pausa y que, en oración,
entregue este tema en las manos de Dios. En este momento, pídale al Señor
que la dirija y que guarde su corazón de miedos y coraje. Este capítulo fue
escrito para alentarla, no para asustarla ni para provocar su enojo. Necesita ponerse en sintonía con la mente de Dios en este asunto del sexo y el
muchacho soltero. Debe recordar que Dios creó el sexo. Él trabaja con el
prototipo que él diseñó desde la eternidad. Como usted anhela la pureza
sexual en su hijo, le recomiendo abordar esto como una mujer sabia y pia-
dosa que está escuchando cosas que no quiere escuchar, pero que debe

aceptar como respuestas a sus oraciones para poder su papel de madre de la mejor manera posible para su hijo. Su hijo enfrenta retos que usted no tiene; por lo tanto, su miedo y su coraje no ayudan a su hijo.

También es necesario hablar del papel que juega su esposo en la discusión de este tópico. Le recomiendo que converse con él sobre esto, si él es receptivo, y espero que así sea puesto que él entiende la sexualidad masculina. Pídale respetuosamente a su esposo que le ayude a tratar estos asuntos con su hijo o que sea él quien tome la iniciativa. El contenido de este capítulo puede servirle para tratar el tema y ofrecer dirección. Si su esposo se niega a hacerlo, aun así usted puede aplicar este capítulo usando D[e].C.I.D.A.S. Lo mismo aplica si usted es una madre soltera, como lo fue mi madre por muchos años y también la madre de Sarah. Aunque tal vez sienta miedo y coraje por muchísimas razones, le pido de favor que deje a un lado esas emociones, y con confianza y naturalidad ayude a su hijo usando estas perspectivas.

Los retos que su hijo enfrenta

Usted debe entender tres retos que enfrenta su hijo que él no pidió: uno, el reto de su núcleo accumbens. Dos, el reto de sus tentaciones. Y tres, el reto de confiar y obedecer a Dios.

1. Él será retado por su núcleo accumbens.

Desde la perspectiva de la estructura cerebral, el núcleo accumbens parece estar en un área en el cerebro que activa en los hombres una respuesta involuntaria y biológica ante la imagen femenina. Algo ocurre en su cerebro en respuesta a la forma femenina. Según los hallazgos de los investigadores, el núcleo accumbens provoca una respuesta en el varón ante una fémina atractiva. En el encuentro inicial, no es la persona de la mujer lo que le atrae, sino la apariencia física. Es posible que ni siquiera conozca a la mujer. Aparentemente, el rey David no tenía una relación previa con Betsabé. Él solo la vio desde lejos. Sin embargo, eso fue más que suficiente para activar su núcleo accumbens. Todo comienza con los ojos. Por esto leemos en Job: «Péseme Dios [...] y conocerá mi integridad

[...] si mi corazón se fue tras mis ojos [...] si fue mi corazón engañado acerca de mujer» (Job 31.6–7, 9). En otras palabras, Job sabía que el corazón se conecta con la vista, lo que significa que un hombre puede mirar inapropiadamente a una mujer, y esto lo seduce, y luego despierta la lujuria. Salomón escribió que no les irá bien a los jóvenes que siguen «los impulsos de [su] corazón y responde[n] al estímulo de [sus] ojos» (Eclesiastés 11.9 NVI). Él insta a no seguir a los ojos pues el versículo continúa presentando las consecuencias devastadoras, más adelante en la vida, de seguir los deseos de la vista. Para los jóvenes, el reto comienza con la vista, y, con el paso de los años, esa costumbre de mirar lleva a un final triste.

Ahora bien, escuche lo siguiente: esa primera mirada no es lujuriosa. Es vital que las madres entiendan esto. Cuando el varón comienza a observar la hermosa figura femenina, hay una respuesta biológica e involuntaria que provoca que un muchacho esté intensamente consciente de lo que está viendo, hasta el punto que todo lo demás puede pasar desapercibido. En la película *Catch Me If You Can*, el protagonista debía pasar por un aeropuerto, pero sabía que la policía lo estaba buscando. Así que se rodeó con seis aeromozas hermosas y caminó por todo el terminal. Los policías nunca lo vieron pues estaban mirando a las lindas mujeres.

El ver la figura femenina puede compararse a tomar una curva y ver a la distancia la montaña cubierta de nieve; el lago azul y resplandeciente en el primer plano y las ondulantes y exuberantes colinas alrededor del lago, y todo parece estar en alta definición debido al resplandor del sol de mediodía. Cualquiera se queda sin aliento ante la sorpresiva y deslumbrante belleza que inunda el alma. Podríamos decir que la primera vez que un hombre divisa las curvas y movimientos hermosos del cuerpo femenino él toma conciencia en su interior de la atractiva presencia de ella. Les pido a las mujeres que observen los ojos de una docena de hombres en un cuarto cuando una mujer hermosa entra inesperadamente. Todos la miran. El núcleo accumbens está operando. Alguno podría susurrarle a un amigo: «Simplemente hermosa... ¡despampanante!». Sin embargo, ni siquiera la conoce.

El núcleo accumbens también impacta a las mujeres, pero no de la misma manera. Por ejemplo, cuando una mujer ve a un bebé lindo, lo mira con atención y con emoción declara: «¡Oh, qué hermoso!». Sin embargo, unos minutos más tarde no sigue aullando: «¡Qué adorable!», puesto que el bebé está llorando. De igual manera, los hombres tampoco mantienen la vista fija en una imagen hermosa. Después de un rato en la playa, comienzan a leer un libro y no se fijan en cada mujer que les pasa por el lado. No debemos concluir que los hombres se mantienen indefinidamente cautivados por la figura femenina y que no piensan en nada más. Ellos tienen otras cosas que hacer.

Sin embargo, hay una línea que él sí tiene la capacidad de cruzar. Una vez consciente, él podría echar un segundo vistazo que dura unos diez segundos y luego se torna en una mirada lasciva. Tan pronto mira con lascivia, él cruza la línea. Aquí aplica el viejo refrán: no puedes prevenir que el pájaro aterrice en tu cabeza, pero puedes prevenir que haga su nido allí. La mirada sexual es su decisión. Cuando él desviste consciente y deliberadamente desviste en su mente a la mujer y se imagina un encuentro sexual con ella, ya ha entrado en el plano de la lascivia.

«Pero, Emerson, por esto es que las mujeres son mejores que los hombres. Esto les parece repugnante a las mujeres, y es repugnante que usted compare el deleite que las mujeres sienten hacia los bebés con el sentimiento masculino por el cuerpo femenino». Simplemente estoy presentando lo que entiendo que ocurre en el núcleo accumbens del hombre y de la mujer. Sin embargo, permítame añadir, ¿y qué de la mujer soltera que ve un bebé hermoso y tres minutos más tarde envidia a la madre, una mujer felizmente casada? ¿Y qué de la amargura que le sobreviene debido a su soltería y la ira que siente por el hombre que acaba de terminar la relación que tenía con ella? ¿Y qué del coraje hacia Dios, quien ella reclama está en su contra por no escuchar sus oraciones sobre tener un bebé? La primera vez que mira el bebé se enciende su núcleo accumbens, pero ella decide dar otros pasos hacia los pecados de la envidia, la amargura y la infidelidad. Esta es una lucha muy seria para muchas mujeres. Tanto los hombres como las mujeres tienen sus luchas con sus núcleos accumbens.

El mirar no siempre es lascivia. Solo estamos diciendo que la lascivia siempre comienza con la mirada o la imaginación. En la mayoría de los casos, el varón no puede detener la primera mirada o el pensamiento de una imagen, pero sí puede detener la segunda, tercera y la cuarta. Él no puede parar la atracción más de lo que puede ignorar la belleza de un atardecer (o de lo una mujer puede ignorar a un bebé adorable), pero sí puede dar los pasos para prevenir el estímulo sexual a consecuencia de la atracción hacia la figura femenina. Indiscutiblemente la imagen femenina afecta la imaginación masculina; sin embargo, lo que el hombre hace con la respuesta involuntaria ahora está bajo su control. Él tiene poder. Él no es una víctima inútil e indefensa.

Ese primer vistazo de una mujer hermosa enciende algo en el cerebro que también afecta la fisiología del hombre. En su libro *Through a Man's Eye*, Shaunti Feldhahn cuenta sobre un niño de tres años que estaba en una tienda de telas con su madre. Mientras la madre examinaba varias telas, ella pensó que su hijo estaba leyendo un libro para niños que habían llevado; sin embargo, él estaba hojeando un catálogo de patrones de costura que mostraba a mujeres en ropa interior. Entonces el niño gritó a toda voz en la tienda: «¡Mamá, cada vez que miro a estas mujeres mi pene se levanta!».[3]

Por un lado, un episodio como este resulta desconcertante. Nadie quiere que le roben la inocencia a un niño tan temprano. Por otro lado, este niñito de tres años no tiene ninguna idea sobre el sexo. El niño no es un pervertido antes de poder amarrarse sus zapatos. Lo que vemos aquí es la transparencia de un niño y su continua inocencia (no se la han robado) sobre una respuesta involuntaria y biológica. Por asombroso que parezca, él reconoció que algo en el área de su ingle había respondido. Esto no fue lascivia en sí, sino una reacción biológica al cuerpo femenino.

La buena noticia es que a un niño mayor se le puede enseñar sobre esta sección del cerebro. Cuando nos damos cuenta que él se está dando cuenta, podemos proporcionarle información al nivel que él entiende. La comunicación tranquila y ecuánime de esta información le ayuda a él a entender. Él puede aprender que todos los hombres tienen esta respuesta involuntaria y biológica ante la primera mirada de la figura femenina. Le puede asegurar que él no es el único en notar esto y que Dios lo hizo así. Dios lo creó para disfrutar de la imagen femenina. También se le puede entrenar para que mire a otro lugar después de esa primera mirada, a raíz del deseo de ser honorable y de honrar a la mujer.

Este es un buen momento para incluir al padre como aliado. Permítale a su esposo unirse al tema y proceder junto a usted para servir a su hijo. Estará adelantada años luz. Sin embargo, cuídese de no usar esto como una oportunidad para acribillar a su esposo. Si lo interroga con: «Esto es repugnante. ¿Así es como te sientes? ¿Desvistes a las mujeres en tu mente?», perderá a su aliado. Este no es el momento ni el lugar para buscar pruebas de parte de su esposo de que todo está bien con ustedes dos. Si acaso, usted debe comunicar a su esposo que usted está del lado de él y de su hijo. Dios le ha dado a su esposo para que sirvan a su hijo. Asuma lo mejor. Si de vez en cuando su esposo lucha con su imaginación, esto puede ser justo el impulso que necesita para cambiar de rumbo de manera que sea un buen ejemplo cristiano para su hijo. Si los avergüenza, no logrará nada. Proverbios 12.4 dice: «La mujer virtuosa es corona de su marido, mas la que lo avergüenza es como podredumbre en sus huesos» (LBLA).

2. Él será retado por tentaciones.

¿Acaso un esposo visualmente orientado nunca jamás debe ser tentado sexualmente fuera del matrimonio? Esta es una pregunta capciosa.

La tentación en sí misma no es pecado. Jesús fue tentado: «Entonces Jesús fue llevado por el Espíritu al desierto, para ser tentado por el diablo» (Mateo 4.1). Sin embargo, él no cedió a la tentación. Ser tentado y ceder a la tentación no son lo mismo. Como Jesús, su esposo será tentado, pero eso no significa que ha pecado. Él peca cuando cede a la tentación.

La tentación se presenta en las áreas donde cada uno puede ser tentado. Ningún ser humano será tentado a convertir una piedra en pan. En el desierto, Jesús fue tentado así porque él sí podía convertir la piedra en pan. Como Hijo de Dios, y hambriento a consecuencia del ayuno, tuvo la tentación porque tenía la capacidad. Para el resto de nosotros, no podemos convertir una piedra en pan, así que nunca será una tentación. Por analogía, muchas mujeres no son tentadas por las partes desnudas del cuerpo de un hombre. Entonces, es fácil decirle al esposo que no debe ser tentado por las partes del cuerpo de una mujer. Como ella no es tentada, él no debe ser tentado. Como a ella le repugna, a él le debe repugnar. Sin embargo, Dios diseñó al hombre con una naturaleza que se siente atraída y estimulada por un hermoso cuerpo femenino, y este no fue el diseño de las mujeres. Los varones y las mujeres son distintos por creación de Dios.

Para los casados, la Biblia dice: «No se priven el uno al otro de tener relaciones sexuales [...] a fin de que Satanás no pueda tentarlos por la falta de control propio» (1 Corintios 7.5 NTV). La tentación no es el problema. Ceder a la tentación por falta de control propio es el problema. Por esta razón todos debemos saber qué nos tienta y qué no nos tienta. Por ejemplo, como yo no toco el piano, no me tienta a sentirme celoso el que alguien lo toque. Sin embargo, si alguien ofrece seminarios para matrimonios y diez mil personas ven sus conferencias en vivo todas las semanas, voy a ser tentado a sentir celos. ¿Por qué? Porque yo ofrezco seminarios para matrimonios. Como el cuerpo masculino no tienta a las mujeres de la misma manera que el cuerpo femenino tienta a los hombres es muy fácil para ellas afirmar que los hombres no deben ser tentados por las formas corporales femeninas.

Aun la industria de la pornografía sabe que los niños y las niñas son diferentes. Intuitivamente, los pornógrafos conocen sobre los seis deseos del hombre. Como madre, tal vez usted sea ingenua sobre el atractivo de la pornografía para su hijo, pero la imagen de una mujer seductora le comunica un mensaje que le grita alto y claro a su preciado hijo:

Conquista: ¡Conquístame sexualmente!
Jerarquía: ¡Domíname sexualmente!
Autoridad: ¡Quiero someterme a ti sexualmente!
Perspectiva: ¡Resuelve mi necesidad sexual!
Relación: ¡Juntémonos solo para tener sexo, sin hablar!
Sexualidad: ¡Permíteme satisfacerte sexualmente!

Aunque, como mujer, le desagraden este tipo de afirmaciones, Satanás usa a la mujer carnal para enviar estos mensajes. Y la carne débil de su hijo responde cuando el núcleo accumbens se enciende. Todos los niños quieren sentirse hombres, y la pornografía los engaña para que piensen que así es como se siente ser hombre. No obstante, su conversación-respeto refuta esa falsa fuente de honor.

Siempre, y quiero decir siempre, recuerde que su hijo no es el enemigo, sino la víctima del enemigo. Satanás tienta (1 Tesalonicenses 3.5). El mundo carnal tienta (1 Juan 2.16). Y la naturaleza carnal y caída de su hijo tienta al hombre interior, quien puede caer en el mundo de la lujuria. En Santiago 1.14 leemos: «Sino que cada uno es tentado, cuando de su propia concupiscencia es atraído y seducido».

Nuestro corazón debe solidarizarse con estos muchachos. No debemos criticarlos verbalmente, debido a nuestras inseguridades y resentimientos personales, diciéndoles que están poniendo excusas. La industria de la pornografía conoce la vulnerabilidad de su hijo y se aprovecha muchísimo de ella. Cuando van tras su hijo con estas imágenes, él debe luchar contra la tentación de una forma que las chicas no tienen que luchar. Las muchachas tienen otras batallas.

El mundo, la carne y el diablo tentarán a su hijo con la imagen femenina, y él debe decidir si va a resistir la tentación o si va a permitir que inunde su imaginación y lo seduzcan sexualmente.

Si su hijo fuera perfecto, jamás cedería ante estas luchas con la tentación. Sin embargo, perderá varias batallas en su mente. Como padres, la clave está en ayudarlo a luchar contra el patrón de rendirse ante estas tentaciones. La buena noticia es que Dios tiene la intención de ayudarlo. El reto que él enfrenta es sencillo: ¿quiero confiar en la ayuda de Dios y obedecer su dirección cuando él me ofrece ayuda?

3. Él será retado cuando decida confiar y obedecer a Dios.

A largo plazo, la tentación no es buena. Puede dejarle saber a su hijo que el tratar de ignorar la tentación es como intentar ignorar a un león hambriento. El Señor sabe que Satanás acecha como un león rugiente buscando a quién devorar. El muchacho debe alejarse de la presencia del león. Y Dios promete ayudarnos y proveernos una manera de escape de la tentación.

Debe alentarse a todo niño dejándole saber que puede anticipar y recibir la ayuda prometida por Dios. Sin embargo, es posible que el niño no conozca las promesas, por lo tanto, sus padres deben compartir con él las verdades que se presentan a continuación. Él tendrá que decidir si emprenderá la jornada espiritual de confiar en ellas y obedecerlas.

Es un gran consuelo leer 1 Corintios 10.13: «Ustedes no han sufrido ninguna tentación que no sea común al género humano. Pero Dios es fiel, y no permitirá que ustedes sean tentados más allá de lo que puedan aguantar. Más bien, cuando llegue la tentación, él les dará también una salida a fin de que puedan resistir» (NVI).

Es una inmensa alegría leer en Hebreos 2.18: «Y como Jesús mismo sufrió, y el diablo le puso trampas para hacerlo pecar, ahora, cuando el diablo nos pone trampas, Jesús puede ayudarnos a todos» (TLA).

¿Por qué necesitamos ayuda cuando somos tentados? Cada uno de nosotros tiene debilidades y vulnerabilidades. No queremos ser débiles, pero la realidad es la misma: no somos lo suficientemente fuertes para enfrentar ciertas tentaciones. Necesitamos una forma de escapar. Necesitamos huir del león hambriento.

Los muchachos tienen que encontrarse con Dios a mitad de camino. Él debe huir a través de la escotilla de salvamento que Dios provee. La Biblia dice: «Huye también de las pasiones juveniles» (2 Timoteo 2.22).

No siempre será fácil. José sabía que tenía que huir de la esposa de Potifar, quien le había hecho avances sexuales (Génesis 39.12); de lo contrario, la tentación le hubiera llevado a tener relaciones sexuales fuera de los límites de Dios. Y dicho sea de paso, la esposa de Potifar sabía que ella tenía el poder para seducir a José. Las mujeres no tienen que violar a los hombres cuando pueden seducirlos; una gran diferencia entre varones y mujeres. En Ezequiel 16.36 se compara a Jerusalén con una prostituta, diciendo: «Por cuanto fue derramada tu lascivia y descubierta tu desnudez en tus prostituciones con tus amantes» (LBLA). Una mujer puede excitar a un hombre desvistiéndose de una manera sexual. Podríamos discutir que no debería ser así, pero así es. Toda mujer en su luna de miel conoce el poder seductivo que Dios le ha dado. Sin embargo, además de estos versículos bíblicos, se les debe decir a los muchachos que también puede ser difícil si decide huir. José sabía que su manera de escapar era salir corriendo por la puerta de entrada, pero eso le llevó a la puerta de una celda. Los amigos de un muchacho pueden persuadirlo a cometer actos sexuales, y el Señor le susurrará: «Di que no y vete». Sus amigos pueden decirle: «Ya no eres nuestro amigo». Hay un precio que pagar, pero bien vale la pena. Pregúntele a José.

¿Cómo debe responder una madre
a la sexualidad de su hijo?

Primero, debe identificarse con él, no avergonzarlo. Segundo, mantenga el aplomo, no se llene de pánico. Y, tercero, confíe en Dios; no dude de él.

1. Las madres deben identificarse con los retos del hijo, en lugar de avergonzarlo.

Es bueno darle al muchacho el beneficio de la duda. El mirar más allá de su carne débil para ver su espíritu dispuesto —como hizo Jesús con sus discípulos—, es el mejor enfoque. Identificarse con su espíritu dispuesto es la meta.

La madre puede comunicar a su hijo que ella no lo ve como el enemigo, sino como alguien que está batallando con las tentaciones periódicas en el mundo. El diablo tratará de seducir su carne. El que usted se identifique con su reto puede darle a él la confianza para vencer la tentación.

¿Le parece que este llamado a identificarse suena como una manera de endosar la debilidad del hombre y otorgarle una licencia para sucumbir ante el deseo, pues «los niños siempre serán niños»?

Como dijimos antes, todo este tema de la lucha masculina asusta a algunas mujeres y enoja muchísimo a otras. Las asustadas temen que sus hijos cedan a las tentaciones sexuales y que esto los lleve a sabrá Dios qué consecuencias. A las enojadas les da coraje el pase que ellas creen que los hombres reciben para ser sexualmente tentados.

Se ponen furiosas ante lo que ellas perciben como una forma de inventar excusas. En línea con lo que leen en el libro *Every Man's Battle*, ellas interpretan que todo el infame tópica es una justificación de los hombres para sucumbir ante su lujuria. Ellas piensan que tiene que estar de acuerdo con la lujuria masculina.

No obstante, estas mujeres devotas también tienen la intención de ser como Jesús, y sabemos que nuestro Señor no muestra indiferencia fría hacia nuestras debilidades, sino que se compadece. Leemos en Hebreos 4.15: «Porque no tenemos un sumo sacerdote que no pueda compadecerse de nuestras debilidades, sino uno que fue tentado en todo según nuestra semejanza, pero sin pecado». Como Jesús enfrentó tentaciones, él entiende las de su hijo. Y como Jesús, usted puede comprender las tentaciones de su hijo sin aprobar el que ceda ante esas tentaciones. Jesús confrontó la lujuria, la fornicación y el adulterio. El pecado sexual es un asunto serio para nuestro Señor. La respuesta es mostrar un espíritu de compasión, a la vez que confronta y corrige al hijo que cruza la línea.

Esa compasión implica dejarle saber a su hijo que la tentación es evidencia de los deseos sexuales normales que Dios diseñó en él para el matrimonio. Afirmarle que estos deseos provienen de Dios y que son para disfrutarse con placer en el matrimonio puede levantar un enorme peso de los hombres de él. La compresión de una madre le permite sentirse bien acerca de sus deseos sexuales, mientras que le llama a rechazar la tentación de ceder al pecado. Los deseos no son malos; el pecado está en ceder a la tentación. Al mismo tiempo, toda madre debe aceptar la realidad de que su hijo no es el Hijo de Dios. Su hijo, igual que ella, es un pecador. Y como ser humano, ella puede entender la naturaleza caída de él sin ratificar el pecado. Una madre de diez hijos me dijo: «Después de tener diez hijos, puedo decirle esto: ellos van a pecar». Ella no endosaba el pecado, pero sí lo comprendía, y, a la misma vez, confrontaba la transgresión.

En su libro *Through a Man's Eyes*, Shaunti Feldhahn presenta una ilustración de esto.[4] Ella creó una analogía que me resumió en un correo electrónico que me envió:

¿Cuán terrible y frustrante sería para una chica si cada muchacho que le pasa por el lado pudiera tocarle el rostro, el cuello, la espalda, etc. y, esencialmente, la estimulara sin el consentimiento de ella? La fisiología de ella fue diseñada para ser estimulada por el tacto, pero ella NO quiere ser estimulada por estos extraños... y así es como se siente un muchacho cuando camina y ve que eso que lo estimula visualmente viene directo HACIA él.

Y para añadir a esto, pensé: *¿Y qué si todos los días en la escuela o en el trabajo un joven que a ella le gusta o que ella le gusta a él, se acercara cada diez* *minutos y con gentileza, humildad y ternura, le tocara el rostro, el cuello, los hombros y los brazos? ¿Qué le pasaría eventualmente? Ella diría a sí misma:* «Ahí viene. Le gusto. ¡Él me desea!». En algún momento, su mente y su cuerpo se volverán locos con deseo sexual. Imagine, entonces, a la muchacha en la escuela que se acerca todos los días a su hijo vestida provocativamente y echándole piropos.

¿Y qué me dice de las imágenes femeninas que ve él todos los días a su alrededor? Déjeme aclararle que su hijo no quiere involucrarse con estas imágenes, y la mayoría de la veces sus ojos están enfocados en otra parte; sin embargo, el hecho de que estén allí lo afectan y él tiene que batallar con esto en su mente cuando ve algo que no debe ver. Él puede vencer con el apoyo y la afirmación de ambos padres, pero no si le dicen: «No respetamos esta lucha. Detenla. Compórtate como las mujeres». El decirle que no debe sentirse de esta manera es como decirle a una niña: «No te amamos. No permitas que te sigan afectando las caricias de ese joven afectuoso».

Desapruebe la conducta pecaminosa, pero no lo desapruebe a él como ser humano. Si él siente que solo usted es la justa y buena, y que solo él es el perverso, usted perderá el corazón de su hijo.

Mi esposa Sarah me señaló una verdad cuando compartió que como la mayoría de las mujeres no luchan con la tentación sexual como los hombres, algunas de ellas pueden sentir que son mejores seres humanos. Con el tiempo, estas mujeres cometen el pecado principal que Jesús tuvo que pelear en otros: el juicio petulante, religioso y enojado como el de los fariseos. Jesús no podía llegar a ellos, aunque lo había intentado. En Lucas 18.9 leemos: «A algunos que, confiando en sí mismos, se creían justos y que despreciaban a los demás, Jesús les contó esta parábola» (NVI).

Usted debe cuidarse de no avergonzar a su hijo haciéndolo sentir que él es un pecador peor que usted. Una manera de hacerlo es recordando que el suelo al pie de la cruz de Cristo es plano. Con esto quiero decir que usted necesita hasta la última gota de lo que Jesús hizo en la cruz tanto como su hijo. Intrínsecamente, usted no es mejor que su hijo; usted simplemente peca de forma distinta.

2. Las madres deben mantener el aplomo y no llenarse de pánico.

Cuando la madre entra en histeria por las acciones lujuriosas de su hijo, ella estampa en el cerebro de su muchacho el pensamiento de que el sexo y su atracción hacia él es algo muy, muy malo. Él no entenderá el porqué detrás de su terror porque él no conoce lo bueno del sexo, así que recibe la impresión de que el sexo es sucio. En lugar de perder la calma, ella debe mantener el aplomo y la serenidad mientras trata con lo que ocurrió. Y sí, es más fácil decirlo que hacerlo.

Al niñito de tres años en la tienda de telas, la madre puede decirle:

«Muchas gracias por decírmelo. Realmente respeto que me cuentes tus cosas. Eso es honorable. Podemos hablar sobre esto más tarde. Este libro es para ayudar a las madres a escoger telas. Lo voy a devolver a la mesa. Traje este libro para que leyeras. De hecho, ¿qué está haciendo el Señor Conejo en esta página?».

No debe llenarse de pánico.

Según el niño se acerca a la pubertad, es posible que la madre lo sorprenda mirando fotos en su iPad o descubra que su amigo le mostró algunas imágenes en el iPhone de él. En ese momento, debe procurar no gritar lo que otras madres han gritado antes: «No puedo creer que hayas mirado esa asquerosidad. Eso es enfermizo. ¿Qué clase de persona eres?».

A pesar de lo amenazada que la madre se siente ante tal descubrimiento, debe tratar de ofrecer una respuesta digna y moderada; la misma que el Señor le ofrece a ella cuando confiesa ante él su pecado.

El problema para algunas madres es que, en sus mentes, este pecado sexual de su hijo excede cualquier pecado que ella jamás pudiera cometer. ¿Acaso no fue este el pecado de los fariseos? En esto no intento minimizar el pecado de su hijo, sino hacer el suyo igual de serio. Sarah dice que ella toma el pecado muy en serio, dondequiera que se encuentre, y eso incluye a madres petulantes, enojadas y que emiten juicios.

Mantener la calma es vital. Él necesita escuchar en su voz y ver en su actitud que usted cree que el sexo es algo bueno y que los niños tienen presiones que muchas niñas no entienden.

En una forma digna, debe decirle:

«Dios te diseñó para interesarte en el cuerpo femenino. Él te creó para desear y disfrutar la intimidad sexual con tu esposa. Por un lado, notarás la figura femenina; pero por otro lado, cuando miras estas hermosas figuras, el verlas puede estimular deseos en ti que deben ser contenidos y controlados. No eres una mala persona por sentir estos deseos. Dios te creó para sentirlos. Pero debes encontrar una solución. ¿Qué plan de acción crees que te funcione mejor? ¿Qué recomiendas?».

Como mencionamos antes, dele al niño un problema para resolver. Eso le honra, le crea un sentido de propiedad, y tal vez hasta sea más razonable que su propuesta. Aquí es donde el padre juega un papel importante al tratar de esbozar ese plan de juego. Honre a su esposo por unirse a su equipo en esto.

3. Confíen en Dios; no duden de él.

Al igual que usted, me encantaría que todavía viviéramos en el paraíso, antes de que apareciera el pecado. Si viviéramos en un mundo perfecto, no tendríamos que lidiar con las curiosidades lascivas de nuestros hijos. Pero vivimos en un mundo caído y, por lo tanto, debemos estar dispuestos a permitirle al Dios todopoderoso que guíe a nuestros hijos.

Me siento agradecido de que Dios entienda todas las emociones que sentimos sobre este tema. Mi corazón se duele junto al suyo al enfrentar la realidad del núcleo accumbens de un niño, las tentaciones demoniacas y carnales que tocan a su puerta, y la opción de desconfiar y desobedecer las promesas de Dios para escapar de estas tentaciones. Yo también sufro con usted por tener que identificarme, mantener el aplomo y confiar en Dios. Por esta razón, ¿podría ofrecerle esta oración para que la ore?

Jesús, tú orabas; y orabas porque conocías las realidades que enfrentarían tus hijos amados. «No ruego que los quites del mundo, sino que los guardes del mal». Incluso les enseñaste a orar: «Y no nos metas en tentación, mas líbranos del mal». Para ti la dependencia en el Padre para enfrentar un mundo caído es algo bueno. Voy a imitarte y a orar de la misma forma. En cuanto a mí, encuentro consuelo en tu invitación: «Venid a mí todos los que estáis trabajados y cargados, y yo os haré descansar». Señor, me siento cargada con respecto a la sexualidad de mi hijo, y me siento cansada tratando de descifrar mi rol y mis palabras. Hoy me acerco a ti buscando recibir tu descanso. Toma mi carga y concédeme fuerzas renovadas. Ayúdame a obedecer tu Palabra, que me dice: «En el amor no hay temor, sino que el perfecto amor echa fuera el temor [...] el que teme, no ha sido perfeccionado en el amor». Señor amado, madúrame en el amor. En todo esto, voy a confiar en ti, así como confío a mi amado hijo en tus manos. No voy a dudar en lo que estás haciendo, aunque no puedo verlo. Ahora, permíteme actuar según la sabiduría que he aprendido para el beneficio de mi hijo y para tu honra. En el nombre de Jesús, amén. (Juan 17.15; Mateo 6.13; Mateo 11.28–30; 1 Juan 4.18).

Cómo aplicar D[e].C.I.D.A.S. a su sexualidad

Permítame hablarle de algo. Para terminar este capítulo, permítame ayudarle a conversar con su hijo acerca de su relación con el sexo opuesto a nivel social. Cuando son más pequeños, la mayoría de los niños se sienten incómodos con las niñas porque ellos no tienen las mismas destrezas relacionales que tienen las niñas. Un niño se puede sentir fuera de su liga y tropezar. Apliquemos D[e].C.I.D.A.S. a la forma en que su hijo comprende a las mujeres. Pedro instruye a los esposos «sean comprensivos en su vida conyugal [...] ya que como mujer es más delicada» (1 Pedro 3.7 NVI). Su hijo es un futuro esposo que necesita comprender a las mujeres.

Dar: *¿Puedo darle algo para ayudarlo a conocer y relacionarse con el sexo opuesto?*

Niño más pequeño:

La lista de libros que tratan temas sexuales es interminable. Compre algunos de estos libros, de acuerdo a la edad y etapa de su hijo, y dígale:

«A medida que te conviertes en un hombre de honor, quiero que conozcas el diseño que Dios tenía en mente al crear a los niños y a las niñas. Sé que has visto algunas diferencias entre los niños y las niñas, y quiero que entiendas mejor el propósito de Dios para esto. Por ejemplo, Dios diseñó a las mujeres con algo muy especial. Ellas se preocupan profundamente por las personas. Muchos varones también lo hacen, pero quiero que reconozcas que una de las mejores maneras de entender a una niña es entendiendo su preocupación por las personas en su vida».

Muchacho mayor

Tratar este tema es un asunto delicado, pero, si ya le ha comunicado a su hijo que usted cree en él y que está comprometida en hacer lo que sea necesario para ayudarlo a convertirse en un hombre de honor, entonces déjele saber que usted no escatimará ningún gasto para protegerlo de que sea víctima de la pornografía. Por esta razón, usted proveerá programas de protección paternal que monitoreen y motiven una imagen saludable de la mujer, y lo proteja de ideas distorsionadas. Puede explicarle que las fotos pornográficas no representan lo que la gran mayoría de las mujeres siente. A las mujeres les interesan la gente y las relaciones. De hecho, se dice que los hombres usan el amor para llegar al sexo; mientras que las mujeres usan el sexo para recibir amor. El amor motiva a las mujeres, y tristemente, a veces las engañan. Enséñele que nunca debe decirle «te amo» de una forma profundamente romántica a ninguna muchacha hasta que esté seriamente preparado para casarse con ella. El hombre de honor valora la expresión «te amo» y nunca la desvaloriza para propósitos egoístas. Todo esto resalta la razón detrás del programa de protección. La meta es asegurar una imagen saludable de la mujer y de la sexualidad. Los que se convierten en adictos de la pornografía terminan con ideas y prácticas malsanas.

Comprender: *¿Entiendo su lucha en lo que concierne a conocer y relacionarse con el sexo opuesto?*

Niño más pequeño:

Cuando juegue demasiado rudo con una niñita en su clase de escuela domini-cal y provoque que ella llore, es posible que él se sienta avergonzado. Dígale:

> «Respeto que estés creciendo y que seas más fuerte, pero ahora debes aprender, como hombre de honor, que no debes luchar así con las niñas. Dios te creó para proteger a las niñas, no para pelear con ellas. Piensa que eres su protector y no te sentirás mal porque no provocarás que ella llore».

Muchacho mayor:

Cuando se siente incómodo e ignorado por ciertas muchachas, ¿le dice que usted comprende y respeta la razón para sentirse avergonzado y humilla-do? ¿Divulga su respeto por él y su deseo de ser un buen muchacho con excelente carácter que las chicas encuentren atractivo? ¿Le comunica que usted respeta que él esté en una temporada de discernir si estas muchachas ven su carácter o solo les atrae su apariencia física?

Instruir: *¿Puedo instruirlo en cómo conocer y relacionarse con el sexo opuesto?*

Niño más pequeño:

> «Cuando estés en la escuela, y digas o hagas algo que hiera los sentimientos de una niña, como hombre de honor, esto es lo que quiero que hagas. Mírala a los ojos y dile respetuosamente: "Lo siento mucho. ¿Podrías perdonarme?". Tal vez ella no debería sentirse herida y triste, pero esto se llama "caminar la milla extra". En lugar de decirle que no debería sentirse lastimada, simplemente discúlpate, como un gran guerrero que dice: "lo siento" cuando sabe que va a alegrar el corazón de otra persona».

Muchacho mayor:

Cuando él revele su dificultad para hablar con las chicas, pregúntele:

«¿Puedo honrarte invitando a cenar a Kelly y a Cheri para conversar sobre las tres cosas que una muchacha quiere que un muchacho sepa? Realmente les caes muy bien a estas dos muchachas universitarias y les encantaría charlar sobre el tema. Esto podría ofrecerte una perspectiva privilegiada. El plan es sentarnos a cenar, y ellas conversarían mientras tú comes y escuchas. Después te puedes excusar de la mesa, sin preguntas. Ellas vienen el martes, independientemente, pero, si lo prefieres, entonces no les pedimos que comenten sobre estas tres cosas, aunque creo que sería divertido».

La Biblia presenta verdades básicas que un muchacho puede entender. Dios llama a los padres —no al muchacho de la esquina— a ser los educadores sexuales de su muchacho. Dios le confía a usted un entendimiento de su revelación sobre las realidades fundamentales entre los hombres y las mujeres. Usando muchísimos ejemplos de las Escrituras, los padres pueden tener conversaciones como estas con sus hijos:

«En Génesis 1.24–27 aprendemos que Dios los creó varón y mujer. Dios creó distintos a los niños y a las niñas, y esa diferencia tiene un propósito maravilloso. ¿Cuáles son algunas de las diferencias que ves entre los niños y las niñas? ¿Sabías que Dios nos diseñó diferentes para ayudarnos unos a otros? Cada uno de nosotros tiene una fortaleza que trae al otro. ¿Cuáles son algunas de las fortalezas que trae el niño? ¿Qué fortalezas aporta la niña?

»La intención de Dios es que, eventualmente, un varón y una mujer se casen. Aunque algunos no se casan, como Jesús mismo, en Génesis 2.18–25 aprendemos que el hombre y la mujer "serán una sola carne". ¿Tienes alguna idea general de lo que esto significa? Dios diseñó a un hombre y a una mujer para que sean una sola carne en el matrimonio. Nos referimos a esto como relación sexual. El matrimonio es mucho más que sexo, pero es aquí donde el sexo debe ser disfrutado.

»En Génesis 1.28–31 leemos: "Sean fructíferos y multiplíquense" (NTV). Esto significa que Dios quiere que una madre y un padre tengan hijos. Dios diseñó el matrimonio para que dos personas disfruten los placeres del sexo y que de esa unión nazcan los hijos, de la manera en que mamá y papá te tuvieron, y por lo que estamos muy agradecidos.

»En Salmos 139.14 leemos que cada ser humano es "una creación admirable" (NVI). Cuando un esposo y una esposa tienen una relación sexual, el hombre proporciona los espermatozoides y la mujer aporta el óvulo. Cuando un espermatozoide penetra el óvulo, se concibe una vida. Entonces, el bebé crece en el vientre, como creciste tú en la mía. Cada bebé es una creación admirable. Tú eres una creación admirable.

»Leemos en otra parte, en Éxodo 20.14: "No cometerás adulterio". ¿Entiendes lo que esto quiere decir? Dios tiene el propósito de que el esposo y la esposa permanezcan juntos en su matrimonio. Ellos no deben ser una sola carne con otra persona. Solo el esposo y la esposa deben disfrutar de su relación sexual y ninguno de los dos debe tener relaciones sexuales con otra persona. Y como esto es un mandamiento de Dios, el adulterio lastima el corazón de Dios.

»Debemos aprender algo más. En 2 Samuel 13.12, una mujer le dice a un hombre: "no me hagas violencia". Nos referimos a esto como violación. La violación ocurre cuando un hombre obliga a una mujer a tener una relación sexual en contra de su voluntad. Este es un acto violento en el que un hombre abusa a una mujer para satisfacer sus apetitos sexuales. Un hombre como este no es honorable ni tampoco honra a la mujer.

»En 1 Corintios 6.19–20 aprendemos que "su cuerpo es templo del Espíritu Santo [...] Por tanto, honren con su cuerpo a Dios" (NVI). Para honrar a Dios con tu cuerpo, valoras el que Dios te hizo varón, el que te preparas para ser una sola carne con una mujer, el que tendrás la alegría y la responsabilidad de multiplicarte teniendo hijos, y que traerás al mundo a un hijo que será una creación admirable. Para honrar a Dios con tu cuerpo, evitarás el adulterio, la violación y cualquier cosa que lastime el corazón de Dios».

El salmista pregunta en Salmos 119.9: «¿Cómo puede el joven guardar puro su camino? Guardando tu palabra» (LBLA). Permita que la Palabra de Dios guarde y guíe a su hijo. De hecho, ¿puedo retarla a memorizar Salmos 119.9?

Disciplinar: *¿Debo disciplinarlo cuando sabe demasiado o se relaciona de una manera poco saludable con el sexo opuesto?*

Niño más pequeño:

«Aunque solo tienes seis años, te estás convirtiendo en un hombre de honor y necesitas un recordatorio con respecto a las niñas. Existen una reglas, de la misma manera que en un campo de fútbol hay una líneas que no puedes pisar. Por ejemplo, ahora mismo los Smiths se están quedando en nuestra casa por varios días, y su hija, que tiene tu edad, estaba en el baño. Aunque lo sabías, entraste al baño. Yo acababa de mirarte y decirte: "Kathie está en el baño". Entrar al baño en ese momento la avergüenza a ella y también a ti. Dios nos creó para disfrutar de nuestra privacidad. Entonces, respetemos su privacidad, ¿entendido? Gracias. Sin embargo, como ignoraste lo que te dije, ve a tu cuarto y quédate castigado por diez minutos; luego, debes venir a verme. Tengo un proyecto que quiero que hagas».

Muchacho mayor:

«Dios te diseñó con un interés profundo en las chicas. Ese interés puede ser bueno y placentero. Sin embargo, con tantas tentaciones con solo un clic en la Internet y en el iPhone, tenemos que establecer un plan que proteja tu honor como el hombre de honor en desarrollo que eres. La tentación es real. Tú no eres el enemigo, pero sí puedes convertirte en víctima del enemigo. No todo el que está en la Internet piensa en lo que es mejor para ti. Así que papá te va a hablar sobre algunos filtros que él usa. Él busca ser un hombre respetado y quiere lo mismo para ti. Y permíteme añadir que las mujeres respetan mucho, mucho a los hombres que guardan sus ojos y su corazón. Las hace sentir seguras, protegidas y amadas. Les estás haciendo a ellas un gran regalo. Traigo este tema porque encontramos en la historia de búsquedas de tu iPhone algunos sitios que no son apropiados. Durante la siguiente semana, vas a perder tus privilegios de teléfono, y papá va a programar el monitoreo apropiado».

Animar: *¿Puedo animarlo para que siga desarrollando su conocimiento de y relacionado con el sexo opuesto?*

Niño más pequeño:

Cada vez que algún familiar bromea a su hijo de diez años preguntándole si se fija en las niñas en la escuela, él se sonroja y se vuelve tímido. Luego puede decirle:

«Dios te diseñó para que te fijes en las niñas y también las diseñó a ellas para fijarse en los niños. Yo me fijé en tu papá y tu papá se fijó en mí. No eres el único que tiene esos pensamientos sobre las niñas. Es normal. El tío Fred bromeó contigo porque él sabe que te estás fijando en ellas de la misma manera que lo hacía él cuando tenía tu edad. Todo está bien».

Mantén la conversación breve y agradable. Esto le reafirma que todo está bien con él, y provoca que esté más relajado y confiado.

Muchacho mayor:

Aunque una muchacha lo rechazó y él siente que ninguna chica jamás se interesará en él, hónrelo diciéndole que las cualidades de carácter que él posee atraerán a la mujer correcta en el momento correcto. Resalte las cuatro o cinco cualidades en él que usted sabe que atraerán a una mujer sabia y devota hacia él. Por ejemplo, Proverbios 19.22 afirma: «Lo que es deseable en un hombre es su bondad» (LBLA).

Suplicar en oración: *¿Debo orar por su conocimiento y su relación con el sexo opuesto?*

Niño más pequeño:

En privado con él, después que le habló de su interés por una niña en la escuela, ore con él, con la luz apagada y mientras él está acostado en su cama:

> «Señor, gracias por lo que Brian compartió sobre Michelle. Te doy las gracias porque él ve cualidades excelentes en ella, como su bondad, honestidad y fe en ti. Gracias porque Brian busca estas características. Esto es lo que hace un hombre honorable y él se está convirtiendo en ese tipo de hombre».

Nota: no use la oración para ejercer su papel de madre ni para darle instrucciones. Piense más en honrarlo de la misma manera que el busca honrar a Dios.

Muchacho mayor:

Comparta con él:

> «Respeto tu deseo de encontrar a la mujer correcta. Yo sigo pidiéndole a Dios que te dé una esposa sabia y devota. Siempre he encontrado bienestar en lo que Jesús dijo sobre un esposo y una esposa: "lo que Dios juntó, no lo separe el hombre" [Mateo 19.6]. Dios juega un papel importantísimo en todo esto. Aunque la Biblia pone en el hombre la responsabilidad de encontrar esposa [Proverbios 18.22], el Señor dirige nuestros pasos. Le estoy pidiendo a Dios que te favorezca. Traerás una inmensa felicidad a la mujer con la que te cases. De hecho, Deuteronomio 24.5 dice: "un hombre recién casado [...] debe estar libre para pasar un año en su casa, haciendo feliz a la mujer con la que se casó". Estoy segura que serás este tipo de hombre».

El objetivo primordial

El objetivo primordial es ayudar a su hijo a entender Efesios 5.33, donde Dios ordena al esposo a amar a su esposa y a la esposa a respetar a su esposo. En nuestros Ministerios Amor y Respeto nos esforzamos para proveer recursos que ayuden a alcanzar esta meta.

He aquí un enfoque positivo que una madre puede usar con un adolescente más maduro para motivarlo a ver un DVD de una conferencia Amor y Respeto para matrimonios, y aprender sobre el amor y el respeto.

«En esta conferencia aprenderás que Dios te diseñó como un hombre de honor, para vivir de acuerdo a un código de honor, y veo esto claramente en ti. Por esto, Dios te llama a desenvolverte en las relaciones con las mujeres en maneras honorables y amorosas. Esta conferencia te proveerá las herramientas que funcionan con el sexo opuesto; ya sea conmigo, una amiga o tu futura esposa. Quiero que lo veas porque te animará muchísimo, aun cuando algunas cosas no te aplicarán hasta que hayan pasado algunos años más. A la misma vez, parte de lo que veas aplicará a la escuela el lunes. Sé que esto es un sacrificio, pero, al mismo tiempo, es una inversión en ti mismo. Creo en ti y en tus relaciones futuras».

A propósito, esto te ayudará en tu relación con él. Una madre nos dijo:

Hace unos meses, se ofreció una conferencia Amor y Respeto en nuestra iglesia. Animé a mi hijo de dieciséis años a que asistiera. Lo hizo, y hasta tomó notas en su libro. Sentí que era importante para él, como hombre joven, que empezara temprano a entender cómo debía tratarme a mí, a una amiga o a su futura esposa. Se quejó de que, por momentos, había sido aburrida, aunque ahora repite sus chistes a menudo; sin embargo, ahora él me recuerda constantemente su necesidad que de yo me dirija a él de una manera diferente, y responde de manera muy positiva cuando le digo que algo que hace no se siente muy amoroso. Creo que ahora soy mucho más consciente sobre cómo le digo las cosas, y, cuando no lo hago bien, él no duda en decírmelo. Él es mucho más sensible a la manera en que yo interpreto su indiferencia por algo que hace o que no hace en términos de seguir normas, pues sabe que lo veo como si no me amara lo suficiente como para hacer lo correcto. Por supuesto, sé intelectualmente que su amor por mí no tiene nada que ver con hacer algo mal, pero así es como me hace sentir. Ahora él entiende esto mucho mejor y parece que lo frustro menos.

En resumen, muy pocos de nosotros nos sentimos cómodos hablando sobre sexo. ¿Quién disfruta la idea de informarle a un hijo sobre «conocer» a una esposa y de entender los aspectos sexuales/románticos de una relación? No obstante, todos tenemos que recordar que el sexo y el romance en el matrimonio son ideas de Dios. No debemos avergonzarnos de lo que el Señor llama bueno. Aunque otros promuevan la lujuria y el degradar a la mujer, una madre puede contrarrestar esto indirectamente dirigiendo la conversación hacia la manera que Dios desea. Lo cierto es que alguien le hablará a su hijo sobre el sexo y las mujeres. Y él va a aprender algo. ¿Será bueno y piadoso? Muy poco probable. Como madre, es su privilegio y responsabilidad. No le deje esta tarea al muchacho de la esquina.

11

Una mirada empática a las objeciones maternales sobre el respeto a los niños

¿Le parece que la idea de usar la conversación-respeto es cuestionable, por no decir inaceptable?

Después de muchos años escuchando a mujeres, he oído varias preocupaciones sobre esto de respetar a los varones, que se extiende a los hijos. He compilado estas críticas a continuación y ofrezco respuestas con la esperanza de que esto alivie la incómoda sensación de que algo no está bien. Mi deseo es que después de considerar mis respuestas, usted sienta una energía renovada para aplicar la conversación-respeto al espíritu de su hijo.

> Objeción: «La Biblia dice que el amor es lo más grande. El amor es lo único que importa. El amor es suficiente para mi hijo. Así me siento».

Cuando el apóstol Pablo escribió en 1 Corintios 13.13 que el amor es lo más importante, la comparación se limitó a la fe y a la esperanza. Entre la fe, la esperanza y el amor, lo más importante es el amor. En este contexto, Pablo no tenía en mente el honor, el respeto ni la gloria. ¿Por qué es importante saber esto? Al Dios amarnos por toda la eternidad, él nos glorifica por toda la eternidad. Al amar nosotros a Dios por toda la eternidad, reverenciamos y glorificamos a Dios para siempre. Por lo tanto, podríamos decir que glorificar es respeto en esteroides.

¿Cómo algunos de nosotros hemos perdido de vista la importancia de la gloria, el honor y la reverencia? Cuando tenemos ojos para el amor, solo veremos amor en la Biblia. Cuando no tenemos ojos para palabras como *honor, respeto* y *gloria*, pasamos por alto estos conceptos. Lo cierto es que algunos han desarrollado un punto de vista más femenino. Por consiguiente, el punto de vista de uno puede causar que algo se pase por alto. Sin embargo, debemos conocer «todo el propósito de Dios», no solo una parte (Hechos 20.27 NVI). Por ejemplo, los teólogos están de acuerdo con la declaración del catecismo puritano: el propósito principal del hombre es glorificar a Dios (1 Corintios 10.31) y disfrutar de él para siempre (Salmos 73.25–26). Sí, tenemos que amar a Dios y a nuestro prójimo como dicen el primer y el segundo mandamiento; sin embargo, como mejor amamos a Dios es glorificándolo y disfrutando de él para siempre. Como mejor amamos a un niño es respetándolo y disfrutando de él.

Objeción: «Mi muchacho necesita amor. No voy a descuidar esta necesidad. No voy a reemplazar el amor con respeto».

Los niños necesitan amor, ¡y mucho! No estoy proponiendo que las madres dejen de amar a sus hijos y que solo hagan esto del respeto. Piénselo de esta manera. Un niño necesita amor como necesita agua para beber, y necesita respeto como necesita comida para comer. Un niño necesita ambas. Cuando una madre solo ofrece amor, no suple todas las necesidades de su hijo. El agua sin comida no permite que sobrevivamos. El amor sin respeto dificulta que un niño alcance su máximo potencial. De modo que no estoy diciendo que escoja respeto por encima del amor. Por razones esenciales, estoy promoviendo la idea de aumentar el amor incluyendo el respeto, añadiendo la conversación-respeto al vocabulario de la madre. Él necesita sentir una actitud respetuosa hacia él de parte de ella como un ser humano creado a la imagen de Dios, no solamente escuchar sus expresiones de «te amo» hacia aquel que, en su mente, siempre será su «niñito precioso».

Objeción: «Porque lo amo, él debe sentirse respetado. ¡Amor y respeto son sinónimos!».

Le ruego que me permita discrepar de mamá en este punto. El respeto es distinto al amor. Respetamos a nuestros jefes, pero no sentimos amor por nuestros jefes. Sentimos amor por nuestros hijos adolescentes, pero no siempre sentimos respeto por ellos. De hecho, es posible que la madre no sienta ningún respeto por su hijo, al mismo tiempo que lo ama profundamente. Un muchacho mayor entiende la diferencia. Pregúntele a este hijo: «¿Te ama tu mamá?». Contestará: «Sí». Luego pregunte: «¿Tu mamá te respeta?». Tal vez responda: «No, no realmente. Por lo menos, hoy no».

Algunos afirman que si amas a una persona, le mostrarás respeto, y que cuando respetas a alguien le demostrarás amor, y estoy de acuerdo con esto; sin embargo, aun así los conceptos son distintos. Aunque el zapato derecho y el izquierdo son extremadamente similares, no son iguales. En muchos niveles, el amor y el respeto son extremadamente similares, pero no son iguales.

Objeción: «Porque me preocupo, a veces soy irrespetuosa. Mi hijo no me escucha de otra manera. Mi amor se esconde detrás de mi falta de respeto».

Es imposible defender que el amor de una madre pueda esconderse detrás del tratamiento irrespetuoso a su hijo.

En 1 Corintios 13.5 leemos que el amor «no se comporta con rudeza» (NVI). Es fundamental que escuchemos este versículo. El amor no le falta el respeto a otro ser humano. No es grosero. No actúa inapropiadamente. No es maleducado. La falta de respeto habitual es tóxica, no es ni saludable ni amorosa. Esto no quiere decir que una madre esté de acuerdo y apruebe una conducta inaceptable y pecaminosa. Lo que significa es que ella confronta las acciones inaceptables de un modo firme y sincero, pero lo hace bajo control y con respeto hacia el espíritu de la otra persona; ya sea un hijo, esposo, padre o un mesero.

Recientemente, mientras salía de un supermercado, iban entrando una madre y una abuela con un niño de unos ocho años. Los miraba de reojo, cuando de pronto ellas comenzaron a gritar y a insultar con palabrotas al niño, delante de todo el mundo. Miré al niño para ver qué estaba haciendo que era tan terrible. Él estaba como a diez pies de distancia de ellas, de puntillas, mirando la vitrina de la sección de repostería. Él podía oler las tortas y las rosquillas. Mientras los observaba, me di cuenta que para las adultas, el niño era un fastidio en aquel momento. No sé qué ocurrió más temprano, antes de llegar a la tienda, pero lo que él hizo allí durante aquellos cinco segundos era insignificante comparado con el abuso verbal y emocional recibido. Él respondió caminando hacia ellas, pero era evidente que se había distanciado. Su espíritu no estaba conectado al de ellas. Estoy seguro que se encerró emocionalmente para protegerse de los arpones verbales.

Al igual que usted, he visto antes estas escenas en público. Estoy convencido que algunas de estas mujeres quieren lucir ante sus observadores como figuras responsables, protectoras y que tienen una autoridad amorosa. Proyectan que están a cargo y que son adultas maduras. Se ven a sí mismas como buenas madres; no como esas madres permisivas que dejan que sus hijos corran por todas partes. Casi puedo escuchar el libreto interno: «¡Los míos no! ¡Aquí no!».

Sin embargo, el deshonor a este niño no fue nada amoroso. Todos los que observábamos sabíamos la verdad. No obstante, apuesto que si les preguntamos a esta madre y abuela: «¿Dirían ustedes que aman a este niño, y que son una madre y una abuela amorosas?», responderían que sí. Sin duda, podrían reclamar que son amorosas, y que la evidencia de ello es la forma que disciplinan al niño en el supermercado.

¿Y usted? ¿Se otorga un pase de falta de respeto porque pone esto bajo el paraguas de su amor por su hijo? ¿Lo confronta irrespetuosamente porque lo ama?

¿Y qué me dice de sus arrebatos de ira? Gálatas 5.20 (NVI) afirma que los «arrebatos de ira» son pecaminosos. En lugar de referirse a estos arrebatos de ira como pecado, ¿acaso los padres deben etiquetarlos como grosería amorosa? ¿Seguirían defendiendo que su ira y falta de respeto son provocadas por un hijo que no es respetable?

No conozco a ninguna madre tierna y bondadosa que discuta con Gálatas 5.20 para justificarse. La mayoría de las madres admite de buena gana: «Fui demasiado lejos con mi coraje y con mi falta de respeto».

¿Por qué estas damas son tan humildes? Porque 1 Corintios 13.5 tiene validez para ellas. El amor «no se comporta con rudeza» (NVI).

Objeción: «Él provoca mi falta de respeto. No sería irrespetuosa si él fuera más respetuoso».

En un momento dado, Sarah y yo descubrimos que nuestros hijos no provocaban nuestra ira y falta de respeto. Ahora enseñamos: «Mi respuesta es mi responsabilidad». En otras palabras, los muchachos revelaban nuestra decisión de tener mal genio y ser groseros. Mis muchachos no causaban que yo fuera así, sino que revelaban mi verdadero yo. Mis reacciones pecaminosas no eran su culpa, a pesar de que racionalizaba maneras para echarles la culpa. Esto no significaba que su desobediencia no debía afectarme, como si yo fuera un robot. Todos nos vamos a sentir enojados y tristes. Sin embargo, mi conciencia me decía que había una línea que no debía cruzar. Tener coraje no es lo mismo que perder la cabeza. Estar malhumorado es distinto a llamar a mi hijo estúpido. El ser estricto no tiene que convertirse en gritería. La indignación justa no tiene por qué cruzar la línea de la ira pecaminosa (Efesios 4.26). Yo sabía que Proverbios 29.11 dice: «Los necios dan rienda suelta a su enojo, pero los sabios calladamente lo controlan» (NTV). Mis hijos no provocaban que fuera un necio, sino que exponían al necio que ya era. ¡Ay! Sí, un hijo debe ser más respetuoso, pero ese es un asunto independiente a la decisión de la madre de ser irrespetuosa. Un hijo puede llevar a su madre hasta el borde con su indiferencia y falta de respeto, pero sobrepasar el borde es una decisión de ella.

Objeción: «El respeto no es natural. Me parece ilógico. Ni siquiera pienso en ello. Yo no soy así. Mi lengua materna es el amor, no el respeto».

Comparto la opinión de que pocas madres piensan en esto del respeto hacia sus hijos, y que muchas menos creen que es algo natural. La conversación-amor es la lengua materna de las madres. Dios creó a las madres para amar. Sin embargo, suponga que un hijo tiene una necesidad de respeto que va más allá del amor de madre. Entonces, la madre debe preguntarse: *¿trata esto sobre cómo yo me siento o trata sobre la necesidad de mi hijo de sentir que lo respetan porque es un ser humano creado a la imagen de Dios?* Sarah me decía que hubo muchos días en los que no tenía deseos de cocinar para los muchachos, pero lo hacía porque sabía que ellos necesitaban comida. Lo que ella sentía no importaba. Como las madres aman naturalmente, les imploro que permitan que ese amor las impulse a hacer lo que se siente poco natural: suplir la necesidad de respeto de su hijo. La Biblia apoya esa postura. En Filipenses 4.8 dice: «Concéntrense en [...] todo lo honorable» (NTV). Una madre debe pensar en lo que es honorable para su hijo. El pensar honorablemente expresa amor.

Objeción: «Mi intención realmente no es faltarle el respeto. Lo amo. Sin embargo, hay momentos en los que simplemente ya no puedo más con su desobediencia».

Una madre nos dijo:

Tengo que desahogarme. No me lo puedo tragar. No sería ni honesto ni saludable. Si suena irrespetuoso, realmente no es mi intención. Me siento mejor después de la descarga y mi hijo debe entenderlo. Su conducta simplemente me parece inaceptable y me dejo llevar por algunas de mis palabras.

Sarah y yo nos identificamos. Sin embargo, en esos momentos, ¿qué siente el muchacho? A manera de analogía, ¿puede un padre decir: «cuando soy duro y me enfado con mi hija, no es realmente mi intención. Ella debe entender que simplemente tengo coraje y no debe tomarlo tan personal»? Cuando las madres escuchan a un padre dar una explicación como esta, levantan las armas. Él está diciendo que la necesidad de amor de su hija es insignificante y secundaria. Está excusando su falta de control. Así mismo, una madre debe cuidarse de no tomar la necesidad de respeto de su hijo como algo insignificante y secundario. Sí, él la hiere, la frustra y la enoja, pero la falta de respeto solo agrava los problemas entre madre e hijo. Es posible que la falta de respeto no signifique mucho para la madre, pero puede aplastar a su hijo. Los sentimientos de la madre pasan a un segundo plano ante lo que su hijo cree. «Bueno, Emerson, le he dicho a mi hijo que cuando soy irrespetuosa con mis palabras, no lo hago con intención, no realmente. No soy sincera». Está bien, pero escuche lo que dice este versículo: «El amor debe ser sincero» (Romanos 12.9 NVI). Una madre afectuosa no puede seguir diciéndole a su hijo que no es sincera al hacer comentarios irrespetuosos. Él podría cuestionar la autenticidad de su amor.

Objeción: «Él no debería personalizar todo esto como irrespetuoso. Simplemente estoy intentando relacionarme con él y voy a provocarlo para tratar que hable».

Cuando una madre quiere establecer una conexión con su hija, la provocará para intentar que la hija le hable. A la hija tal vez no le guste, pero ella sabe instintivamente por qué mamá la incita. Eventualmente, se abre y conversan sobre sus ansiedades. Por lo general, una hija no interpreta la falta de respeto de la madre como un fin en sí mismo. La hija lo ve como un medio afectuoso para hacerla hablar, de modo que ambas puedan sentirse mejor. Ella sabe que tendrán un encontronazo acalorado, pero muy pronto estarán conversando sinceramente sobre sus sentimientos, y la madre se disculpará efusivamente por su reacción negativa y le pedirá a su hija que la perdone. La hija perdonará a su madre, y además se disculpará por su mal humor y por no haber tenido la disposición para conversar antes. Se abrazan y siguen con su día como si nada, sintiéndose como si le hubieran quitado cien libras de los hombros.

Sin embargo, con un hijo no es así. ¿Siente él que la madre lo desprecia como ser humano? ¿Cree que ella piensa que es desatento, insensible e inepto y, por lo tanto, necesita una fuerte reprimenda? Ahora bien, él sabe que su madre se preocupa por él y que los ladridos de ella son peores que su mordida. También sabe que, con frecuencia, él se merece su coraje. Y él también sabe que puede bloquearla y no personalizar sus desvaríos y delirios. Por ser varón, tiene la capacidad de compartimentar sus críticas y dejar que le resbalen. Sin embargo, llega el momento cuando ya no puede bloquear el dolor. Las palabras irrespetuosas de su madre arponean su corazón y lo hacen sentir como si estuviera muriendo. Esto puede provocar que él busque maneras para escapar de ella. Él no le teme físicamente; le teme a su lengua. Al ella soltar con brusquedad palabras que sacuden su mundo, él se encierra. Él está a años luz de pensar que ella simplemente quiere conversar para mejorar las cosas. No, él lo toma como un ataque personal a su carácter como ser humano. Siente que ella tiene la intención de avergonzarlo por quien él es.

Exhorto a estas madres a entender que su hijo interpreta la provocación como un reto a su masculinidad y como una falta de respeto. Él tiende a interpretar la vida a través del lente del respeto. Un niño personaliza el conflicto con su madre como: «Te estoy atacando porque no te respeto, y estoy usando este conflicto como una oportunidad para decirte que creo que eres insuficiente e inadecuado». Por esto la madre debe decirle a su hijo: «No estoy tratando de faltarte el respeto. Simplemente necesito escuchar tus pensamientos sobre lo que está ocurriendo aquí que te está deshonrando». Nota: no confunda aquí *pensamientos* con *sentimientos*, ni *deshonrar* con *poco cariñoso*. Use las palabras correctas para hablar al corazón de él.

O podría decirlo de esta manera:

«¿Cómo puedo abordar un par de asuntos que debo tratar contigo sin que pienses que no te respeto como el hombre joven que eres? Ayúdame a hablar contigo la verdad honorablemente, sin que te enojes ni te encierres como si lo único que yo quisiera fuera despreciarte. Entréname. Quiero que esto sea una conversación entre dos personas que tienen en mente lo que es mejor para la otra persona».

Aunque es probable que esto no resulte en una larga discusión, el muchacho se relajará más durante el diálogo ya que su madre le presentó una información que le permite a él interpretar correctamente su intención. Ella le asegura que no está usando esta controversia como una excusa para gritarle: «¡No te respeto!».

Objeción: «No siento mucho respeto por mi hijo. Sería hipócrita demostrar respeto si no lo siento».

¿Es usted hipócrita cuando su alarma suena a las seis de la mañana y se levanta, aunque no tiene deseos de hacerlo? No somos hipócritas por hacer lo correcto aunque no sintamos el deseo. Eso se llama madurez. Algunas madres piensan que si no sienten respeto alguno por sus hijos, entonces sería incorrecto y deshonesto demostrarles respeto. Mientras que ellas amen y se preocupen, estas madres piensan que tienen derecho a decir honestamente: «No me gustas ni tampoco te respeto».

Sin embargo, típicamente, esos sentimientos exageran el caso y empeoran la situación. Una madre escribió:

> Me siento muy avergonzada por la conducta de mi hijo y su incapacidad para alejarse del pecado descarado. Le digo que siempre lo voy a amar, independientemente de lo que haga, ¿pero cómo resuelvo mi falta de respeto hacia él y su conducta? [...] Él me dijo: «Actúas como si te hubiera sido infiel a ti». Le dije que me sentía como la madre de Judas. Por lo visto no he sabido lidiar muy bien con esto.

Como resultado de estos sentimientos de carencia de respeto, ella exageró el caso. Llamar a un muchacho Judas es como un padre llamar a su hija Jezabel. Tal vez así se sienten la madre y el padre, pero esas palabras no traen arrepentimiento ni sanidad. El hijo no mostrará dulzura luego de escuchar esa agria descripción.

Añádase a esto que Dios diseñó a la mujer para amar, cuidar y proteger. Sin embargo, cuando se siente afligida y no amada, la falta de respeto destila de ella. Es por esto, en parte, que Dios instruye a las esposas a respetar en Efesios 5.33 y 1 Pedro 3.1–2. Por naturaleza, cuando ellas están estresadas sienten y exhiben falta de respeto. La instrucción de Dios protege a las esposas de la tendencia de actuar según sus sentimientos de falta de respeto. Y claro, por esto la mujer se siente hipócrita cuando le piden que actúe con respeto. Ella sabe que no siente respeto en su corazón. El problema está en que asigna la culpa al mal comportamiento de su hijo, no a la naturaleza de ella. En su naturaleza carnal e impulsiva, ella recurre rápida e intensamente a la falta de respeto, pero responsabiliza al hijo por estos sentimientos.

Las mujeres deben prevenir esto.

Objeción: «El respeto conduce a la desobediencia. No voy a respetar el mal comportamiento. La conversación-respeto le da licencia para hacer lo que a uno le dé la gana. Solo los padres permisivos hacen ese tipo de cosas».

Desgraciadamente, como sociedad, pensamos que respetar a personas que no lo merecen les da licencia para hacer lo que les plazca. Algunas madres piensan que mientras más respetuosas son con sus hijos, más indulgentes tienen que ser con ellos. Para no consentir a sus hijos a través del trato respetuoso, estas madres dan un paso «lógico» a «tengo que ser irrespetuosa, o mi hijo me desobedecerá. No puedo permitir que piense que respeto su mala conducta».

Entonces, ¿quiere decir que promuevo la idea de que una madre debe permitirle a su muchacho que le pegue a su hermana como una señal de respeto hacia él y su violencia? Eso es ridículo. Demostrar respeto no significa estar de acuerdo con cualquier cosa que un hijo quiera perversamente hacer. El respeto implica límites. La madre debe decir no. La respetuosidad exige veracidad. ¿Qué madre diría: «Respeto tanto a mi hijo que lo dejo correr su triciclo en la autopista porque me lo suplicó. No quiero faltarle el respeto a mi muchachito»? Respetar no quiere decir que una madre sea condescendiente.

La idea es sencilla, aunque no es fácil de llevar a cabo. La madre debe confrontar respetuosamente la mala conducta y mantener con firmeza los límites en las decisiones egoístas de su hijo. Es cuando la madre demuestra una actitud respetuosa mientras confronta respetuosamente el mal comportamiento.

¿Quién permite la desobediencia? Una madre sin brújula moral ni principios sólidos tolera la desobediencia.

> Objeción: «La falta de respeto me confiere poder. Siento que si soy respetuosa, él se aprovechará de mí. Si soy muy buena, él no va a serlo. Mi falta de respeto hace que él acate la disciplina».

El respetar no se trata de que la madre sea condescendiente y buena. Eso no es respeto; eso es alcahuetería. La conversación-respeto es dura. Igual que el amor dice la verdad, el respeto también dice la verdad. La conversación-respeto no carece de discernimiento para confrontar, corregir y sufrir consecuencias, algo que discuto en *Amor y respeto en la familia*. La confrontación respetuosa disuade al niño de aprovecharse de la madre. A largo plazo, sus palabras respetuosas y sinceras le confieren poder. En cambio, la madre comete un error al pensar que su falta de respeto le da más poder. Algunas madres piensan que tienen que revolver los ojos, suspirar profusamente, mirar con disgusto y decir: «Hacer trampa y mentir está muy mal. Eres una persona poco auténtica y deshonesta. La gente no soporta a los timadores y a los mentirosos. Me causas repudio. No tienes remedio». Al hablar así, la madre puede sentir que sus palabras le confieren poder. Pero esto no es poder; es crueldad. Aunque esas palabras irrespetuosas tienen mucho de verdad en ellas en cuanto a las consecuencias de hacer trampa y mentir, la hipérbole avergüenza al muchacho. Atacar su carácter no le confiere poder a su madre para prevenir la mala conducta ni inspirar la obediencia del hijo. En todo caso, ella lo inspira a ser más astuto y furtivo para evitar sus reproches.

> Objeción: «La falta de respeto lo motiva. Cuando soy irrespetuosa, él se comporta más cariñoso y respetuoso. Realmente es lo único que funciona con él».

La falta de respeto no provoca respeto. La falta de respeto manipula. La conformidad externa no es receptividad interna. El desprecio no enciende un fuego en el corazón del niño para acatarse humildemente a las reglas.

Sí, gritarle a un niño para que deje de gritar funciona, pero solo externa y temporeramente. La falta de respeto de la madre no despierta el interés del niño para aprender.

Desgraciadamente, nos enfrentamos a la experiencia de la madre, que le dice que la falta de respeto sí funciona. Por esto la madre escoge la falta de respeto como su arma predilecta para motivar al hijo a hacer lo que ella le dice que haga. Y efectivamente, él obedece justo después de su perorata desdeñosa.

Con todo eso, la falta de respeto de la madre no es la causa de la obediencia del niño. Él obedece porque tiene miedo de lo que sigue; lo que viene después de la falta de respeto de la madre. Él piensa que ella está a punto de establecer consecuencias que harán su vida miserable. Y como quiere evitar su represalia, el niño recoge la ropa, se cepilla los dientes, tiende las toallas, apaga las luces y se va a la cama. Ella, por supuesto, piensa erróneamente que su desprecio es la droga maravillosa.

En Hebreos 10.24 se nos insta a que «pensemos en maneras de motivarnos unos a otros a realizar actos de amor y buenas acciones» (NTV). Y puedo decir con absoluta certeza que la falta de respeto de la madre no motiva a su hijo a realizar actos de amor y buenas acciones; por lo menos, no a largo plazo.

Reflexione en el método que usan las figuras de autoridad; por ejemplo, los policías y los jueces. El desprecio no es necesario, y hasta puede ser contraproducente cuando se está lidiando con criminales. Las figuras de autoridad sabias tratan aun a los delincuentes con respeto básico. No muestran descortesía, ni falta de educación ni insolencia hacia el infractor. Eso no lo va a reformar. Estoy de acuerdo en que el respeto no garantiza cambios internos, pero la grosería nunca funciona. La mejor propuesta es una manera respetuosa con consecuencias que el niño sienta. La madre debe entender que si algo puede alentar a su hijo a obedecer es su disciplina firme y respetuosa.

A manera de introspección, ¿alguna de las siguientes palabras describe una reacción rutinaria hacia su hijo en el intento de que se comporte bien? ¿Eres mal educado, desconsiderado, descortés, grosero, negligente, temerario, deficiente, ofensivo, denigrante, despectivo, desdeñoso, abusivo, torpe, indiscreto o poco halagüeño? Como la mayoría de las mujeres reconoce el dolor de estos conceptos cuando un hombre los aplica con ella, un hijo siente la misma agonía. Estas cualidades no motivan a nadie.

Objeción: «La falta de respeto es su castigo. Mi falta de
respeto lo hace sentir mal por lo que hizo, y se supone
que se sienta mal. Tiene que aprender una lección».

Una madre puede convencerse a sí misma de que el exhibir falta de respeto
es un castigo para su hijo. Cierto, la falta de respeto lo avergüenza, y lo hace
sentir horrible por lo que hizo mal; sin embargo, eventualmente se siente
horrible sobre él mismo. Él mira menos a lo que hizo y más a quien él es.
¿Qué ser humano puede responder a una aversión habitual y disfrutar a la
misma vez de una autoestima saludable? Solo porque el espíritu de un niño
se desinfla justo después del menosprecio de la madre no significa que el
castigo se ajuste al delito. Esto puede compararse a un padre que castiga a su
hija ocultándole su afecto para darle una lección. La hostilidad y el menosprecio hacen que un niño se sienta podrido, y distorsiona su autoimagen.

Como madre, medite en lo que Pedro dijo sobre Jesús en 1 Pedro 2.23:
«Cuando proferían insultos contra él, no replicaba con insultos» (NVI).
Aunque Jesús parece más allá de nuestro ejemplo, Pedro dijo: «Cristo
sufrió por ustedes, dándoles ejemplo para que sigan sus pasos» (2.21 NVI).

La manera de Cristo para las madres no incluye represalias. Pagarle a un
hijo de una forma vengativa socava la imitación de Cristo de una madre. El
combatir fuego con fuego puede que sea útil para controlar un incendio en el
bosque, pero en la familia solo inflama e enfurece. Además, ese tipo de castigo es vengativo y rencoroso, y ningún niño abrirá su espíritu a su madre.
Sí, la madre tiene que disciplinar, pero esto significa que su corrección tiene
la meta positiva y a largo plazo de ayudar a su hijo a volver al buen camino,
no de desquitarse con su hijo por haberse descarriado del camino.

Objeción: «Necesito que me respeten. Como
madre, merezco respeto. Yo soy la madre.
Él debe respetarme. No viceversa».

Sí, él debe respetarla. Uno de los Diez mandamientos es honrar a la madre.
Escribí el libro *Amor y respeto en la familia* para explicar las maneras de
lograr esto. Sin embargo, todos los seres humanos necesitan respeto, no

solo las madres. Todos somos creados a imagen de Dios. Dios nos llama a todos a mostrar respeto, cueste lo que cueste. Pedro escribió: «Den a todos el debido respeto: amen a los hermanos» (1 Pedro 2.17 NVI). Y *todos* significa *todos*. En el capítulo 2, defino respeto como refuerzo positivo, pase lo que pase. Esto es respeto incondicional. Y respeto incondicional significa que no existe condición, circunstancia o situación que pueda provocar que la madre muestre falta de respeto o desprecio hacia el espíritu de su hijo. Tal vez ella no respete su conducta, pero puede hablarle respetuosamente sobre lo que no es respetable. Desafortunadamente, una vez la madre cree que el respeto debe ganarse, entonces ella cede ante la opinión cultural que dice que si la otra persona no merece respeto, entonces ella no tiene que mostrar respeto. Esto, combinado con su creencia de que ella merece respeto, lleva a la petulancia, la ira, la condescendencia y el juicio hacia su hijo. Estas actitudes provocan que el muchacho se distancie y se encierre. Él no se va a conectar emocionalmente con Mamá Farisea. Ni tampoco tendrá el deseo afectuoso de mostrar respeto. Justo lo que su madre demanda, ella subestima. Positivamente la madre puede ver esto como un asunto mutuo. «Hijo, ambos necesitamos respeto, y hay momentos en que ninguno de los dos lo merece. Sin embargo, cuando tengamos conflictos, ¿te parece buena idea si evitamos mutuamente las actitudes y las palabras irrespetuosas?».

Objeción: «Mi respeto me convierte en una persona servil. Mostrar respeto a mi hijo sería honrarlo como si fuera el padre. Estaría rindiéndole mi autoridad. Ese papel es totalmente opuesto al diseño de Dios».

Cuando un ser humano le muestra respeto a otro, esto no catapulta al receptor del respeto a una posición encumbrada y de autoridad. El respeto de una madre hacia su hijo no le hace superior a él ni la subordina a ella. Es importante entender esto; de lo contrario, las madres tendrán la falsa idea de que su falta de respeto prueba y asegura que ella está en control. La realidad es que el ser irrespetuosa hacia el hijo provoca que él busque maneras para no seguir el liderazgo de ella y dejar clara su falta de respeto. ¿Debe una madre exigir respeto? Sí. Sin embargo, lo hace demostrando respeto. Cuando modela respeto, aumenta su autoridad moral para atraer a su hijo a ser respetuoso.

Una madre nunca pierde su autoridad hablando respetuosamente sobre las áreas en las que su hijo debe someterse a su manera de educar a los hijos. Más aún, sus acciones disciplinarias, contrario a un discurso desdeñoso, motivan más a su hijo a obedecer.

Objeción: «Las niñas necesitan respeto. Los varones no son especiales. Esto es prejuicio sexista».

Probablemente muchos conocemos la canción de Aretha Franklin, «Respect»; sin embargo, la verdad es que Otis Redding escribió esa canción y la lanzó en el 1965, dos años antes que Aretha la adaptara a su perspectiva femenina de una feminista confiada. La versión de Otis trata de un esposo desesperado rogándole a su esposa que lo respete. Él le dará cualquier cosa que ella quiera y no le importa si ella lo trata mal. Aretha lo cambió por: «No te voy a hacer daño». Otis dijo en tono de broma que esta es una canción «que una niña me robó».[1]

Sí, las mujeres tienen una necesidad de respeto genuina, igual que la tienen los hombres; de la misma manera que los varones tienen una necesidad de amor genuina, igual que la tienen las mujeres. No debe haber debate en esto. Sin embargo, yo distingo una necesidad *genuina* de una necesidad *sentida*. Necesidad sentida se refiere a la manera en que cada cual se siente con respecto a una situación. Como mencionamos antes, las niñas no interpretan las circunstancias de la misma manera que los niños, y viceversa. Por ejemplo, los estudios destacan qué les causa estrés a las niñas y los niños adolescentes. Las muchachas muestran más ansiedad durante los conflictos relacionales. Los muchachos reaccionan a los retos de su autoridad, pues los interpretan como irrespetuosos. Ambos pueden experimentar la misma situación, pero interpretar el evento de forma distinta. Y, sí, los varones realmente necesitan amor, pero tienden a sentirse emocionalmente más seguros que otros los aman, en comparación con muchas chicas que tienden a preguntar: «¿Me quieres?», o «¿Alguien me querrá alguna vez?».

¿Hay excepciones? Por supuesto. Pero enfocarse en las excepciones no desvía del cuadro general. Aunque las mujeres necesitan respeto, se inclinan hacia el amor.

> Objeción: «Me niego a manipular a mi hijo. En este asunto del respeto hay mucha maquinación y duda. No hay una fórmula que pueda aplicar para hacer que él pase por el aro».

Estoy completamente de acuerdo. Predico todo el tiempo en esto no es una fórmula. De lo que trata es de satisfacer la necesidad que tiene un hijo de que lo traten respetuosamente aun cuando desobedece. Estamos abordando la satisfacción de la necesidad del hijo como un fin en sí mismo. En comparación, un padre debe amar a su hija como un fin en sí mismo, no para que ella haga lo que él quiere.

Esta es la prueba real para determinar sus motivaciones reales para respetar a su hijo: ¿está dispuesta a tratar a su hijo con una actitud de respeto en momentos en los que él no es afectuoso, respetuoso ni obediente con usted? Las madres que usen la conversación-respeto solo para manipular dejarán de aplicarla tan pronto no reciban la respuesta que ellas esperan.

Dicho esto, el amor de un padre por su hija la motiva a ella a responder siempre y cuando ella detecte la sinceridad del padre. De igual forma, el respeto de la madre por su hijo lo motiva a responder, asumiendo que él detecte la sinceridad de la madre.

> Objeción: «No voy alimentar el narcisismo, la superioridad y el dominio masculino. Pienso que esa es la motivación oculta de esto. Un regreso al patriarcado».

«Este asunto del respeto le envía a mi hijo el mensaje equivocado de que los hombres dominan. Esto me debilita. No voy a engañar a mi hijo haciéndolo pensar que los hombres tienen derecho de dominar a las mujeres». No obstante, ¿acaso el menosprecio de una madre prohíbe que su hijo piense que él puede ejercer dominio sobre las mujeres? No existe evidencia que sostenga semejante afirmación. Y, si ella muestra respeto hacia el espíritu de su hijo y le dice que le habla así porque él se está convirtiendo en un hombre de honor, ¿cree que este lenguaje causará que él gobierne malévolamente a su futura esposa? Ciertamente no se pretende hacer tal asociación.

12

PERDÓN

¿Podría invitarla a hacer dos cosas? Primero, pedir perdón. Segundo, perdonar.

Pedir perdón

Antes de atender la necesidad de pedir perdón, permítame decir que es posible que muchas de ustedes no necesiten pedir perdón.

Ustedes hablan y les muestran respeto a sus hijos. No solo los aman, también los honran. Sin embargo, en sus mentes, ustedes gravitan hacia sus incapacidades y defectos, en vez de mirar sus éxitos. Francamente, son muy severas con ustedes mismas, y esto es un serio problema de la maternidad para demasiadas mujeres. Ven sus deficiencias y se castigan por ello. Se preocupan por el posible daño que pueden causarles a sus hijos debido a estas debilidades.

¿Es usted una de estas mujeres?

Si tuviera la oportunidad de sentarme un rato con usted, le afirmaría todo lo que ha hecho bien. Conversaríamos por un par horas, y se iría sintiéndose bien por la forma en que ha criado a sus hijos. Espero que no haya tomado lo que escribí en este libro y se haya apaleado, creyendo que ha cumplido miserablemente su función. Me siento mal porque en mi intento de presentar una propuesta más amplia de la conversación-respeto, algunas madres se sentirán culpables porque haya algo que siembre serias semillas de duda en sus corazones. Pasarán juicio sobre ellas como madres terribles debido a sus pocas debilidades y defectos. Usted no es un fracaso en la escuela si recibe todas A y una B en su boletín de notas. De hecho, eso la convierte en una excelente estudiante. De igual forma, no sea tan crítica con usted misma y su manera de criar. En todos nosotros queda margen para mejorar.

Algunas de ustedes, madres de hijos mayores, se detestan a sí mismas cuando ante los ojos de Dios no han hecho nada malo hacia su hijo. Usted se dedicó a su hijo, según la intención de Dios, pero su muchacho ha rechazado su fe y sus valores. Desafortunadamente, usted concluyó que ha fracasado como madre. A pesar de su autodesprecio, usted no falló. Vivimos en una cultura que persuade efectivamente a muchos de nuestros hijos a creer que seguir a Jesús es anticuado. La sociedad transmite que el estilo de vida secular es para los inteligentes, y creer en la Biblia es para los completamente tontos. La elite mundana cree que los cristianos conservadores deben ser vistos como gente rara, intolerante, irreflexiva e hipócrita. La persuasión de la cultura secular contra la fe cristiana es mucho más fuerte hoy que cuando sus padres la criaron a usted. Por esta razón, esto no trata de sus fracasos como madres, sino de los éxitos de una cultura secular de volver a su hijo contra su fe y sus valores.

¡Tenemos buenas noticias! Estamos orando junto a usted para que mientras aplica el mensaje respeto, usted honre los anhelos más profundos de su hijo y lo motive a confiar y a seguir a Jesús. No hay garantías de que él lo seguirá, pero usted no debe odiarse mientras él se cuestiona o se descarría. Debe confiar en que el mensaje respeto es parte del antídoto contra las influencias mundanas que lo confunden. Eventualmente, él evaluará lo que es realmente auténtico. Como madre que ama y respeta genuinamente a su hijo, usted estará en la primera silla de influencia. No se dé por vencida como si hubiera fallado. No es así. Manténgase en el mensaje. Y, cuando no haya estado a la altura, puede recuperarse buscando el perdón de su hijo.

¿Cómo saber si me he equivocado con mi hijo?

Para refrescar su memoria, ¿ha hecho o dicho algo que haya faltado el respeto de su hijo, en términos de sus seis deseos más profundos?

¿He faltado el respeto a su deseo de trabajar y alcanzar metas?

¿He faltado el respeto a su deseo de proveer y proteger?

¿He faltado el respeto a su deseo de ser fuerte, dirigir y tomar decisiones?

¿He faltado el respeto a su deseo de analizar, resolver y aconsejar?

¿He faltado el respeto a su deseo de entender y «conocer» al sexo opuesto?

Si no es así, ¡alégrese! Está haciendo muy buen trabajo. Relájese.

Ahora bien, si tiene algún sentido de culpa, entonces por supuesto, siga leyendo.

La regla básica

Esta es la regla básica: pídale perdón a su hijo solo cuando usted sabe, sin duda alguna, que fue irrespetuosa hacia él. A veces, las madres asumen responsabilidad por lo que el hijo hizo mal debido al egoísmo y al desafío abierto del muchacho. Sin embargo, la madre no fue irrespetuosa; lo fue él. No obstante, si usted es culpable de ser irrespetuosa, simplemente dígale: «Lo siento. ¿Perdonarías mi falta de respeto?».

El solo decir «lo siento» revela cómo se siente una madre, pero es solo la mitad de la ecuación. ¿Cómo se siente el hijo? Ella no sabrá como él se siente hasta que pregunte: «¿Puedes perdonarme?». Ella debe escuchar su respuesta.

Cuando una madre pide perdón por haber sido irrespetuosa, él reconoce su sinceridad. Mientras que, si ella busca su perdón por haber sido poco cariñosa, él podría creer que es un truco. Tal vez ella está tratando que él confiese que fue poco cariñoso confesando que ella fue poco cariñosa. La mayoría de los hijos ven a sus madres como cariñosas, pero no siempre las ven como respetuosas. Por eso ella capta su atención cuando pide perdón por haber sido irrespetuosa. Él se siente honrado. Y aquí no estoy haciendo un análisis sintáctico de palabras inapropiado. En el mundo del muchacho existe una gran diferencia entre las palabras *amor* y *respeto*. En la mayoría de los casos, él se sentirá profundamente conmovido en su corazón y ofrecerá un perdón sincero. La madre puede experimentar una conexión maravillosa con él.

Pedir perdón por ser la ofensora

Algunas madres resienten las reacciones poco cariñosas e irrespetuosas de sus hijos; pero al examinarlas más a fondo, se dan cuenta que, sin querer, ellas comenzaron el Ciclo Alienante de la Familia: sin respeto el hijo reacciona sin amor, y sin amor (y respeto) la madre reacciona sin respeto.

Algo importante ciega a la madre. Ella no ve su contribución a la reacción defensiva de su hijo —la cual ella percibe como ofensiva— como una falta de respeto. La madre sabe que ella está tratando de hacer lo más cariñoso. Por lo tanto, en su opinión, su hijo no debe sentir que le han faltado el respeto. Sin embargo, es posible que la madre no vea que cuando ella habla desde una perspectiva de amor puede *dar la impresión de ser* muy irrespetuosa. Cuando las mujeres se sienten heridas y quieren resolver la tensión relacional, lo hacen porque esto les preocupa; sin embargo, la manera en que proceden luce despectiva para los hombres. El rostro de la madre se amarga. Suspira. Alza los ojos. Se pone la mano en la cintura. Recrimina con su dedo. Y su selección de palabras irrespetuosas podría estremecer al líder de una ganga de motociclistas. De modo que, en lugar de ofenderse, la madre debe considerar su papel y reconocer que, con frecuencia, la reacción negativa de su hijo es una defensa contra el escarnio de ella. ¡Qué triste es que algunas madres vivan resintiendo por años las reacciones ofensivas de sus hijos cuando los muchachos solo han estado reaccionando defensivamente!

Les pregunto a las madres: «Justo antes de que su hijo reaccionara de una manera poco cariñosa e irrespetuosa, ¿le dijo o hizo usted algo que él pudo haber sentido como irrespetuoso?». Con frecuencia, admiten de buena gana: «Sí, pero él debería saber que no era mi intención. Simplemente estaba enojada con él». Otra vez, no justifique esto, más bien aclare las cosas diciendo:

«Lo siento. ¿Me perdonarías por haber sido irrespetuosa? Esa no era mi intención. Mi intención era discutir lo ocurrido, no era humillarte. Tengo que moderar mi tono. Estoy tratando de ayudarte a convertirte en el hombre honorable que creo que eres. ¿Cuándo podemos conversar sobre la tensión entre nosotros de una forma mutuamente respetuosa?».

Los muchachos sí responden

Una madre me dijo:

Cuando [mi hijo adulto] era más joven, no lo traté con respeto. De más está decir que tampoco traté a su padre como debí hacerlo. Cuando comenzó a tener problemas en su matrimonio, mi hijo respondió de una manera que yo no aprobaba. Lo critiqué mucho y no respondí de una manera respetuosa. Después de leer su libro, me sentí culpable por mi actitud hacia él. Había aprendido la lección con respecto a mi esposo, pero no pensé en aplicarla con mi hijo. Le escribí una carta pidiéndole perdón por la forma en que lo había tratado, tanto cuando era más joven, como en su situación actual. Me alegra decir que me perdonó y nuestra relación es mejor ahora que lo que ha sido en muchos años.

Otra madre escribió:

Un día, senté a mi hijo de siete años y le dije: «Lamento no haberte tratado como el hombre que eres. Siento mucho haberte tratado con un niñito pequeño, cuando ya no eres un niñito». Sus hombros se relajaron visiblemente y aceptó mi evaluación sobre cómo habían estado las cosas. Comencé a relacionarme con él de una forma que responde a su necesidad de ser honrado y respetado, y moderé bastante el aluvión de abrazos y besos. Él respondió volviéndose más confiado, en general, y comenzó a tratar a los demás con más respeto, en lugar de comportarse agresivamente hacia ellos.

¿Y qué del perdón de Dios?

¿Debe una madre pedirle perdón a Dios por la falta de respeto hacia su hijo? Después de todo, los muchachos cometen muchos más errores que las madres, ¿cierto? ¿Acaso el hijo no debería pedirle perdón a ella y a Dios?

Es cierto. Sin embargo, esto no se trata de comparar a la madre con el hijo, sino de hablar sobre la relación de la madre con Cristo, independientemente de su hijo. Si ella es consciente de que cruzó la línea con su hijo, entonces debe buscar también el perdón de Cristo. Ella puede calmar su corazón diciendo: «Señor, lo siento mucho. ¿Perdonarías mi actitud irrespetuosa hacia mi hijo?».

Como hemos aprendido a lo largo de este libro, la actitud irrespetuosa de una madre hacia su hijo es tan pecaminosa como la actitud carente de amor de un padre hacia su hija. Dios espera que seamos amorosos, pero también espera que nos honremos (Romanos 12.10; 1 Pedro 2.17). Las reacciones irrespetuosas y deshonrosas constituyen pecado.

Cómo apropiarse del perdón de Cristo

De acuerdo, aférrese a su corazón naufragante. Quiero hacerles una aclaración importante a todas las madres. La mayoría de las mujeres posee una característica muy femenina: el autodesprecio. Las madres se echan la culpa y pasan a la vergüenza personal justo después de fallar. Por ejemplo, si siente que nadie la está escuchando, tal vez explote. Asume una postura de ataque y acusa a todo el mundo por sus fracasos, y lo hace con gran indignación. Poco después, ella se calma y el arrepentimiento inunda su ser. Es posible que declare con melancolía: «Soy una madre horrible».

¿Qué hacen entonces algunas madres? Algunas suspenden la lectura de este libro. Algunas lo tiran al bote de basura. Otras lo ponen en un estante. Algunas eliminan de sus mentes la conversación-respeto. No soportan la autocrítica que esto trae. Le echan la culpa al libro y se alejan mentalmente del tema del respeto, preocupándose con otras cosas: se ofrecen como voluntarias, trabajan horas adicionales, salen de compras, cuidan a un familiar, regresan a la universidad, cantan en el coro, o lo que sea. Suprimen esta verdad sobre el respeto a sus hijos porque les crea demasiada ansiedad y autodesprecio.

Sin embargo, ese no es el camino a seguir. La forma de avanzar es apropiándose del perdón que Jesucristo ofrece, y permitiendo que la situación con su hijo profundice su confianza en la perspectiva y el amor de Cristo hacia ella.

Escuche esta historia sobre una madre que reconoció sus errores, pero que fue capaz de perdonarse a sí misma y transformar su relación con su hijo adolescente:

En el pasado, hacía que [mi hijo] se parara frente a frente a su hermana mayor hasta que cedía y pedía disculpas. Cuando finalmente ya no podía más, él comenzaba a llorar o se enfurecía. En la conferencia derramé muchas lágrimas al reconocer mis errores y las heridas que le había causado a mi hijo. Había existido un distanciamiento entre nosotros, especialmente según había ido creciendo (ahora tiene trece años). En cierto sentido, he estado en un Ciclo Alienante con él. Regresé a casa lista para redimir el tiempo preciado que todavía tengo con él, demostrarle respeto, y vivir la vida hombro a hombro junto a él. El día después de la conferencia, tuve que manejar tres horas y media para buscarlo en casa de su abuela. A principio de la conferencia, estaba muy emocionada y planificaba pasar *todo* el camino de vuelta a casa contándole todo lo que había aprendido y lo mucho que lamentaba haberlo deshonrado de tantas formas... Él se subió al auto y anunció que iba a dormir todo el viaje de regreso a casa [...] probablemente un intento de protegerse del torrente de palabras que usualmente recibe de mí. Así que le dije: «Me parece un plan excelente. Estoy segura que estás cansado». Y después me quedé callada. ¡Y vaya que fue *difícil*! Pero no fue un silencio malhumorado... como había hecho antes. Le estaba permitiendo SER. Él se recostó un rato y luego anunció que, después de todo, no

estaba tan cansado. Escuchamos la radio y simplemente seguimos nuestro viaje. ¡No le hice ni una sola pregunta en todo el camino! [...] Entonces, él apagó la radio y comenzó a contarme cosas que habían pasado
como dos años antes, ¡con detalles y todo! Seguimos así, encendiendo la
radio y simplemente manejando, y entonces él se acordaba de algo, apa-
gaba la radio y me contaba. Cuando entramos a casa, él estaba dando
brincos. Y yo también. ¡Realmente funciona! Unos días después, él
estaba en la cocina enseñándome sus músculos [...] algo que hace regularmente [...] y le dije lo maravilloso que era saber que él moriría por mí
y me protegería si alguien intentara hacerme daño. ¡Me miró con tal
orgullo y amor! [...] ¡Estaba absorbiendo el respeto! ¡Y yo estaba reci-
biendo amor de mi hijo! ¡GRACIAS!

El perdón de Dios es total

Una madre que necesita el perdón de Dios no es un ente insignificante.
Más bien, es una hija adoptiva de Dios que debe descubrir cuánto Cristo
quiere ayudarla, según ella responde a la luz que él le otorga. Ella debe
recibir esta revelación con humildad y marchar adelante con la confianza
de que Jesucristo la honrará. Piénselo de esta manera: ¿cómo espera esta
madre que su hijo reciba la luz que ella le ofrece para instruirlo, alentarlo
y ayudarlo, mientras que ella huye de la luz de Cristo en su propia vida?

Ella debe confiar en lo que escribió el apóstol Juan en 1 Juan 1.7: «si
andamos en luz, como él está en luz [...] la sangre de Jesucristo su Hijo nos
limpia de todo pecado». Y luego añadió en 1 Juan 1.9: «Si confesamos
nuestros pecados, él es fiel y justo para perdonar nuestros pecados, y lim-
piarnos de toda maldad».

Independientemente de sus errores pasados, al confesarlos a la luz,
Jesucristo es digno de confianza y bueno. Él eliminará cualquier error de
su récord. Desde el punto de vista judicial y eterno, es como si nunca
hubiera pecado ante los ojos de Dios. Hebreos 10.17 afirma: «Y nunca más
me acordaré de sus pecados y maldades» (NVI). Cuando le confiesa:
«Señor, he pecado otra vez contra ti», es como si él le contestara: «¿Otra
vez? No me acuerdo de la vez anterior».

No intento sugerir que Dios deja de ser omnisciente. Él siempre conocerá todo. Sin embargo, igual que la corte declara absuelto a alguien de todos sus cargos, así también lo hace Dios. En la corte nadie concluye que la memoria de las pasadas transgresiones ahora será removida del cerebro de todo el mundo. La gente recuerda. En cambio, lo que significa es que la corte no impondrá un castigo contra el criminal. Legalmente, no va a ser recordado, igual que una tía rica puede que no «recuerde» a su sobrina por medio de un documento escrito relacionado a una herencia.

Por supuesto, todavía están presentes las consecuencias terrenales. Piense en un ladrón de bancos que pierde una pierna durante una persecución en auto que resultó en un choque que mató a tres personas. Siempre sufrirá la pérdida de esa pierna y su remordimiento; pero, si el chofer del auto usado en la fuga asume toda la responsabilidad por el incidente, el ladrón no recibirá el castigo por asesinato. De una forma mayor, nuestro Juez celestial nos absuelve de todas las transgresiones en su registro. Sí, puede haber consecuencias terrenales, pero no existen las eternas. Aunque pueda parecer muy bueno para ser cierto, somos perdonados ahora y para siempre.

Acusaciones

Jesús no tiene la intención de avergonzarla. Por el contrario, el propósito de él es que usted comience otra vez. En Proverbios 24.16 leemos: «Los justos podrán tropezar siete veces, pero volverán a levantarse» (NTV). El Señor perdona y espera que usted se ponga en pie, con su cabeza en alto. Su problema no es la opinión que Jesús tiene de usted. Su problema es la opinión que usted tiene de sí misma y las mentiras del maligno. Usted debe reconocer que el acusador de nuestros hermanos es Satanás, no Jesús (Apocalipsis 12.10). Como hizo con Eva, Satanás susurra: «¿De veras Dios les dijo?» (Génesis 3.1 NTV). El apropiarse del perdón de Cristo por fe, mientras que trata de ignorar los sentimientos de autocondenación es un hueso difícil de roer. Pero con todo y eso, debe ser capaz de decir ante la acusación del diablo:

«Satanás, soy mucho peor que lo que podrías declarar, pero la sangre de Cristo me absolvió por toda la eternidad».

Aquí es donde muchos tropiezan. Se les hace difícil perdonarse a sí mismos por lo que han hecho. Por esta razón una madre tiene que disciplinarse mentalmente para enfocarse en lo que Cristo hizo por ella. Leemos en Colosenses 2.13–14: «Antes de recibir esa circuncisión, ustedes estaban muertos en sus pecados. Sin embargo, Dios nos dio vida en unión con Cristo, al perdonarnos todos los pecados y anular la deuda que teníamos pendiente por los requisitos de la ley. Él anuló esa deuda que nos era adversa, clavándola en la cruz» (NVI).

Esto no se trata de lo que hemos hecho nosotros, sino de lo que hizo Cristo. En 2 Corintios 5.21 leemos: «Al que no conoció pecado, por nosotros lo hizo pecado, para que nosotros fuésemos hechos justicia de Dios en él». En otras palabras, toda nuestra maldad a los ojos de Dios fue puesta en Jesús, y toda la bondad de Cristo fue puesta en nosotros a los ojos de Dios. Nos referimos a esto como la imputación de la justicia de Cristo a nosotros. Ante los ojos de Dios, debido al sufrimiento de Cristo por nuestros delitos, ya no podemos ser acusados ni condenados por nadie, incluyéndonos a nosotros mismos y al diablo. Romanos 8.1 afirma: «Ahora, pues, ninguna condenación hay para los que están en Cristo Jesús».

Me opongo firmemente a la persona que argumenta: «¡Ah, pero es que nunca podría perdonarme!». Si el Hijo de Dios propone perdonarle, ¿quién cree usted que es para no perdonarse a sí misma? El Señor la llama a apropiarse por fe —no por sentimientos—, del perdón que él le ha ofrecido. Él es Dios; y no es usted. Él dice que perdona todo pecado. ¿Quién es usted para cuestionarlo? ¿Hay en usted un elemento de orgullo carnal que se niega a aceptar el hecho de que es una pecadora que necesita perdón y que debe perdonarse a sí misma? ¿Realmente cree usted que es lo suficientemente buena y poderosa para pagar por sus propios pecados al rechazar el perdón de Cristo y así perdonarse a sí misma?

De nuevo, existen consecuencias naturales y lógicas en la tierra para nuestra mala conducta. Si le tira un plato a su hijo que le pega en la cabeza y le deja una cicatriz, la cicatriz *y* el angustioso recuerdo permanecen. Sin embargo, cuando comprendemos lo que Cristo hizo por nosotros en la cruz, nos damos cuenta que nuestro acto pecaminoso no será usado en contra nuestra en el juicio. Por esto hablamos tanto de gracia y misericordia. Gracia es recibir algo que no merecemos (la imputación de la justicia de Cristo). Misericordia es no recibir lo que sí merecemos (condenación por nuestra maldad).

Perdonar

¿Puede una madre resentir a su hijo por no estar a la altura de sus expectativas o los estándares de Dios? Muy pocas madres están llenas de veneno hacia sus muchachos, pero seamos honestos: a medida que el hijo crece, puede actuar inmoral o ilegalmente, y esto ofende profundamente a la madre. Un día ella detecta indignación interior y le cuesta trabajo perdonarlo. Quizás, por ejemplo...

No trabajó ni alcanzó metas como debió hacerlo. Él mintió y robó.
No proveyó ni protegió como debió hacerlo. Fue seriamente negligente con otra persona.
No fue fuerte, ni dirigió ni tomó decisiones como debió hacerlo. Se mezcló con el grupo equivocado y esto resultó en serios problemas.
No analizó, ni resolvió ni aconsejó como debió hacerlo. Se puso a él y a otros en serio riesgo.
No estableció amistades hombro a hombro como debió hacerlo. Se involucró en actividades ilegales con sus amigos.
Intentó entender y conocer lo que no debía sobre el sexo opuesto. Embarazó a una muchacha.

Suponga que una o varias de las situaciones anteriores ocurrieron con su hijo. ¿Se siente usted extremadamente enojada y ofendida? ¿Se siente molesta sobre esto día tras día? ¿Siente una animosidad hacia su hijo que controla su opinión sobre él?

Perdonar, olvidar y absolución

Usted debe perdonar a su hijo. Con esto me refiero a que necesita un espíritu perdonador. Desafortunadamente, muchas personas malinterpretan la expresión «espíritu perdonador». Piensan que significa absolver al muchacho por todas sus malas acciones y seguir adelante como si nada hubiera pasado; como si la madre sufriera de amnesia.

Muchos hemos escuchado el dicho: «Perdonar es olvidar». Esto entonces nos lleva a preguntarnos: «Si no hemos olvidado, ¿entonces no hemos perdonado?». Cualquiera que tenga medio cerebro no olvidará las transgresiones serias. Por esta razón, debemos aprender que alguien puede tener un espíritu perdonador y también recordar la transgresión. La Biblia no enseña que si usted perdona se olvidará de todo.

Más aún, alguien puede tener un espíritu perdonador y hacer que la otra persona responda por lo que hizo mal. El perdón no exige exoneración. Tomemos un ejemplo extremo. Una madre puede tener un espíritu perdonador hacia su hijo, quien robó todas sus prendas y las vendió para obtener dinero para su adicción a drogas. Su espíritu perdonador no le prohíbe que ella contacte a la policía para informarle sobre lo que hizo y que recaiga sobre su hijo todo el peso de la ley. (A propósito, ella recuerda la transgresión de él por el resto de su vida. Su perdón no supone olvido). El perdón tampoco implica necesariamente que retire los cargos. Ella puede tener un espíritu perdonador mientras lo visita en la prisión. Un espíritu perdonador no excluye la adopción de serias consecuencias cuando se viola la ley. No existe contradicción entre el espíritu perdonador de una madre y poner a su hijo bajo llave.

Ella puede decirle a su hijo:

«Te he perdonado totalmente, pero mi amor y mi respeto por la persona que creo que eres me llevó a hacer lo que claramente es mejor para ti. La mejor opción era permitir que sufrieras las consecuencias por tu transgresión y enviarte a un centro de rehabilitación. Te perdono, pero no te estoy "dando" licencia para que arruines al hombre honorable que veo en ti».

¿Y qué de la confianza?

¿Un espíritu perdonador significa que una madre debe confiar en su hijo? No. Esto es importante porque algunos muchachos intentan hacer sentir culpables a sus madres. «Si realmente me hubieras perdonado, confiarías en mí y no me seguirías preguntando qué me traigo entre manos». Intimidada, la madre guarda silencio y se vuelve dócil para probarle que lo ha perdonado y que confía en su hijo. Sin embargo, ella no tiene que probar nada. La madre no hizo nada malo. Su hijo es el único que actuó mal y necesita demostrar su valía. Si una madre interpreta un espíritu perdonador como confianza ciega y exigente, entonces ella se enojará, y se volverá argumentativa y desdeñosa después que él se aproveche de ella por enésima vez.

El camino más sabio es tener un espíritu perdonador, mientras se mantiene diligente haciendo lo que sea mejor para el muchacho. No asuma una postura de silencio y mansedumbre porque el muchacho le diga: «No confías en mí». Una madre puede responder:

«Confío en tu espíritu, pero no confío en tu carne. Yo no confío en mi propia carne. Ninguno de nosotros debe engañarse cuando estamos hablando de nuestras debilidades. Sin embargo, esto no se trata de mi confianza en ti; sino que tú me pruebes que mereces mi confianza, y eso viene de verificar lo que estás haciendo. Las personas dignas de confianza siempre pueden verificar lo que hacen».

Como solía defender el presidente Reagan: confía, pero verifica.

Lo que dice la Biblia sobre la amargura y el espíritu rencoroso

«Emerson, escucho muy bien lo que dice. Puedo poner los pies de mi hijo en el fuego y al mismo tiempo tener un espíritu perdonador. Sin embargo, honestamente, ya no quiero perdonar. Ya perdí la energía y el incentivo para dejar a un lado mi resentimiento».

Otra madre podría decir: «Probé esto del perdón y no me funcionó. Tengo que estar en un estado de coraje constante para mantenerme firme y fuerte». Ella concluye que la actitud amarga hacia su hijo garantiza que él no se olvide que la ofendió, la protege de que la vuelva a lastimar y le da el poder para motivar a su hijo a arrepentirse.

Permítame compartir dos incentivos fundamentales que revela la Palabra de Dios para dejar el rencor.

Primero, la Biblia dice en Hebreos 12.15: «Mirad bien, no sea que alguno deje de alcanzar la gracia de Dios; que brotando alguna raíz de amargura, os estorbe, y por ella muchos sean contaminados». Note que la amargura (un espíritu rencoroso) no elimina el problema sino que causa problemas. De hecho, una madre puede contaminarse con su propia amargura. Si alguna vez, en su ausencia, alguien entró a su casa, rebuscó sus cosas y le robó, usted sabe cómo se siente estar contaminado. De igual forma, la amargura entra en su alma y la contamina. Y también alcanza a sus amistades y familiares. Como dice el texto: «por ella muchos sean contaminados». Nada bueno resulta de un espíritu rencoroso.

Segundo, un resentimiento prolongado expone a la madre al ataque demoniaco y socava su estrecha relación con Cristo. En Efesios 4.26–27 leemos: «Si se enojan, no pequen. No dejen que el sol se ponga estando aún enojados, ni den cabida al diablo». Note que Satanás saca provecho de la ira prolongada. Pablo les presentó la misma idea a los corintios. Leemos en 2 Corintios 2.10–11: «Si ustedes perdonan a este hombre, yo también lo perdono. Cuando yo perdono lo que debe ser perdonado, lo hago con la autoridad de Cristo en beneficio de ustedes, para que Satanás no se aproveche de nosotros. Pues ya conocemos sus maquinaciones malignas» (NTV). Otra vez, un espíritu rencoroso le da a Satanás un acceso a nosotros que no tendría si hubiéramos soltado el resentimiento.

A fin de cuentas, antes de que el sol se ponga, esto no trata de su hijo. Se trata de usted dándole permiso al diablo para que tenga cabida en su corazón. Usted no puede convertirse en su posesión, pero el diablo sí puede oprimirla. Él intensificará su coraje, socavará sus relaciones y reputación, y provocará que no consiga recibir toda la gracia que Dios quiere impartir. Yo no me metería con un espíritu rencoroso.

Vea la buena voluntad de su hijo

Sintonícese con las buenas intenciones de su hijo. Es posible que sea irreflexivo, pero no tiene un espíritu ruin. Una madre escribió:

> ¿Recuerda cómo se sintió cuando lo dejaron plantado en una cita? Bueno, ¿cómo cree que se siente cuando su hijo de veintiséis años la deja plantada en una cita para almorzar, y para colmo, que la vea cuatro días más tarde y ni siquiera lo mencione? Aquí es cuando tengo que recordar el principio de la buena voluntad y realmente ejercer obediencia para ser clemente y perdonadora. Él, como un hombre en mi vida, no se levantó intencionalmente el miércoles y decidió que quería lastimarme e ignorar la promesa que le hizo a su querida mamá. Tengo que *decidir* no decir lo que está pasando por mi mente ni tramar un doloroso reproche en su próximo intento de invitarme a almorzar.

Su hijo no está tratando de ser poco cariñoso ni irrespetuoso. Confíe en su corazón. Vea su buena voluntad. Esto alivia el dolor y elimina la supuesta ofensa.

A fin de cuentas, esto no trata de su hijo

Para la madre que sigue a Cristo, Dios la llama a hacer lo que hace «como para el Señor». Jesús dijo que al hacer cosas por los más pequeños, las hemos hecho para él (Mateo 25.40). La buena noticia es que todo lo que una madre hace para Cristo, cuenta. Esto quiere decir ver a Jesús detrás de los hombros de su hijo.

Una madre nos escribió un correo electrónico:

> Sentí convicción en mi espíritu con su enseñanza de siempre mostrar respeto hacia mis cuatro hijos. He estado enfrentando unas luchas increíbles relacionadas con la obediencia de mi hijo de siete años. He sentido la carga de una aversión hacia él en medio de este Ciclo Alienante en el que estamos. No quiero ser parte de él, pero [estoy]

criando siete hijos, entre las edades de cuatro meses a trece años, con un esposo que viaja por su trabajo. Comienzo a perder mi propósito en servir al Señor. Su mensaje hoy fue muy liberador. Sé que él muestra la fealdad en mi corazón. Estaba en mi punto límite, agotada por mi incapacidad para romper este ciclo. Voy a mirar más allá de él y ver a Cristo. Voy a reflexionar en la Biblia para mostrar el amor de Jesús por él. Voy a dejar que Dios haga el trabajo de moldearlo.

En mi libro *Amor y respeto en la familia*, discuto lo que llamo el Ciclo Gratificante. Cuando una madre hace lo que hace «como para» Cristo, el Señor le dirá «bien hecho». Vemos en Efesios 5 y 6, donde se tratan asuntos del matrimonio, la crianza y sirvientes obligados a trabajar por contrato, que Pablo establece un principio universal: «Sirvan de buena gana, como quien sirve al Señor y no a los hombres, sabiendo que el Señor recompensará a cada uno por el bien que haya hecho, sea esclavo o sea libre» (Efesios 6.7–8 NVI).

Nada que usted haga por su hijo se desperdicia cuando lo hace como para el Señor Jesús mismo. De hecho, Dios tiene la intención de recompensarla por toda la eternidad. Cuando usted busca reverenciar a Cristo más allá de los hombros de su hijo, usted se dirigirá a él con dignidad y respeto. En realidad, el mostrar una actitud respetuosa hacia su hijo cuando lo esté animando o disciplinando, recibe un impulso cuando usted se imagina a Jesús, con los ojos de la fe, parado detrás de su muchacho.

Para concluir, por favor entienda que aunque usted no puede controlar los resultados finales en su hijo, sí puede controlar sus acciones y reacciones personales. Usted puede pedir perdón a su hijo y al Señor, y puede tener un espíritu perdonador. Haga lo que usted hace como para Cristo, más allá de los hombros de su hijo. Cuando hace estas cosas, usted toca el corazón del otro Hijo en su vida.

Apéndice A

Comienzo Rápido

Para quienes no tienen mucho tiempo

Más allá de «Te amo», diga: «Te respeto» (sin superficialidad ni manipulación)

Escuche a estas madres, que me contaron lo que les ocurrió cuando usaron la palabra *respeto*. Según lee estos testimonios, considere si puede hacer lo mismo esta semana. Esta es una recomendación para un Comienzo Rápido.

Una madre con hijos ya adultos nos contó:

Estaba conversando con mis hijos por teléfono, y decidí que experimentaría con esto del respeto. En lugar de terminar nuestra conversación con el acostumbrado «los amo», les dije: «Respeto (lo personalicé de acuerdo a sus situaciones)». Un hijo se quedó callado y luego me dijo: «Gracias, mamá». Y esto realmente me conmovió. El otro hijo, que suele ser más distante emocional y espiritualmente, también se quedó callado y luego me dijo: «Te amo», algo que rara vez dice y que tampoco responde a menudo cuando yo se lo digo. Para mí fue extraordinario. Estoy a la expectativa de nuevos frutos en muchas áreas y también espero con ansiedad el poder usar estas herramientas para traer sanidad, primero a mí misma y luego a otros. Dios bendiga su ministerio.

Después de usar la conversación-respeto con su hijo de edad universitaria, una madre nos comentó:

[Él] respondió con asombro: «¿Por qué me estás diciendo que me respetas?». Sin embargo, comenzó a actuar de manera distinta. Podía percibirlo en su voz y verlo en sus correos electrónicos; parecía más seguro en su masculinidad. Él ha sido formado socialmente con esto del «amor», pero fue como si lo hubieran liberado para acoger la necesidad de ser respetado. Su actitud defensiva, como un estudiante universitario independiente, cesó.

Una madre nos escribió vía correo electrónico:

¡Mi relación con mi hijo de veintidós años mejoró de la noche a la mañana! ¿Quién hubiera pensado que el silencio era tan valorado? Eso de sentarse lado a lado y los intercambios de palabras sencillos pueden marcar una gran diferencia. Ahora le digo lo mucho que lo valoro y se le llenan los ojos de lágrimas. Antes le decía que lo amaba y recibía un «lo sé, lo sé, yo también te amo». Aprender las palabras correctas para expresar mis sentimientos en una forma que pueda ser asimilada fue muy fácil. Estoy animando a todas las personas que conozco para que vean su serie de videos. ¡Gracias!

Una madre nos relató:

La mayor parte de mis estudios formales son en psicología, consejería y especialmente, consejería infantil [...] Iba a pensar un poco sobre este tópico (respeto) y ver si podía practicar un poco con mis hijos de dos y cuatro años antes de escribirle. No tengo hijas, así que no puedo comparar, pero debo compartir con usted lo que pasó anoche, antes que se me olvide. Antes de la hora de dormir siempre nos acurrucamos, cantamos, leemos y oramos. Siempre nos abrazamos y nos besamos, y *siempre* les digo a mis niños que los amo. Ellos siempre responden: «Te amamos también, mamá». Recuerde que tienen dos años y medio y cuatro años y medio, así que estos son momentos muy tiernos. Ellos son muy dulces. Con frecuencia ellos me dicen que me aman y también me lo repiten cuando yo se los digo primero (estoy segura que no siempre va a ser así).

Anoche mi esposo no estaba en casa, así que los llevé a la cama yo sola. Luego de nuestro tiempo juntos, antes de salir del cuarto, estaba muy cerca de mi hijo de cuatro años, y le dije: «Brendan, te respeto totalmente». Él se sonrió de oreja a oreja, y con algo de timidez me dijo: «Gracias». Por lo general, él es muy educado, así que no es que nunca haya escuchado un «gracias» de sus labios, pero en este contexto quedé muy impresionada. Pienso que estaba esperando una pregunta como: «¿Qué quieres decir?», o esperaba que simplemente me lo repitiera. Pero no lo hizo. Él simplemente lo apreció [...] Me propongo seguir diciéndoles a mis niños que los respeto, porque es cierto. Muchas gracias por su poderoso ministerio. Ya les he pasado mucha de esta información a mis hermanas (este asunto de no respetar a los hombres y de criticarlos es algo bastante arraigado en mi familia).

Una madre quería probar cómo sus hijos responderían al concepto del respeto. Me contó:

Aaron es todo un galán; algo así como un donjuán (aunque solo tiene cinco años y medio). No es inusual que me diga (o a cualquier otra mujer) que soy linda. A menudo le digo que lo amo y él responde con un «yo también te amo, mamá». Sin embargo, cuando le dije que él me caía muy bien, me dijo: «Mami, aun cuando no me dejas hacer las cosas que quiero hacer, yo te amo». Sentí que había recibido una respuesta más sincera porque él no me repitió como un loro lo que le había dicho. Realmente pienso que me estaba comunicando en su lenguaje de respeto, y él respondió en el mío (amor). Él nunca había iniciado diciendo «te amo», y el que lo dijera justo después de yo decirle que me caía bien me pareció muy significativo».

Otra madre dijo:

Decidí probar su prueba de respeto con mi hijo de quince años. El sábado en la noche le envié un mensaje de texto que decía: «Te respeto». Unos momentos después me contestó: «Gracias, mamá, ¿por qué?». Entonces le respondí con las razones. Él me contestó: «Totalmente al azar, pero gracias, mamá». Era el Día de San Valentín, y, cuando llegué a casa, le entregué una cajita de chocolates, y él me dijo: «Chévere, igual que tu mensaje de texto en el fin de semana». Mi hijo nunca quiere hablar conmigo (probablemente muy típico en la relació de un varón de quince años con su madre). Esto me maravilló y voy continuar mostrándole el respeto que él necesita. Gracias por su ministerio. Sin duda es un hermoso llamado.

Las madres conocen las actitudes y las respuestas típicas de sus hijos. Por esto, cuando se aplica el respeto, algunas pueden parecer muy sencillas para alguien que observa desde afuera. Sin embargo, las madres saben que no es usual. Por esto las escuchamos decir con frecuencia: «Para mí fue extraordinario [...] Nunca antes él había iniciado diciendo "te amo" [...] Realmente me impresionó muchísimo [...] Me dejó totalmente asombrada».

Escuchemos lo que dijo un padre que siguió mi instrucción acerca de la conversación-respeto en lo referente a la disciplina:

Me quedo sorprendido ante la respuesta de [mi hijo] cuando mi disciplina incluye palabras como: «Hijo, sé que eres un hombre de honor...». Mi hijo es más receptivo a entender mi disciplina cuando estoy sentado al lado de él en la cama —hombro a hombro— o cuando salimos a caminar, y los dos podemos mirar hacia al frente o hacia abajo.

En términos de las afirmaciones de hombre de honor, cuando mi hijo y mi hija pelean, ya no le pregunto: «¿Por qué le pegaste a tu hermana?». Ahora me siento en la cama, hombro a hombro y le digo: «Hijo, sé que eres un hombre de honor, así que no entiendo porqué le pegaste a tu hermana». Luego, le doy un minuto para que piense, antes de dejarle saber que su conducta es inaceptable y que quiero que aprenda de esta lección y que actúe honorablemente en el futuro.

Le cuento a todo el mundo sobre la postura de hombre de honor al disciplinar a los varones que usted nos enseñó, ¡y todos lo entienden! Puedo decirle de primera mano que esto ha cambiado la forma en que trato cualquier situación con mi hijo, y los resultados han sido extraordinarios, con mucha menos vergüenza involuntaria y un proceso de reconexión con la familia mucho más rápido, luego de sentarme solo con él y procesar el asunto.

Madres, escuchen a este padre y apliquen lo mismo. Simplemente funciona.

Bien, mamá, quiero que use las frases: «Te respeto» o «Te valoro» o «Estoy orgullosa de ti». Tal vez, cuando esté disciplinando: «Eres un hombre de honor, así que ayúdame a entender por qué hiciste XYZ».

A medida que va leyendo los capítulos de este libro, profundizo mucho más y la oriento sobre cómo comunicar respeto en seis áreas.

- «respeto tu deseo de trabajar y alcanzar metas».
- «respeto tu deseo de proveer, proteger y hasta morir».
- «respeto tu deseo de ser fuerte, dirigir y tomar decisiones».
- «respeto tu deseo de analizar, resolver y aconsejar».
- «respeto tu deseo de apoyar a tus amigos hombro a hombro».
- «respeto tu deseo de entender sexualmente y "conocer"».

Esto trata de cualidades de carácter relacionadas con estas seis áreas. «Respeto tu decisión de ser honesto [...] tu diligencia al hacer tus tareas [...] tu deseo de compartir tus juguetes con tu amigo [...] la manera que animas a tus compañeros de equipo [...] tu compromiso con diezmar al Señor [...] tu asistencia consistente al grupo de jóvenes». Siempre hay una cualidad de carácter que las madres pueden afirmar verbalmente, aun cuando haya otras áreas en las que el hijo presenta deficiencias.

La conversación-respeto no aplica a características físicas que nada tienen que ver con el carácter y los deseos del niño. «Respeto que luzcas tan guapo. Respeto tus ojos azules». Esto es comparable a que un esposo le dijera a su esposa: «Te amo por lucir tan bien para mí». Entonces,

¿dejará él de amarla si ella deja de lucir bien? ¿Dejará mamá de respetar al hijo si ya no luce guapo?

Algunas palabras de cautela si usa el Comienzo Rápido:

Uno: *Siempre diga la verdad.*

Uno: Siempre diga la verdad. No se invente nada sobre el respeto. Nunca mienta. Siempre encuentre algo sobre lo que pueda hablar sincera y respetuosamente. Piense antes de hablar porque su hijo detectara cualquier engaño. Las madres siempre están buscando ideas para que su hijo cambie para mejorar. Eso es bueno.

Como a las madres las motiva el amor, combinado con su preocupación y cansancio, tratan este asunto del respeto para ver si puede ayudar a que sus hijos mejoren. Por ejemplo, una madre hojea este libro en una librería, lo pone de vuelta en el estante y regresa a su casa para tratar esta técnica con su hijo. Ella lee esta «guía rápida» y lo entiende. Y en eso no hay nada malo.

Sin embargo, lo que he descubierto repetidamente es una mentalidad extraña. Ella va a casa para probar este asunto del «respeto» y ver si funciona. A manera de analogía, ella me recuerda a alguien con una ficha en mano, parada frente a una máquina expendedora. «Eh, la moneda respeto (decir "te respeto") está en mi bolsillo, y mi hijo está parado frente a mí como una máquina expendedora. Tal vez debo decirle: "Te respeto", a ver si él hace algo cariñoso. Quiero descubrir si esto es cierto. Quizás me sorprende con algo especial. Si no, pues me voy a preparar la cena».

Digo esto con ternura, basándome en lo que algunas madres me han dicho. Una madre puede ser ingenua por no decir imprudente; superficial por no decir manipuladora, y todo porque siente amor y desea amor, y otras estrategias no le han funcionado. Siempre y cuando su intención se base en el amor, se engaña pensando que sus métodos son aprobados.

Sin embargo, ella no está criando a un tonto. Su hijo puede detectar que él es un conejillo de indias. Si una madre actúa de esta forma es como si un padrastro le dijera hipócritamente a su hija adoptiva que la ama solo para que ella deje de llorar y él pueda ver el partido de fútbol. Todas las madres que conozco se quedan sin aire cuando un hombre actúa de esta manera engañosa. Sin embargo, en su caso, ella ni siquiera pestañea cuando actúa de una forma comparable, por dos razones: uno, ella cree que el padre es deshonesto; sin embargo, ella se interesa por su hijo. Dos, tales acciones lastiman a una hija; sin embargo, el hijo está ajeno a todo; es un blanco legítimo. No obstante, cuando de respeto se trata, los varones no son ignorantes ni confiados. Tal vez esto sea una teoría conmovedora o un asunto secundario para la madre, pero no es así para el hijo, quien discretamente le sigue la pista al respeto que es parte de la esencia de su ser. Las madres deben andar con cuidado aquí. Cuando dicen «te respeto» deben hacerlo con la mayor sinceridad y veracidad.

Dos: No abuse de la frase «te respeto».

Los hombres usan la palabra *respeto* menos de lo que las mujeres usan la palabra *amor*. Los hombres no van por ahí diciendo: «Te respeto», de la manera en que continuamente las mujeres dicen: «Te amo». Los hombres están más compartimentados; mientras que las mujeres son más expresivas y receptivas. Por lo tanto, no use demasiado la frase «Te respeto». En otras palabras, no le estoy pidiendo que sustituya todas las afirmaciones «Te amo» que usted hace todos los días por «Te respeto».

Si lo dice con demasiada frecuencia, el muchacho concluirá que su madre es insincera. Él detectará que usted está usando una técnica para obtener algo de él, en lugar de suplir una necesidad en él. Demasiado dulce enferma a cualquiera. Según vaya leyendo los capítulos, descubrirá cuándo y dónde usar la conversación-respeto. Le presento muchos ejemplos para niños más pequeños y muchachos mayores. Le aseguro que va a adquirir esta destreza. Y otra vez, relájese, pero vaya lento al principio. No lo diga demasiado.

He aquí una buena noticia sobre la conversación-respeto. Es posible que pase por alto el momento exacto para decirle que lo respeta porque estaba distraída o lo estaba amando. Sin embargo, si más tarde en el día, cuando repasa los eventos cotidianos se percata de una oportunidad perdida, aun así puede ir donde él y decirle: «Estaba pensando en nuestra conversación más temprano hoy, cuando me contaste que dijiste la verdad. Realmente te respeto por eso». Luego, salga de la habitación. No se quede cerca para hablar del asunto a menos que él quiera hablar de ello inmediatamente.

La conversación-respeto no depende tanto del tiempo, sino de los hechos. ¿En realidad él dijo o hizo algo que le permite a usted decir «Te respeto»? Si recuerda un evento que haya ocurrido dos semanas o dos meses antes, puede decirle a su hijo.

Si bien las expresiones de amor entre las mujeres proveen sentimientos de conexión inmediatos entre madre e hija; en términos generales, los varones procesan de forma distinta. Es la esencia del comentario lo que les toca, les energiza, les motiva y les influencia. No es tanto que las palabras de respeto causen una conexión con su madre, aunque sí hay una conexión posterior. Por eso no le ha fallado a su hijo cuando le expresa respeto catorce días después cuando de pronto recuerda algo. No se perdió un momento para conectarse con él pues no se trata solo de conexión entre ustedes dos.

En mi libro dirigido a matrimonios, *Amor y respeto*, el amor para una mujer resulta en cercanía, una actitud abierta, comprensión, conciliación, lealtad y estima. El respeto para un hombre resulta en una mayor motivación para trabajar y alcanzar metas, proveer y proteger, ser fuerte y dirigir, analizar y resolver, ser amigo y relacionarse honorablemente. En términos generales, el amor provoca que las mujeres se conecten; mientras que el respeto hace que los hombres actúen y sean más amorosos.

Permítame hacer un comentario sobre lo que llamo el Ciclo Energizante: el respeto de mamá motiva el amor de un hijo, y el amor de un hijo motiva el respeto de su madre. Una madre escribió:

> Mi esposo y yo hemos disfrutado la lectura de *Amor y respeto*. Somos misioneros en África occidental, y otro misionero nos prestó su libro. Queremos compartir con usted cómo sus ideas trabajaron con nuestro hijo de tres años y medio. Yo quería darle las gracias a mi hijo de una forma especial por la buena conducta que había durante la semana. Así que, me arrodillé delante de él y le dije: «Me siento muy orgullosa de ti por la manera en que has escuchado tan bien, recogido tu cuarto y me has ayudado». Estaba a punto de abrazarlo, cuando de pronto me dijo: «Te amo mucho, mamá» y me dio un beso. ¡Quedé sorprendida! ¡*Amor y respeto* también funciona con niños!

¡Ahí lo tiene! El respeto de la madre motiva el amor de un hijo. Muchas madres creen que su amor debería motivar el amor de su hijo, y lo hace. Pero ¡espere a ver cómo la conversación-respeto motiva su amor! Sí, debe creerlo por fe. Por el momento, solo confíe en mí. Esto funciona.

Tres: Los depósitos de amor y respeto pueden desaparecer por la seria falta de respeto.

Todo el mundo sabe que debemos comunicar la verdad respetuosamente. A lo que no le prestamos atención es a la forma de comunicar. Una madre, por ejemplo, puede estar correcta en lo que dice, pero equivocada al gritar a todo pulmón. Sus palabras de afirmación de ayer son robadas hoy por su tono y volumen, pues al hijo hoy le suenan irrespetuosas.

A los matrimonios, les enseñó a que se pregunten: «Lo que estoy a punto de decir, ¿suena respetuoso o irrespetuoso?». En la mayoría de los casos, podemos contestar si *queremos* contestar. Y por supuesto, cuando no podemos encontrar la respuesta, solo debemos preguntarle a la otra persona: «¿Sonó eso respetuoso o irrespetuoso?».

Primero, pregúntese luego de hablar: «¿Dije eso respetuosa o irrespetuosamente?».

Segundo, si no sabe, pregúntele a su hijo: «¿Te pareció que hablé de una manera que te sonó irrespetuosa?». Ninguna madre tiene la intención de hacer depósitos de respeto solo para después hacer retiros mayores debido a su falta de respeto. Estas dos preguntas le ayudan a evitar la bancarrota en la relación con su hijo.

Cuatro: Simplemente relájese.

Pídale a Dios que traiga cosas a su memoria y comience el maratón. Empiece trotando. Esto no es una carrera de velocidad de cien yardas. No puede hacer «esto del respeto» solo para salir del paso y así poder regresar al asunto de amar. Esto no es un ejercicio de hazlo una vez y listo. Esto es un compromiso de por vida de satisfacer la necesidad de respeto de su hijo. Como usted lo ama, satisfará su necesidad masculina de respeto, del mismo modo que un padre que respeta a su hija suplirá la necesidad de amor de ella... mes tras mes y año tras año. Amor y respeto de por vida.

Pregúntele a su hijo: «¿Quieres que te diga: "Te amo" o "Te respeto"»?

Otro ejercicio de Comienzo Rápido es divertirse descubriendo lo que su muchacho piensa. Una madre me contó:

> Tuve una conversación extraordinaria con mi hijo de once años aquella misma noche. Salimos a cenar y al cine (una oportunidad poco usual de salir sin su hermana y su padre). Le pregunté: ¿qué es más importante escuchar de papá y mamá, decirte que te amamos o que te respetamos/ valoramos/estamos orgullosos de ti? Él pensó por un momento y luego me indicó que definitivamente era más importante que lo valoráramos o estimáramos.
>
> Así fue como definió respeto. Me encantó su expresión de «estimarlo» (valorarlo como persona). Luego añadió que cuando era más pequeño (seis, siete u ocho) era más importante escuchar que lo amábamos y demostrarle más afecto externo. Ahora, que ya está por comenzar la escuela secundaria, es más importante que lo respetemos, confiemos en él y le demos más independencia. Él desaprueba enfáticamente a las madres que «critican por gusto» (muy parecido a las esposas «fastidiosas»).

Explíquele a su hijo, cuando le pregunte, que al seleccionar solo una opción usted no está diciendo que la otra sea menos importante. Déjele saber que esto es solo una prueba divertida y que usted solo tiene curiosidad sobre qué lo motiva más: «Te amo», o «te respeto».

Esto les permite a algunas madres ver de primera mano una dimensión en sus hijos que, hasta entonces y en todo sentido, había pasado inadvertida.

Permítame añadir que los niños más pequeños todavía no entienden un concepto abstracto —como el respeto— de forma independiente. Le pregunté a Jackson, mi nieto de cuatro años, si quería escucharme decir: «Te amo», o «te respeto». Él me contestó: «Te amo».

Entonces le pregunté: «¿Sabes lo que significa *respeto*?». Me dijo que no. Entonces le presenté una descripción gráfica: «Cuando te pones el disfraz de Supermán, y eres valiente y fuerte, ¿quieres que te diga: "Te amo por ser Supermán", o "te respeto por ser Supermán"?».

Inmediatamente y con mucha energía, me dijo: «respeto». Pasó de no saber a saber. Él lo «entiende» con una descripción gráfica concreta. Si los niños no entienden el concepto de respeto, por defecto escogerán *amor* pues sus madres siempre usan la palabra.

Al hacer la pregunta, algunas de ustedes se sorprenderán con la respuesta. Sin embargo, no actúe negativamente sorprendida. Él podría pensar que no se supone que se sienta así. Si él dice «respeto», pero usted transmite desaprobación virando sus ojos, se corre el riesgo de que él se encierre por temor. Ningún niño quiere la desaprobación de su madre. Eso se siente irrespetuoso.

En nuestras conferencias para matrimonios abordamos la necesidad de respeto del esposo y luego de esa sesión cientos de mujeres se vuelven a sus esposos y les preguntan: «¿Te sientes realmente así?». No pueden creer que lo que dije sobre sus esposos sea cierto, y quieren que ellos les digan: «No, esto no tiene que ver conmigo». En lugar de eso, él comenta dócilmente: «¿Qué crees que he estado tratando de decirte todos estos años?».

Muchas esposas me escriben en estado de shock: «No tenía la menor idea de que él se sentía así». Una madre puede hacer lo mismo con su tono y sus palabras cuando le pregunta a su hijo. «¿Quieres de mí amor o respeto? Seguramente no es respecto, ¿cierto?». Su pregunta no es pregunta, más bien es un reclamo. Digo esto con ternura, pero es posible que la madre no quiera arriesgarse a escuchar a su hijo contestar «respeto» porque en lo profundo de su corazón ella sabe cuánta falta de respeto ha exhibido.

Muchas mujeres me dicen que exhiben actitudes despreciativas en sus casas. Agotada, frustrada, herida y enojada, la madre puede desquitarse con el hijo que provoca el mayor estrés, y típicamente es un varón. Por consiguiente, esta información la amenaza y la hace sentir culpable. Ella encubre su miedo y vergüenza reclamándole al muchacho: «¿Qué? ¿Entonces quieres respeto? ¿Estás diciendo que soy irrespetuosa? ¿Cómo es posible que digas algo así?». Le calla la boca. Ella sabe que ha sido grosera y desdeñosa, pero lo racionaliza. Transforma una oportunidad especial para echar un vistazo al alma de su hijo en un momento en el que él bloquea su alma contra su descortesía y palabras denigrantes.

He aquí un incentivo para no reaccionar de esta manera. Mi esposa, Sarah, aborda este particular en nuestra conferencia. Ella pregunta: «¿Quiere que su nuera hable con falta de respeto habitual hacia su hijo?». Ninguna madre quiere esto. Por esta razón, toda madre debe modelar lo que posiblemente tenga que decirle a su nuera que haga.

Esta madre debe hablar de su credibilidad y reputación sobre cómo tratar a su hijo respetuosamente, aunque él no siempre merezca confrontaciones respetuosas. Es más fácil faltar el respeto cuando se está confrontando una conducta irrespetuosa. Ella debe ser capaz de explicar que la conversación-respeto no trata de que su hijo merezca respeto, sino sobre una mujer tratando de comunicar la verdad de una forma respetuosa.

Los discursos que muestran desprecio jamás crean sentimientos gratos de amor y afecto en el alma masculina. En el capítulo 2, «Entendamos cómo luce el respeto para los niños», defino respeto y cómo mostrar respeto cuando un niño no lo merece.

Un padre me escribió:

Tengo una observación adicional: tenemos dos hijos, uno de diez años y otro de doce. Después de escuchar los CD [Amor y Respeto], me he puesto a observar detenidamente cómo ellos interactúan con su mamá. He notado que ellos tienen sus propios Ciclos Alienantes en miniatura. Cuando ella les habla con lo que a mí me parece que es «ese tono» —la voz arrogante y que expresa desaprobación— veo cómo esto los aplasta, y pronto comienzan a exhibir una conducta poco amorosa e irrespetuosa, y viceversa. Pido en mi oración que mi esposa no solo gane de este estudio para el beneficio de nuestro matrimonio, sino que también beneficie su relación con nuestros dos hijos. Ahora les aconsejo a los muchachos que le demuestren diariamente amor a su madre, aun cuando ellos sientan que ha sido «muy criticona», como lo describe mi muchacho de doce años.

Algunas madres provocan el Ciclo Alienante: sin respeto el hijo reacciona sin amor, y sin amor (y respeto) la madre reacciona sin respeto. Por esto le pregunté a una madre: «¿Está reaccionando su hijo en maneras que usted siente que son poco amorosas, y luego usted reacciona de una forma irrespetuosa?».

Muchas madres se identifican con el Ciclo Alienante y quieren detenerlo. La falta de respeto provoca en la mayoría de los muchachos una reacción negativa y poco amorosa, especialmente según van creciendo. Una vez la madre decodifica esta dinámica, puede neutralizarla con el poder de la conversación-respeto.

Sin duda, esta información genera preguntas. Una madre preguntó:

> ¿Tiene alguna información sobre el Ciclo Alienante cuando se trata de la relación de una madre con su hijo adolescente? Sé que nuestros hijos son hombres «en proceso» y que necesitan respeto para desarrollarse; sin embargo, todavía necesitan corrección en muchas formas. ¿Tiene algunas sugerencias sobre cómo corregir a un hijo adolescente sin que el Ciclo comience a girar?

Sí. Incluyo esto en los capítulos de este libro. Por ejemplo, ayudo a que la madre entienda cómo disciplinar con la conversación-respeto de una forma que motive al hijo a ser más amoroso y respetuoso. También le enseño cómo confrontar, corregir e implementar consecuencias hacia un hijo desobediente sin usar la falta de respeto como el arma elegida.

Sarah estaba almorzando con una amiga. Mientras esperaban en la mesa, el gerente se acercó. Durante la conversación, Sarah le mencionó que yo estaba escribiendo un libro sobre madres e hijos, y la importancia de que las madres hablaran con respeto. Sorprendido, este hombre compartió con dolor: «Este es el problema que mi esposa tiene con nuestro hijo. Ella se muestra arrogante y usa un tono despectivo en el intento de que él obedezca. Ella le dice cosas que lo están matando emocionalmente. Y entonces, él reacciona, ¡y de qué manera!».

¡Exactamente! La falta de respeto provoca una reacción poco amorosa e irrespetuosa en el hijo. Si bien algunas veces la falta de respeto logra que él recoja el desorden que hizo el perro; a largo plazo, la falta de respeto alimenta el Ciclo Alienante. No reduce la locura.

De vuelta a la pregunta: «¿Quieres escuchar «te amo» o «te respeto?». ¿Y qué si un niño dice «amor»? Tenga en mente dos cosas. Primero, algunos niños dirán «amor» porque realmente quieren amor, y está bien. Es perfectamente aceptable que un niño se exprese así.

Philip, tiene nueve años, y le dice a su madre en respuesta a su pregunta sobre si quiere amor o respeto: «Definitivamente amor, sin duda alguna. No puedo vivir sin él. La palabra significa más para mí. Simplemente dime que me amas». Ella dice que a él «le gusta que le digan: "Te amo"». Y él también dice: «Y yo te amo *tanto y tanto*». En nuestro estudio, el diecisiete por ciento de los hombres expresó su preferencia por amor. No tengo ninguna intención de que un muchacho diga algo que no siente. Sin embargo, el estudio también revela que el ochenta y tres por ciento de los hombres gravita hacia la necesidad de sentirse respetado.

Con todo y eso, no me preocupa ese niño que exclama: «Definitivamente amor, sin duda alguna». Las madres amarán a ese niño naturalmente. Nadie pierde en esa situación. Mi preocupación es el niño que quiere sentir el respeto de su madre y es ignorado.

Cuando haga la pregunta, asegúrese que su hijo no dice «amor» simplemente porque teme que la puede lastimar si dice «respeto». Él sabe que a usted le encanta amar, y, si en cualquier momento usted hace la pregunta con la expectativa de que él responda «te amo», entonces él le dirá lo que usted quiere escuchar. Él no quiere que le falte el respeto por diferir de usted.

Esto es algo que tal vez quiera hacer para ganar más punto en su favor. Dígale a su hijo: «Quiero que te sientas en la libertad de decirme: "Mamá, sé que me amas, pero siento que me estás faltando el respeto". Quiero que me lo digas cada vez que te sientas así. Tal vez no cambie lo que estoy diciendo, pero voy a tratar de decirlo más respetuosamente, ¿listo?».

Una madre me dijo:

> Me aseguro que él sepa lo mucho que valoro y respeto sus sentimientos, así como el hecho de que esté dispuesto a expresar esos sentimientos. He descubierto que aunque solo tiene once años, aun así tengo que mostrarle respeto. Escojo cuidadosamente mis palabras. No quiero que sienta despreciado. Siempre estoy pendiente de que mis palabras

no lastimen su espíritu. Cuando me dirijo a mi hijo, me aseguro de que sepa cuán importante es el respeto cuando tiene que lidiar con otras personas.

Y si todavía quiere ganar aún más puntos, pregúntele a su hijo: «¿Qué te hace sentir respetado, honrado, apreciado, valorado o estimado?». A algunos muchachos nunca les han preguntado esto ni le han dado el permiso para discutir este deseo. Algunos sacarán pecho y les responderán a sus madres. La mayoría contestará: «No sé». Es difícil para muchos de ellos describir qué sienten sobre el respeto; mientras que una hija puede hablar largo y tendido cuando le preguntan: «¿Qué te hace sentir amada?».

Si su hijo no puede contestar, no asuma que este asunto es insignificante para él. No tener una respuesta a mano no quiere decir que el tema es trivial. Los varones son menos expresivos y receptivos. Concluir que él no desea respeto porque no habla con soltura sobre ello es como preguntarle a un adolescente sobre su interés en el sexo y ver como se mira los pies y no dice nada. ¿Quién concluiría: «Ah, me parece que mi hijo no piensa en sexo porque no me dijo nada cuando le pregunté»?

Esto no se trata de cesar la conversación-amor, sino de añadir la conversación-respeto. Los niños necesitan ambos, amor y respeto.

Una madre nos dijo por correo electrónico:

> Solo tengo varones, ¡tres de ellos (edades tres, cinco y siete años)! Por lo tanto, solo puedo hablar desde la perspectiva de los chicos. Ellos todavía son muy pequeños para realmente verbalizar qué prefieren, pero yo sé la respuesta [...] mi hijo mayor responde mejor con respeto, pero le gusta que le digamos que lo amamos. Sí puedo notar que cuando le digo que me siento orgullosa por su conducta o sus acciones, él se hincha de orgullo (de buena manera) y quiere conocer todas las razones por las que estoy orgullosa en la situación particular.

Ahí está: «Responde mejor con respeto, pero le gusta que le digamos que lo amamos». ¿Puede una madre mejorar esa combinación? Las dos caras de la moneda.

«¿Emerson, está seguro que mi amor no es suficiente?». Usted puede amarlo, pero no satisfacer su necesidad de respeto, De hecho, puede amar a su hijo y no sentirse orgulloso de él, y su hijo lo interpreta como falta de respeto por quien él es como persona. Algunas madres confiesan de buena gana: «Amo profundamente a mi hijo, pero no siempre me agrada ni lo respeto, aunque trato de no comunicarle esos sentimientos negativos. Sin duda alguna, me frustra y me enoja porque no me escucha ni me obedece».

Interesantemente, a medida que el niño crece, puede ver más de la actitud real de la madre que lo que ella misma ve. «Mi mamá me ama, pero no está orgullosa de mí». Esto explica una escena con un muchacho mayor cuando su madre le dice: «Pero yo te amo». Él reacciona furioso: «Sé que me amas. Me lo dices todo el tiempo». Desconcertada y herida, no entiende esto, hasta ahora. Él necesita sentir el respeto de ella.

Vuelva a escuchar a su hijo por primera vez

Debido al oído selectivo, le invito a que vuelva a escuchar a su hijo por primera vez. Este es otro paso inmediato que usted puede dar.

Con algunos muchachos, usted les oirá usar la conversación-respeto como si fuera la primera vez. Se dará cuenta que nunca le prestó atención a esto porque no era relevante para usted. Una madre se expresa con la conversación-amor y escucha conversación-amor. Usted no se comunica con la conversación-respeto, ni tampoco la escucha.

Recibí un correo electrónico de una madre que escuchó mi presentación sobre la necesidad de respeto de un niño:

Sé que usted está trabajando en su libro sobre los varones y el respeto. Estaba sentada al lado de mi hijo, mientras jugaba un videojuego que se llama *Fate*. De pronto, él me dijo: «¡Mamá, ahora sí me respetan!». En el juego, hay un nivel de puntuación respeto, que va aumentando según avanzas en tu juego. Mi hijo alcanzó el nivel de [...] «renombre».

Gracias a lo que le había enseñado, ella escuchó con oídos frescos y miró con nuevos ojos. De pronto se encendió un bombillo. Antes de esto, sus comentarios le habrían pasado de lado como un barco en la oscuridad de la noche. Completamente ajena. Sin embargo, esta vez lo que le escuchó decir le permitió echar un vistazo a su alma masculina, y esta perspectiva la emocionó. De pronto se dio cuenta que estaba frente a algo realmente revolucionario.

¿Qué tal si una madre replica: «Ese juego no prueba nada, excepto una fantasía absurda que hay en la cabeza de ese muchacho»? Su contestación se compara a un padre diciendo que la casa de muñecas de su hija no es nada sino una fantasía absurda en la cabeza de esa niña. No, estas son las burbujas tempranas... evidencia de un manantial subterráneo, que pronto desembocará en un arroyo y luego en un río. El niño se está convirtiendo en hombre, igual que la niña se está convirtiendo en mujer.

Exhorto a las madres a escuchar atentamente. Su hijo habla a través de un megáfono azul y usted debe ponerse los audífonos azules, pues los audífonos rosas que usted usa operan en una frecuencia distinta.

¿Cómo es posible que una madre no escuche lo que su hijo está diciendo sobre el respeto? En sicología esto se llama «exposición selectiva». Ella tiende a oír lo que ella escucha. Ella no ve lo que no busca. La mayoría de las madres quiere que sus hijos sean más afectuosos. Ella le pide constantemente que sea más sensible, que diga «lo siento», que mire a los ojos a la otra persona, qué pregunte cómo se siente y que sea agradable. La lista de actitudes y acciones afectuosas que ella espera se sigue alargando. Ella filtra casi todo a través de la rejilla-amor y presta atención selectiva a la conversación-amor.

Además, ella ama a su muchacho y le sirve todos los días, y ella anhela que él responda a esto y sea agradecido. Ella busca con intensidad si él valora o no todo lo que ella hace por él, pues un buen hijo aprecia a su madre. Como el amor domina su pensamiento, ella no busca los detalles de respeto.

Exposición selectiva quiere decir que una madre se puede poner anteojeras, y esto previene que vea otra cosa que no sea amor. Un caballo con anteojeras solo ve hacia delante. No puede ver todo el mundo que lo rodea. Las anteojeras son buenas para prevenir que el caballo se asuste. Sin embargo, las anteojeras en una madre previenen que ella vea la necesidad de respeto del hijo. Y esto no es bueno.

Una madre me contó:

[Tengo] un hijo de nueve años. Recibí la tarjeta más linda del Día de las madres esta semana, y le sorprendería lo que dice la primera línea: «Te aprecio porque eres respetuosa». El resto de la tarjeta hablaba sobre estar agradecido porque lavo su ropa y porque soy buena con las matemáticas, pero el comentario sobre el respeto estaba primero.

Este niño le reveló algo sobre él a su madre. Esta madre me escribió para decirme que por poco no lo ve porque no estaba entonado para escuchar eso. Sin embargo, cuando prestó atención, la tarjeta estalló con un significado para ella que de otra manera hubiera ignorado.

Una pregunta para usted: si su hijo la elogiara por ser respetuosa, ¿cuál habría sido su pensamiento antes de aprender sobre el respeto? ¿Qué pensaría ahora?

Decida en seguida contra el Abandono Rápido

No me tengo que esforzar mucho para hacer que las madres se sientan culpables.

Su sensibilidad y amor son tan intensos que la más mínima señal de que no han entablado una conversación-respeto (o, peor aún, que han faltado el respeto) las silencia con vergüenza y culpa.

Por ejemplo, mire lo culpable que puedo hacerla sentir. Usted me dice: «Doctor E., ¿acaso puedo simplemente decirle a mi hijo que no tenía la intención cuando hablé irrespetuosamente?». Le contesto: «Este es el mismo comentario que hace una esposa sobre su esposo justo después de ella faltarle el respeto. Ella me dirá: "Mi esposo debería saber que esa no fue mi intención"».

Listo, aquí es donde la remacho. «Estoy de acuerdo en que no tuvo la intención con su hijo. Sin embargo, la canción infantil que dice: "Los palos y las piedras pueden romperme los huesos, pero las palabras nunca podrán hacerme daño" es una mentira. A manera de analogía, ¿sabe usted que en la ley hay una categoría llamada "homicidio involuntario"? Por ejemplo, un conductor golpea involuntariamente a un transeúnte que aparece de pronto en el camino, y ella le pasa por encima y lo mata. Ella no tuvo ninguna intención maliciosa, así que la corte es misericordiosa y no le impone ninguna multa ni la envía a prisión. Sin embargo, aun así ella mató al hombre. Aunque la analogía es drástica, muchas madres no tienen intención maliciosa cuando son irrespetuosas. Sin embargo, de todas maneras, hay unas pocas de ellas que están matando emocionalmente a sus hijos».

¿Se siente ya como una madre abominable; como una mujer asesinando hombres? Algunas madres se recluyen inmediatamente en esa prisión para madres. Se han destacado en tantas otras áreas, pero han fallado en esta. El fracaso avasalla los otros éxitos que ha alcanzado.

Debido a la sensibilidad de las madres, la culpa la agobia debido a su profunda preocupación por ser una madre buena y amorosa. Sin embargo, esto es lo que encuentro curioso: de pronto, ella sale pitando por la puerta para abandonar este «cuarto de respeto», porque unas pocas de ellas son de la idea de que «ojos que no ven, corazón que no siente». Es aquí donde muchas madres se dan por vencidas. En lugar de pararse en la línea de arranque para comenzar este emocionante maratón, abandonan la carrera. Deciden en contra de un «comienzo rápido». Deciden a favor de un «abandono rápido».

Se salen de la pista y no regresan nunca más. Para aliviar su culpa, se protegen de lo que perciben como mi dedo acusador. Me imaginan apuntándoles el dedo y gritando: «¡Qué vergüenza!». Interpretan las buenas noticias para sus hijos como malas noticias para ellas.

Pero escúcheme bien: *usted no es una mala madre que ha matado el espíritu de su hijo.* Le presenté la ilustración del homicidio involuntario como una simple metáfora para señalar que podemos tener buena voluntad, sin mala intención, y aun así podemos lastimar a nuestros muchachos. Sin embargo, usted no ha matado a su hijo. Por lo tanto, respire hondo.

Lo cierto es que su hijo conoce su corazón amoroso; y descubrirá lo rápido que los hombres olvidan, dejan las cosas atrás y siguen adelante.

En el capítulo doce hablé de la importancia de pedir perdón por la falta de respeto del pasado.

Sin embargo, ahora quiero que vea lo rápido que la conversación-respeto sana el dolor que siente su hijo. Piense en su respuesta a su esposo después de haberlo lastimado. ¿Qué tan rápido su espíritu se ablanda y se acerca a él para conectarse cuando él le dice con humildad: «Realmente lamento mucho mi reacción tan poco cariñosa. ¿Me perdonas? Estuvo mal de mi parte»?

Todas las esposas que conozca casi se derriten. La conversación-amor sana al herido. El lenguaje de la conversación-respeto que enseñó en este libro tocará el corazón de su hijo de igual manera. La conversación-respeto consiste solo de unas pocas palabras de vocabulario, así que no espere un curso de lenguaje de un año de duración.

No obstante, no se dé por vencida conmigo. Darse por vencida es fácil porque no hay nadie allá afuera que le esté diciendo lo mismo que yo. Usted puede pararse al lado del altavoz que critica este mensaje diciendo: «Ame a su hijo diciéndole que debe ser más amoroso [...] más amoroso [...] más amoroso [...] ¡como usted!». Los decibeles resuenan tan alto, que ahogan mi susurro a unos veinticinco metros de distancia: «Permítame hablarle de la conversación-respeto».

Ya usted no me escucha, y entonces usted se dirige a su mejor amiga y le dice: «Acabo de escuchar a este tipo diciendo que mi hijo necesita respeto». Ella dice bruscamente: «¿Qué? ¿Respetar a tu hijo? Él debe respetarte a ti. Eso es ridículo. Tu hijo debe respetar tu amor y ser más afectuoso, y mi hijo también tiene que aprender lo mismo. Esto no se trata de lo que tenemos que hacer como madres; esto es un asunto de lo que nuestros hijos tienen que hacer. Sube el volumen del altavoz. Nuestros hijos tienen que escuchar que tienen que ser más afectuosos».

Añadido a esto, algunas madres se dicen a sí mismas: *con lo que tengo ya me siento bastante mal conmigo misma. No quiero sentirme peor. No puedo lidiar con una cosa más en este momento. No tengo la energía para ocuparme de este asunto del respeto.* Una madre como esta deja a un lado todo el tema para mantener su equilibrio interior, para sentirse bien consigo misma, de la mejor manera posible.

En una semana o dos, si nadie se lo recuerda, sacará de su mente la lengua materna de su hijo. Practica el Abandono Rápido. Concentra otra vez su atención en la conversación-amor, siempre. La conversación-amor es su lengua materna, a la que va por defecto. Por esto recomiendo los «21 días de inspiración con Emerson mientras aplica el mensaje del respeto»

(Apéndice E). La invito a emprender esta honorable jornada; a mantener la conversación-respeto en primera fila en su mente y no abandonarla debido a unas escenas agobiantes de falta de respeto. Permítame inspirarla con un recordatorio durante veintiún días.

«Pero, Emerson, he sido realmente grosera; no, más allá que grosera. Sin duda le he fallado a mi hijo y lo he arruinado de por vida. No viajo en una escoba, ¡pero de verdad lo he embrujado!». Usted no ha fracasado ni lo ha arruinado. Nunca es demasiado tarde, aunque su hijo tenga setenta y cinco años, y usted tenga noventa y cinco.

¿Cree que una hija de setenta y cinco años perdonaría a su padre de noventa y cinco si él le dice: «Te he fallado. No te amé como debía. Te lastimé profundamente, y solo me resta esperar que me perdones. ¿Me perdonas? Yo he sido el tonto que fallé en amarte. Eres un regalo preciado que Dios me hizo. Oh, cuánto lamento el dolor que te he causado. Le he pedido a Dios que me perdone. Solo espero que en tu corazón haya perdón para mí».

Si este hombre es sincero, las hijas que he conocido descubren que en su alma ocurre un cambio transformador. Por lo tanto, una madre también puede recuperarse con su hijo; nunca es demasiado tarde y este libro le guiará durante esta recuperación. Sin embargo, usted debe decidir salir de la oscuridad a la luz. No puede huir de este Comienzo Rápido. Debe llevar a cabo las recomendaciones del Comienzo Rápido, y luego seguir leyendo el libro para descubrir el camino a seguir. También puede suscribirse para recibir mis correos electrónicos para veintiún días de inspiración (ver Apéndice E). ¡Es un día nuevo y resplandeciente! ¡El cielo canta!

Ahora, pídale a Dios que la ayude a discernir y aplicar

Me parece que, para algunas de ustedes, el escuchar este mensaje sobre respeto es tanto una respuesta a una oración, como un llamado a orar.

Junto con usted, creo que Dios está muy interesado en su influencia de madre sobre su hijo, y que siempre escucha las oraciones de usted en su favor. También creo que el Señor tiene la intención de revelarle una nueva verdad sobre el respeto hacia su hijo. ¿Podría invitarla a seguir orando, pero también a orar pidiendo nuevas maneras de mostrar respeto a su hijo?

El apóstol Santiago nos dice que no tenemos porque no pedimos (Santiago 4.2). ¡Entonces pidamos!

Una madre escribió:

No podía dormir esta mañana. Estaba orando y pidiéndole a Dios que me mostrara lo que debo hacer. Sé que la situación en casa no es lo que podría ser. Comparto algunos de los mismos testimonios de las madres en sus libros sobre el asunto de respetar a los hijos. Anoche estaba reflexionando específicamente en la conducta de un hijo. Creo que Dios me llevó a leer sus palabras en el tiempo perfecto de él. Voy a separar tiempo a solas con el Señor. Creo que Dios ha respondido a mis peticiones de ayuda en esta situación tan emocional para mí.

Otra madre escribió:

[En el 2009] terminé el seminario Amor y Respeto. Asistí con la intención de mejorar mi matrimonio; sin embargo, mientras escuchaba, seguía reflexionando en el deterioro de lo que había sido una relación muy cercana con mi hijo de dieciocho años. Antes de la serie, simplemente no podía determinar qué estaba provocando el distanciamiento entre nosotros. Era el respeto. Mi hijo necesitaba respeto desesperadamente y yo no sabía cómo mostrárselo. Sabía cómo demostrar amor, pero no respeto; especialmente cuando mi hijo presentaba las conductas típicas de los muchachos de dieciocho años; como por ejemplo, descuidar las tareas en la casa. ¿Cómo puedo corregir la mala conducta y aun así mostrar respeto?

Regresé a casa y le pedía al Señor que me mostrara cómo hacerlo, ¡y él lo hizo! En lugar de quejarme constantemente por lo que mi hijo hacía mal, comencé a usar un tono gentil para decirle cómo me hacía sentir el que no cumpliera con las tareas de la casa; le expliqué que sentía como si no le interesaran mis sentimientos o necesidades.

Al expresar su lado de la ecuación, ella le dejó saber a su hijo que sus palabras no habían sido expresadas con el propósito de faltarle el respeto, sino para mostrarle el poder y la influencia que él tenía en la relación de ellos. Ella le transmitió que necesitaba su fuerza y su ayuda. Y él asumió su responsabilidad.

Ella nos comentó: «Nuestra relación dio un giro drástico, ¡y en cuestión de unos tres meses ya estábamos más cerca que nunca antes!».

Una madre compartió conmigo: «Comienzo el día pidiéndole a Dios que abra mis ojos a las maneras en las que él puede mostrar respeto a través de mí; luego soy proactiva, y los episodios reactivos parecen reducirse [...] Tengo ocho hijos, entre las edades de once a veintiocho años».

¿Puede invitarla a elevar esta oración en este momento?

Señor, sabes lo cómoda que me siento expresándole mi amor a mi hijo. Así y para esto me creaste: un ser que ama. Sin embargo, también sabes lo extraño que me suena todo esto de la conversación-respeto. No obstante, mientras escucho con más detenimiento, oigo que hay verdad en ello. Aunque no entiendo todo lo que estoy aprendiendo, puedo ver que mi hijo necesita respeto. Realmente hay un hombre en mi niño. El honor y el respeto lo energizan y lo motivan. Aunque me gustaría que siguiera siendo mi preciado y dulce bebé, tú lo has diseñado como un varón que necesita respeto. Y aunque esto es difícil para mí, él no puede seguir siendo el bebé de mamá para siempre.

En Génesis, tú revelaste que un hijo debe dejar a su padre y a su madre, y unirse a su esposa. Ningún hijo debe permanecer unido a su madre. Él debe avanzar hacia la independencia, y ahora siento que mi respeto, no solo mi amor, contribuye significativamente a su desarrollo saludable y a ese despegue. Acepto esto; no, recibo esto como tu plan. Y aunque espero nunca degradar o ignorar esta verdad, ayúdame en una cultura y época en la que tantos se oponen a respetar al hombre y algunos promueven el menosprecio. Permite que no sea objeto de su influencia. Más bien, sé tú mi influencia.

Enséñame cómo luce el respeto para el niño que me has dado. Necesito que me ayudes a hacer lo que es mejor para mi hijo. Me presento ante ti pidiéndote que me guíes para poder satisfacer la necesidad de respeto de mi hijo. Mientras leo este libro, dirígeme a los ejemplos que se ajustan a mi hijo. Tanto él como yo necesitamos ánimo en esto. Y perdóname por las ocasiones en las que he faltado el respeto. Lo lamento mucho. Sin embargo, aún más importante, concédeme el poder para cambiar, para que así no tenga que seguir pidiéndote perdón, aunque sé que tú siempre perdonas y por eso te doy las gracias. Lo principal, ya para terminar esta oración, más allá de respetar y honrar a mi hijo, permite que reverencie y honre a tu Hijo. En su nombre pido estas cosas, amén.

Durante los primeros veintiún días después de leer este libro, usted puede recibir de mi parte correos electrónicos inspiradores. (Descubra cómo inscribirse en el Apéndice E). Aunque llegarán días difíciles, y las dudas y el desánimo nos controlarán más de lo que deseamos, aun así Dios nos llama a recurrir a él, tal como Jesús se acercó a su Padre. Dios nos llama a encomendarnos a nosotros mismos y a nuestros hijos en sus manos. Si bien es cierto que una madre no puede controlar los resultados finales en su hijo, ella sí puede pedirle a Dios que la ayude a controlar sus acciones y reacciones ante su hijo. Le puede pedir a Dios que le presente oportunidades para actuar respetuosamente en maneras que toquen el corazón de su hijo. Puede pedirle a Dios que la ayude a detener sus reacciones irrespetuosas cuando tal conducta desvaloriza y derrota a su hijo. Aunque es posible que un hijo no aprecie la conducta respetuosa de su madre como debería en esta edad y etapa, sí hay un Hijo que lo hace: el Hijo de Dios. Nada que una madre haga en confianza y obediencia hacia Jesús se desperdicia. Todo cuenta. Todo es importante para él.

Apéndice B

LISTA DE COTEJO

Aplique D[e].C.I.D.A.S. a los seis deseos de su hijo

Algo que me encanta de las madres es que están hambrientas de ejemplos. Sin embargo, ¿será posible presentar tantos ejemplos que una madre pueda sentirse abrumada? Sí es posible. Por lo tanto, permítame adelantarle algo, le proveo dos guías: D[e].C.I.D.A.S. y los seis deseos. Ambas sirven como listas de cotejo. D[e].C.I.D.A.S. es el lado materno en la ecuación: la parte que Dios le llama a hacer como madre. Los seis deseos son el lado del hijo en la ecuación: los deseos que Dios puso en su hijo.

¿Ha observado alguna vez a un piloto cuando se sienta en la cabina del avión? Él revisa rápidamente su lista de cotejo para asegurarse que ha cubierto lo esencial antes de rodar hasta la pista de despegue. D[e].C.I.D.A.S. y los seis deseos le permiten pasar revista de usted y de su hijo... rápidamente.

¿Cómo interactúan D[e].C.I.D.A.S. y los seis deseos? D[e].C.I.D.A.S. es el llamado de Dios a las madres que la capacitan para aplicar la conversación-respeto. Los seis deseos es el diseño divino de los varones y los anhelos que él ha puesto en el ADN de los muchachos. Permítame hacerle algunos comentarios breves que explican los seis deseos y cómo usar la conversación-respeto. Mire esto como un aperitivo.

Según revisa rápidamente estos conceptos, deberían hacerle pensar en oportunidades para usar la conversación-respeto con su hijo mientras sigue amándolo. Mi deseo es que usted se familiarice lo suficiente con las ideas básicas detrás de D[e].C.I.D.A.S. y los seis deseos para que cuando enfrenta alguna situación con su hijo, usted pueda pensar rápidamente cómo aplicar *Dar, Comprender, Instruir, Disciplinar, Animar y Suplicar en oración* a la Conquista, Jerarquía, Autoridad, Perspectiva, Relación o Sexualidad de su hijo. Por favor, no se sienta intimidada. Si no puede pensar en nada, no se preocupe. Sin embargo, creo que se sorprenderá. De pronto se encontrará diciendo, por ejemplo: «Oh, esta es un área en la que necesito Comprender (C) su necesidad de respeto relacionada a la Perspectiva que nos acaba de presentar a su hermana y a mí sobre el porqué una abeja no picará a menos que se sienta amenazada. Puedo decirle: "Johnny, respeto tu perspectiva sobre las abejas. Gracias por compartirla"». Bastante sencillo. O también: «Necesito Animarlo (A) con mi respeto en términos de la Conquista que está persiguiendo en la escuela graduada para encontrar trabajo en Alaska para estudiar los oleoductos. Puedo decirle: "Josh, respeto esta búsqueda y tu pasión. Muy pocos jóvenes tienen este tipo de visión"».

Existen tantos muchachos como maneras para usar la conversación-respeto, y estas dos guías abren docenas de puertas. Cada una sirve como una llave al corazón de su hijo. Estas dos listas de cotejo proveen suficiente información para que usted pueda aplicar la conversación-respeto al alma de su hijo. Recuerde: él merece su esfuerzo.

No permita que esta información le abrume más de lo que se sentiría cuando mira un libro con treinta y seis recetas, y siente que se ahoga en tanta información. De la misma forma que un libro de recetas es un recurso delicioso para preparar una cena suculenta cualquier día de la semana, mire esta información como una forma de prepararse para alimentar hoy a su hijo con un comentario nutritivo y, de aquí a dos días, con otro de esos comentarios. Deléitese con estos bocaditos. En los momentos más difíciles con su hijo, vea la conversación-respeto como una cucharada de azúcar que ayuda a que la medicina pase mejor.

Permítame mostrarle cómo D[e].C.I.D.A.S. aplica a los seis deseos. Disfrute estas tres docenas de bocados. Cuando alguna de estas áreas toque alguna fibra sensible, entonces vaya al capítulo donde trato ese aspecto. ¡Presto!

DAR: Para mostrarle mi respeto, ¿necesita mi hijo que le dé (**D**) recursos relacionados con sus seis deseos?

- Mi Dar relacionado con su Conquista: ¿puedo darle algo para ayudarlo a trabajar y alcanzar metas?
- Mi Dar relacionado con su Jerarquía: ¿puedo darle algo para ayudarlo a proveer y proteger?
- Mi Dar relacionado con su Autoridad: ¿puedo darle algo que lo ayudaría a ser fuerte, dirigir y tomar decisiones?
- Mi Dar relacionado con su Perspectiva: ¿puedo darle algo para ayudarlo a analizar, resolver y aconsejar?
- Mi Dar relacionado con su Relación: ¿puedo darle algo para ayudarlo a desarrollar amistades hombro a hombro?
- Mi Dar relacionado con su Sexualidad: ¿puedo darle algo para ayudarlo a conocer y relacionarse con el sexo opuesto?

COMPRENDER: Para mostrarle mi respeto, ¿necesita mi hijo que Comprenda (**C**) su irritación y coraje relacionado con sus seis deseos?

- Mi Comprender relacionado con su Conquista: ¿comprendo su lucha con respecto a trabajar o alcanzar metas?
- Mi Comprender relacionado con su Jerarquía: ¿comprendo su lucha con respecto a proveer o proteger?
- Mi Comprender relacionado con su Autoridad: ¿comprendo su lucha con respecto a ser fuerte, dirigir y tomar decisiones?
- Mi Comprender relacionado con su Perspectiva: ¿comprendo su lucha con respecto a analizar, resolver o aconsejar?
- Mi Comprender relacionado con su Relación: ¿comprendo su lucha con respecto a desarrollar amistades hombro a hombro?

- Mi Comprender relacionado con su Sexualidad: ¿comprendo su lucha con respecto a conocer y relacionarse con el sexo opuesto?

INSTRUIR: Para mostrarle mi respeto, ¿necesita mi hijo que lo Instruya (I) relacionado con sus seis deseos?

- Mi Instruir relacionado con su Conquista: ¿puedo instruirlo en cómo trabajar y alcanzar metas?
- Mi Instruir relacionado con su Jerarquía: ¿puedo instruirlo en cómo proteger y proveer?
- Mi Instruir relacionado con su Autoridad: ¿puedo instruirlo en cómo ser fuerte, dirigir y tomar buenas decisiones?
- Mi Instruir relacionado con su Perspectiva: ¿puedo instruirlo en cómo analizar, resolver y aconsejar?
- Mi Instruir relacionado con su Relación: ¿puedo instruirlo en cómo aprender a desarrollar amistades hombro a hombro?
- Mi Instruir relacionado con su Sexualidad: ¿puedo instruirlo en cómo conocer y relacionarse con el sexo opuesto?

DISCIPLINAR: Para mostrarle mi respeto, ¿necesita mi hijo que lo Discipline (D) ya que no es tan disciplinado como debería ser con respecto a sus seis deseos?

- Mi Disciplinar relacionado con su Conquista: ¿debo disciplinarlo cuando está demasiado inactivo o vago?
- Mi Disciplinar relacionado con su Jerarquía: ¿debo disciplinarlo cuando se comporte demasiado indiferente o temeroso?
- Mi Disciplinar relacionado con su Autoridad: ¿debo disciplinarlo cuando es muy indisciplinado o muy mandón?
- Mi Disciplinar relacionado con su Perspectiva: ¿debo disciplinarlo cuando no está receptivo a recibir instrucción o se comporta de una manera imprudente?
- Mi Disciplinar relacionado con su Relación: ¿debo disciplinarlo cuando es muy poco amistoso o se aísla demasiado?

- Mi Disciplinar relacionado con su Sexualidad: ¿debo disciplinarlo cuando conoce demasiado o se relaciona de una manera poco saludable con el sexo opuesto?

ANIMAR: Para mostrarle mi respeto, ¿necesita mi hijo que lo Anime (**A**) relacionado con sus seis deseos?

- Mi Animar relacionado con su Conquista: ¿puedo animarlo a seguir trabajando y alcanzando metas?
- Mi Animar relacionado con su Jerarquía: ¿puedo animarlo a seguir proveyendo y protegiendo?
- Mi Animar relacionado con su Autoridad: ¿puedo animarlo a seguir siendo fuerte, a seguir dirigiendo o a seguir tomando buenas decisiones?
- Mi Animar relacionado con su Perspectiva: ¿puedo animarlo a seguir analizando, resolviendo o aconsejando?
- Mi Animar relacionado con su Relación; ¿puedo animarlo a seguir desarrollando amistades hombro a hombro?
- Mi Animar relacionado con su Sexualidad: ¿puedo animarlo a seguir desarrollando su conocimiento de y relacionado con el sexo opuesto?

SUPLICAR EN ORACIÓN: Para mostrarle respeto, ¿necesita mi hijo que Suplique (**S**) en oración con respecto a sus seis deseos?

- Mi Suplicar relacionado con su Conquista: ¿debo orar por su deseo de trabajar o alcanzar metas?
- Mi Suplicar relacionado con su Jerarquía: ¿debo orar por su deseo de proveer y proteger?
- Mi Suplicar relacionado con su Autoridad: ¿debo orar por su deseo de ser fuerte, dirigir o tomar buenas decisiones?
- Mi Suplicar relacionado con su Perspectiva: ¿debo orar por su deseo de analizar, resolver o aconsejar?

- Mi Suplicar relacionado con su Relación: ¿debo orar por su deseo de desarrollar amistades hombro a hombro?
- Mi Suplicar relacionado con su Sexualidad: ¿debo orar por su deseo de conocer y relacionarse con el sexo opuesto?

Apéndice C

Hijas, mujeres adultas y asuntos de madre

¿Y qué de las hijas?

¿Entiende la cultura realmente a los varones? En términos generales, la mentalidad principal es enseñarles a los niños cómo tratar a las niñas. Una madre escribió:

> Dos de mis hijos están tomando un curso de redacción. La semana pasada les pidieron que escribieran un ensayo titulado: «¿Cómo debe tratar un caballero a una dama?», o: «¿Cómo debe tratar una dama a un caballero?»... todo el mundo escogió la primera opción. Mi hija, sin que le preguntara, me dio su explicación: «Hay más material disponible para contestar la primera pregunta».

Como las niñas ejercen mayor sensibilidad y empatía, el planteamiento es insistir en enseñarles a los niños a ser más sensibles y empáticos.

He aquí lo que no vemos. Las mujeres y las niñas reaccionan muy irrespetuosamente cuando sienten que no las aman. Cuando las mujeres sienten que un compañero varón no es sensible ni empático, pueden arremeter verbalmente en formas que causan que se paren los pelos en la espalda de un gato. Aunque una niña puede lucir vulnerable, la lengua femenina no le suena vulnerable a un niño. Su lengua puede ser venenosa.

263

¿Cómo respondemos a las niñas? ¿Las entrenamos en «¿Cómo debe tratar una dama a un caballero?»? No. Tendemos a darles un pase, excepto decirles: «No deben decir esas cosas». No existe ninguna consecuencia seria. Como sabemos que las niñas están hablando a raíz de su dolor y que se disculparán pronto, les permitimos quedarse en ese patrón por años. Añadido a este problema, los niños no lloran, sino que se arman de coraje contra sus lenguas. Los niños lucen arrogantes, enojados o indiferentes. Inferimos que los varones necesitan más reprimendas. Les entregamos el ensayo «¿Cómo debe tratar un caballero a una dama?». Los niños pueden estar muriéndose por dentro, pero ¿a quién le importa? Nuestra cultura gravita hacia cómo tratar a una dama, pero no a un hombre, pensando que si podemos exhortar a los hombres, todo estará bien. Sin embargo, como suelo decir: «La clave para motivar a una persona es supliendo su necesidad más profunda». Si no les enseñamos a las niñas sobre el poder que tiene su falta de respeto y cómo bloquea el corazón de un niño porque socava su necesidad como ser humano, no vamos a motivar al niño a que nos escuche cuando lo entrenamos sobre cómo conducirse con las niñas. Si él se siente deshonrado y que lo han tratado injustamente, se distanciará. Cuando siente que respetamos su corazón, entonces tiene disposición de aprender.

Las hijas que son agresivas con sus hermanos menores realmente necesitan entrenamiento. Una madre me informó:

> Le he estado enseñando a mi hija mayor que respete a sus hermanos. Hoy mismo le dije que era perjudicial para ella que le pegara, aguantara o empujara a un varón. Veo cómo mis muchachos se encabritan en cuestión de segundos cuando los restringen o los empujan en frustración. Mi esposo y yo no permitimos esta conducta, pero de todos modos ocurre bastante.

Una madre hizo el ajuste:

> Muchísimas veces, cuando mi hija comparte sus frustraciones con los varones en su vida, ya sea su hermano gemelo, su padre o los muchachos en la escuela, le digo: «Déjame ayudarte a que puedas ver el

asunto de la manera que ellos lo ven» o «tal vez es por esto que ellos reaccionan así». Ella siempre se interesa en escuchar las diferencias entre hombres y mujeres.

¿Qué ocurre cuando una hermana hace un gesto respetuoso? Una madre nos escribió:

Muchas, muchas gracias por hablarles a los muchachos sobre cómo el amor y el respeto son relevantes para ellos. En un momento durante la conferencia, Katie (la dominante colérica), se inclinó hacia Daniel (el flemático callado, y menor), y simplemente lo abrazó y se disculpó por ser áspera con él y no respetarlo como hombre y hermano. Sé que vi como levantó los hombros. ¡Esto no tiene precio! El callado Daniel estuvo más parlanchín y le encantaron las listas de Sarah.

Las niñas, cuando se les enseña, entienden esto muy bien gracias a su sensibilidad. Una madre me dijo: «Una de mis hijas estaba tratando muy mal a mi hijo —dándole órdenes y hablándole como le habla a nuestro perro— y el cambio que dio es del cielo a la tierra y por eso le estoy muy agradecida». Las niñas pueden entender los seis deseos de los muchachos si se les explican.

Me encanta lo que esta madre le dijo a su hija de once años luego de asistir a la conferencia Amor y Respeto:

Comencé a explicarle sobre las cosas sencillas que habíamos aprendido. Mientras le contaba sobre las diferentes maneras que reaccionan los varones y las niñas, ella me dijo chillando: «Mamá, no vas a creer esto. En la clase de estudios sociales, tienes que ver cómo los muchachos actúan los eventos de los que hablamos en clase. Pretenden que se están disparando; ¡son *tan* raros!». Le dije: «No son raros, simplemente diferentes». Un bombillo se encendió en su preciosa cabecita. Estamos cambiando la mentalidad de la próxima generación. ¡Qué emocionante es comunicarles estas verdades a nuestras dos hijas y a nuestros dos hijos!

Una madre nos escribió sobre su preocupación:

Debemos cambiar el mensaje que enviamos a nuestras hijas. Sin duda alguna, mis padres me enseñaron sobre independencia y competencia [...] aun con los varones. Crecimos repitiendo: «Cualquier cosa que puedan hacer los varones, las niñas pueden hacerlo mejor». Derrotar a un muchacho era una victoria y una celebración. Estas lecciones tienen sentido porque tienen la intención de proteger a nuestras hijas de que las lastimen, pero tal vez una mejor lección y modelo es la idea del amor y el respeto. A una joven que crezca lista para competir por poder con un hombre le costará trabajo someterse al hombre de su corazón.

Ella resalta una verdad importante sobre el respeto. ¿Enseñar a una hija sobre respeto se compara con enseñarle a que se someta? No. Tanto Pablo como Pedro comienzan sus discusiones sobre el matrimonio con instrucciones a las esposas sobre someterse a sus esposos (Efesios 5.22; 1 Pedro 3.1), pero se refieren a satisfacer la necesidad de respeto del esposo (Efesios 5.33; 1 Pedro 3.2). Un buen día me di cuenta que la esposa se somete a la necesidad de respeto del esposo igual que el esposo se somete (Efesios 5.21) a la necesidad de amor de su esposa. La sumisión mutua es posible cuando se entiende que es la satisfacción de la necesidad más profunda del otro. Por esta razón, las madres necesitan enmarcar el respeto como algo distinto a ser el felpudo de la casa. Esto no se trata de que la niña sea menos que el niño, y la pisoteen. Esa nunca ha sido la manera de Cristo y es una distorsión del significado bíblico. De lo que trata esto es de satisfacer la necesidad de un niño. Ante todo, este concepto de sumisión que insta a la mujer a ser respetuosa aun cuando esté enojada y con actitud antagónica, ha revolucionado la mentalidad de muchas mujeres. Es positivo y proactivo.

¿Y qué me dice de las madres, hermanas y amigas?

Las mujeres hablan de sus hijos. Constantemente. Es posible que algunas amigas le resten importancia a este mensaje sobre la necesidad de respeto de un niño. Tal vez se opongan por muchas razones, y las explicamos en el capítulo once. Deseo que usted se mantenga fiel a lo que ahora conoce sobre el respeto. Las mujeres influencian a las mujeres. Sus familiares femeninas y sus amigas no tienen mala intención; sin embargo, algunas no respetan a los hombres debido a heridas previas. La decepción ha sido tan severa que ahora se protegen escupiendo menosprecio. Por lo tanto, una conversación sobre respetar a los niños puede toparse con resistencia. En lugar de debatir, pídeles que te comenten para que puedas descubrir qué sienten y porqué. Pídeles que te den su opinión en respuesta a estas preguntas:

¿Puede una madre concluir que su amor debe ser suficiente para su
    hijo? ¿Qué tal si el niño realmente necesitara algo de su madre,
    más allá de su amor? ¿Qué tal si necesitara un trato mucho más
    respetuoso?

¿Puede una madre lucir mucho más irrespetuosa ante su hijo que la
    intención que ella tiene? ¿Puede lucir más irrespetuosa que
    amorosa?

¿Qué siente un niño cuando concluye que no le cae bien a su madre o
    que ella no lo respeta como ser humano?

¿Puede un niño saber que su madre lo ama, pero ver esto como
    menos importante para él que el que su madre lo respete?

¿Qué tal si un niño necesitara sentir que lo respetan por quien él es,
    independientemente de su desempeño? ¿Podría una madre pasar
    por alto esta necesidad? Y, si ignora esta necesidad, ¿acaso no es
    muy importante para ella porque piensa que el niño está siendo
    egoísta? ¿Ama realmente una madre a su hijo si piensa que el
    muchacho debe sentirse respetado solo porque ella lo ama?

¿Puede una madre amar a su hijo, y al mismo tiempo reaccionar en
    maneras que él sienta que son seriamente irrespetuosas?

¿Puede una madre pasar por alto sus reacciones irrespetuosas porque
    está demasiado molesta con la conducta de su hijo? ¿Puede ella
    ser irrespetuosa, sin darse cuenta, justo lo opuesto a lo que su
    hijo necesita?

¿Puede una madre no ver hasta qué punto ella reacciona
negativamente en formas que para su hijo se sienten
irrespetuosas porque su hija no se siente así?

¿Puede una madre pasar por alto los avisos y las señales pidiendo
respeto que le da su hijo? ¿Cómo luciría para un muchacho el
referirse a su necesidad de respeto?

¿Puede la falta de respeto de la madre explicar porque su hijo
reprime las expresiones de afecto hacia ella?

¿Puede una madre ver que su hijo cambia, pero no saber el porqué
debido a que no reconoce que él interpreta que ella lo ama, pero
que no lo respeta o que no le agrada?

Si a estas mujeres les pica la curiosidad, invítelas a leer a este libro. La
buena noticia es que este libro provee la perspectiva para prevenir que una
madre descuide la necesidad de su hijo.

Asuntos de madre

Las madres que provienen de familias compuestas solo de mujeres se
sienten ignorantes sobre el respeto hacia los hombres. Una madre escribió:

Soy maestra de primer grado de primaria y madre de un niño de cuatro
años. Durante su conferencia usted habló varias veces sobre las diferencias entre los niñitos y las niñitas. El escucharle hablar sobre las diferencias entre niños y niñas (no están mal, solo son diferentes) fue muy útil
para mí. Yo provengo de una larga sucesión de niñas (todas tías y hermanas, y mi padre murió cuando yo era pequeña), por lo tanto, no tengo mucha experiencia tratando con niños. Amo muchísimo a mi hijo y
lo aprecio por su energía, humor, y todo lo que dice que es varón. Sin
embargo, quiero asegurarme que estoy haciendo lo mejor posible para
criarlo como debe criarse a un niño [...] Mi pregunta es: ¿puede referir-
me algunos buenos recursos que me preparen para ser la mejor madre
para un jovencito extraordinario y una mejor maestra para muchos
jovencitos?

Es mi deseo que este libro sea un excelente recurso para esta madre con tan buena voluntad.

Un esposo nos escribió: «Mi esposa no tuvo hermanos, así que no entiende la naturaleza de los niños». Una cosa es carecer de conocimiento sobre los hombres y otra muy distinta es menospreciarlos abiertamente. Una mujer escribió: «Fui criada por una madre soltera muy fuerte, y crecí escuchándola a ella y a sus amigas hablar sobre los hombres como si fueran simplemente criaturas perezosas e inútiles. Para mí, cualquier cosa que los niños puedan hacer, las niñas pueden hacerlo mejor». Otra me dijo: «Tengo dos hijos, uno de ocho años y el otro tiene casi de siete [...] No sé por qué me tomó tanto tiempo entender el corazón del hombre. Sin embargo, puedo arrojar algo de luz en este asunto. Crecí en un hogar roto. Todo lo que vi fueron mujeres del tipo fuerte, dominante e intimidante, u otras que eran pasivo-agresivas. Esto es un gran modelo que pueda seguir para criar hijos». Por otro lado, otra nos comentó:

Para ser sincera, si no fuera por mis muchachos, no estaría «lidiando» con ningún hombre ahora mismo. Tengo una terrible opinión sobre los hombres [...] Como puede notar en mi negativismo, realmente no tengo mucha esperanza en el amor ni en el respeto, y no me siento particularmente optimista en que sus recursos puedan cambiar mi perspectiva o mi actitud. Sin embargo, no he perdido toda esperanza o no estaría tratando su recurso.

La mayoría de las mujeres no tiene un espíritu ruin; simplemente nunca vieron modelado el respeto hacia los hombres. Una madre nos dijo en un correo electrónico:

Estoy criando a dos niños, y sin duda alguna, en este momento puedo bendecirlos con el conocimiento que Dios presentó a través de ustedes dos este pasado fin de semana. Sentada allí me di cuenta que mientras yo me criaba, nunca vi a ninguna mujer en mi familia tratar a un hombre con respeto. Así que, no tuve ejemplos; pero ciertamente no quiero que mis hijos estén con mujeres que no los respeten como hombres.

Algunas de ustedes no tienen la menor idea de esto porque nadie se los explicó. Sin embargo, no sienta vergüenza. Vea esto como un momento especial para aprender algo que puede tener un gran impacto. Véalo como un momento en que el Señor está contestando algunas de sus oraciones sobre su relación con su hijo.

El matrimonio de la madre

Dios llama a las esposas a respetar el espíritu de sus esposos (Efesios 5.33; 1 Pedro 3.1–2). Sin embargo, cuando una esposa no siente respeto por su esposo, esto alcanzará también a sus hijos. Una mujer nos compartió: «También estoy criando a dos niños, de nueve y cuatro años, y mi falta de respeto por su padre, así como por otros hombres, sin duda afectará el respeto que sienten por ellos mismos como hombres en desarrollo. Amo muchísimo a mis niños y no quiero lastimarlos de esta manera. Quiero que crezcan como hombres fuertes, amorosos, respetables, que amen a Dios, y es mi responsabilidad demostrárselo».

Algunas esposas ahora son conscientes del impacto que la falta de respeto hacia sus esposos tiene en sus hijos. Una mujer nos escribió:

Leí su libro recientemente y deseé que lo hubiera escrito hace veinte años atrás. Mi esposo y yo tenemos tres hijos adultos. Por primera vez entendí por qué con frecuencia reaccionaban tan negativamente cuando le faltaba el respeto a su padre. Al mirar en retrospectiva a mi falta de respeto verbal hacia mi esposo, ahora entiendo por qué, en ocasiones, mis hijos hacían muecas visibles de dolor y venían con coraje a defenderlo. Ellos entendían lo que yo no entendía. El respeto es esencial para los hombres. Espero que usted les explique a las mujeres en sus conferencias que la falta de respeto de una mujer hacia su esposo tiene efectos negativos no solo en él, sino también en los otros «hombres» en la casa. Ahora me empeño en elogiar y respetar a mi esposo delante de nuestros hijos, ¡y ahora los cuatro se paran más derechos!

Una madre me escribió:

Sé que el Señor me ha perdonado por mi falta de respeto del pasado, pero mi corazón se agobia profundamente cuando pienso que mis palabras fueron la causa de tanto dolor emocional en mi esposo e hijos, y ni siquiera me daba cuenta. Aunque les decía muchas otras palabras de estímulo, lo único que ellos escuchaban eran mis quejas, y lo otro no importaba. ¡Usar la palabra apropiada es tan esencial! Las mujeres deben despertar y darse cuenta de que la manera en que la sociedad responde a nuestros hombres es incorrecta. Los estamos dañando, sin darnos cuenta.

Tristemente, algunas madres muestran falta de respeto hacia sus esposos porque sienten que sus esposos no han sido amorosos ni sensibles hacia sus hijos. Sin embargo, el niño no siente como siente la madre. Una mujer me comentó: «Vimos su seminario en DVD y nos ayudó muchísimo [...] El otro día mi esposo llegó a la cocina y no le dijo buenos días a nuestro hijo. Le dije: "¿Podrías decir buenos días?". Mi hijo respondió: "Mamá, él me saludó con la cabeza y eso es suficiente"».

En su esmero por ayudar a su esposo a ser más amoroso con su hijo, ella terminó siendo irrespetuosa con los dos. Este testimonio ilustra la bondad de la madre, pero también dice que ella tiene una expectativa sobre cómo deben ser las cosas. Y puede criticar inmediatamente cuando el esposo no está a la altura de ese estándar. En este caso, el hijo defendió a su padre, pues sintió que la crítica de su madre fue atrevida, incorrecta e injusta.

Un hijo me escribió para contarme un recuerdo muy triste de su niñez. Mientras se quemaba su casa, su madre mostró desprecio por su esposo —el padre de él— delante de toda la familia:

Recordaba una escena del 1965. La granja en la que mi madre creció se incendió y todo el interior quedó destruido. Mi madre dijo: «La casa no se habría quemado si mi padre hubiera estado allí». Cuando mi madre dijo esto ella no sabía que su padre estaba en la escena cuando la casa se quemó. Ella tenía tanta confianza en su padre que pensaba que él podía haber prevenido la destrucción de la casa, a pesar de que, en aquel momento, él tenía casi setenta y nueve años. Mi punto es que mi madre *nunca* exhibió ese tipo de respeto por nuestro padre delante de nosotros los hijos.

Casi cuarenta años más tarde él aún recuerda el nivel de falta de respeto que su madre le mostró a su padre. Un hijo siente que su madre le falta el respeto cuando es irrespetuosa hacia su padre, de la misma manera que una hija siente falta de amor de su padre cuando él es poco amoroso con su madre.

Expectativas poco realistas de la madre

Un hijo adulto nos comunicó:

Cuando les pregunté sobre cómo el asunto del amor-respeto aplica a las relaciones de madre e hijo, realmente no me refería a la infancia, o siquiera a los años de adolescente. Casi me avergüenza decirlo, pero estoy hablando de tres hijos que tienen más de treinta años. Con bastante frecuencia, nosotros, hijos treintones, estamos en un Ciclo Alienante con la madre. Sabemos que nos ama porque sin duda alguna ella hace muchísimo por nosotros. Y nosotros la amamos. Me parece que el problema es que seguimos siendo la prioridad en su vida, como cuando éramos niños. Esto provoca que se desilusione cuando no cumplimos con sus expectativas sobre lo que ella espera que sea la relación de madre con sus hijos adultos (por lo tanto, siente que no la amamos), y entonces se enoja o se siente celosa cuando no le damos el tiempo adecuado (por lo tanto, sentimos que no nos respeta). Cuando estamos en el Ciclo Alienante, seguimos escuchando los mismos asuntos de años atrás, una y otra y otra vez. Podría mencionar otras cosas. Ante los demás, nuestra familia luce como la familia «perfecta» —hay tres pastores involucrados aquí—, pero nuestra relación sigue siendo tensa. Me interesa muchísimo descubrir cómo el amor y respeto, que son las directrices de Dios para el hombre y la esposa, pueden aplicarse a mi madre y a su hijo adulto.

Las madres deben escuchar el corazón de este hijo adulto. Jesús dijo que un hijo debe dejar a su padre y a su madre, y unirse a su esposa. Las madres deben aceptar la secuencia de estas tres etapas: primera etapa, ella controla a los pequeñuelos; segunda etapa, ella aconseja a los adolescentes (no los puede controlar todo el tiempo); y tercera etapa, ella deja ir a sus hijos. Según Jesús, los hijos se van. Ellos tienden a ejercer mayor independencia. El que esta madre se comporte de esta forma con sus tres hijos sabios y que aman a Dios, solo la distancia emocionalmente de ellos. Ella debe dejar de pensar en su necesidad de amor y concentrarse en la necesidad de respeto de ellos, que es la otra cara de la moneda. Cuando lo haga, ellos serán más cariñosos y se acercarán más. ¿Cómo es que las madres no ven eso? Pues, esto es comparable a un padre exigiéndole respeto a su hija y mientras tanto ignora la necesidad de que él la ame.

Apéndice D

CUÉNTENOS SU HISTORIA

Escríbanos a boys@loveandrespect.com. Cuéntenos cómo aplicó la conversación-respeto con su hijo.

Muchos nos preguntan: «¿Y qué de los padres y las hijas?». Las niñas necesitan el amor del padre. Envíenos también sus preguntas, comentarios e historias relacionadas con padres e hijas. Puede hacerlo a girls@loveandrespect.com. (Solamente en inglés).

Apéndice E

21 DÍAS DE INSPIRACIÓN CON EMERSON MIENTRAS APLICA EL MENSAJE DEL RESPETO

Envíenos un correo electrónico a mom@loveandrespect.com para solicitar reflexiones y recordatorios regulares en inglés sobre el Efecto Respeto.

Por ejemplo:

- ¿Qué tal si mi hijo no está respondiendo a mi respeto?
- ¿Y si mi hijo no tiene respeto por sí mismo?
- ¿Cómo puedo evaluarme con precisión en mostrarle respeto a mi hijo?
- ¿En qué formas mi esposo puede ayudarme a interpretar a mi hijo?
- ¿Cómo puedo invitar a mi esposo a instruir a mi hijo a mostrar respeto?
- ¿Y qué con el asunto de mis sentimientos irrespetuosos hacia mi esposo?
- ¿Qué tal si mi esposo no es amoroso ni respetuoso?
- ¿Puede un arrebato descontrolado de falta de respeto arruinar la relación con mi hijo?

- Temo ser irrespetuosa sin darme cuenta. ¿Qué debo hacer?
- Otra vez, cuando me siento cansada y herida, ¿qué tengo que hacer?
- ¿Cómo evito subirme al sube y baja entre la hostilidad y la pacificación?
- ¿Tiene algunas oraciones que pueda elevar? Necesito la ayuda de Dios.
- ¿Cómo respondo a otras mujeres que se oponen a esta idea de mostrar respeto a los hijos?

Capítulo adicional

«LA VERDADERA RAZÓN PARA SER PADRES A LA MANERA DE DIOS» TOMADO DE *Amor y respeto en la familia*

¿Qué significa esto para nosotros? La imagen del Ciclo Gratificante de la Familia de la página 183 [en *Amor y respeto en la familia*] afirma: «El amor del padre a pesar del respeto del hijo...». Deseo expandir esto para decir que una mejor afirmación es: «El amor del padre para Jesucristo y su hijo, a pesar del respeto del hijo...». Como padres debemos criar «como para» Jesucristo, a pesar de las decisiones que tomen nuestros hijos. Ser padres a la manera de Dios significa que somos padres «como para» Cristo, aunque nuestro hijo no logre ser lo que esperamos que pueda ser.

¿Cómo criamos «como para Cristo»? En estos capítulos del Ciclo Gratificante de la Familia espero mostrarle que no estoy hablando en la jerga espiritual etérea. Ser «padres a la manera de Cristo» representa una aproximación completamente distinta. Significa estar conscientes de Cristo en todo lo que hacemos con nuestros hijos y para ellos; este es el más alto llamado para los padres.

¿Nos indica la Biblia que «criemos como para el Señor»? En Colosenses 3.15–24, Pablo instruye a todos los creyentes para que sean conscientes de la presencia de Cristo en nuestra vida diaria. Nosotros debemos dejar que «la paz de Dios gobierne en vuestros corazones [...] y sed agradecidos [con Dios]» (v. 15). Nosotros debemos dejar que la «palabra de Cristo more en abundancia en [nosotros]» (v. 16). Y lo que hagamos «de palabra o de hecho», lo hagamos «todo en el nombre del Señor Jesús, dando gracias a Dios Padre por medio de él» (v. 17).

En pocas palabras, debemos hacer lo que hagamos y decir lo que digamos «como al Señor» (por ejemplo, Efesios 5.22). Prefiero esta traducción «como al Señor», o en otros pasajes: «como para el Señor», porque es una manera más fuerte de expresar la idea de que todo lo que debemos hacer, se haga, no solo «para» el Señor, sino «por» Jesús (Mateo 25.40). El Señor está activamente presente. En el contexto total de Colosenses 3.15–24, Pablo aplica esta poderosa verdad a la vida matrimonial y familiar (especialmente en los versículos 18–21). En toda la vida, y particularmente como cónyuges y padres, debemos ir sobre la vida horizontal y estar en contacto con la vida vertical que tenemos con nuestro Padre celestial, a través de Jesucristo, nuestro Señor. Debemos hacer lo que hagamos «como para el Señor» (v. 23), porque «a Cristo el Señor servís» (v. 24). Por cierto, en el mensaje paralelo de Efesios 5.18–6.9, se muestran las mismas verdades. No hay ningún asunto pequeño.

Criar «como para el Señor» en realidad significa que en un sentido muy profundo, este libro acerca de la crianza tiene muy poca relación con los niños. En un aspecto, nuestros hijos son secundarios. Este libro no está centrado en los hijos, sino en la paternidad enfocada en Cristo. Aunque estemos conscientes de nuestros hijos y les amemos más que a nuestra propia vida, al aplicar los principios GUÍAS las veinticuatro horas del día, los siete días de la semana, debemos ser más conscientes de Cristo que nuestros hijos. Más allá de los sentimientos de nuestros hijos, debemos considerar los de Cristo, al Único que deseamos agradar en el sentido más profundo.

De hecho, la Escritura nos dice que amemos a Cristo más que lo que amamos a nuestros hijos. Jesús dijo: «El que ama a padre o madre más que a mí, no es digno de mí; el que ama a hijo o hija más que a mí, no es digno de mí» (Mateo 10.37). Sí, nosotros nos concentramos en los niños al criarlos, ya que eso es ineludible; pero en la paternidad nos enfocamos más en Cristo, ya que eso es incomparable.

Sin embargo, si debemos dirigir confiadamente nuestra paternidad como para el Señor, debemos tener muy claro quiénes somos en él. Mental y emocionalmente debemos sujetar y asir la verdad acerca del valor eterno para el Señor. Por ejemplo, necesitamos escuchar la palabra de Cristo acerca de nuestro valor. «Mirad las aves del cielo, que no siembran, ni siegan, ni recogen en graneros; y vuestro Padre celestial las alimenta. ¿No valéis vosotros mucho más que ellas?» (Mateo 6.26). Cada uno de nosotros debe reconocer la perspectiva eterna de Dios para nosotros y el valor incalculable que coloca en nosotros. Más importante aún, ¿realmente afecta nuestro valor para Dios a nuestro matrimonio y nuestra paternidad?

Cuando peso las palabras que Jesús utilizó para describir lo que ha hecho por mí, me asombro. Él me rescató, me perdonó, me dio vida eterna, me amó y ha preparado un lugar para mí (Mateo 20.28; 26.28; Juan 3.16; 15.9; 14.2). Al dejar que la palabra de Cristo more abundantemente en mí, puedo vislumbrar la gracia de su aceptación, su aprobación eterna y su valoración inestimable de mí. Le invito a que comprenda lo mismo, ahora. Y recuerde que nada de esto es merecido. No podemos ganarnos ninguno de los regalos injustificados de Cristo, pero solo podemos recibirlos y dejar que esas verdades afecten nuestra manera de criar.

No comprender que nuestra importancia y nuestra verdadera identidad están en Cristo y no en nuestros hijos, nos pone en peligro de desanimarnos, como escribió una madre:

> Uno de mis problemas es que cuando mis hijos se comportan mal o actúan como creen que deben hacerlo, siento que es un reflejo y una extensión de mí. Supongo que es algo de orgullo o parte de mi personalidad, pero ¿tiene sugerencias? Porque parece que esto es lo que me desgasta y me paraliza, y me siento derrotada. ¿Es lógico esto?

Sus comentarios coincidieron perfectamente con Sarah y conmigo. Nosotros hemos estado ahí. Sarah recuerda nuestro primer año de paternidad: «Yo deseaba que Jonathan fuera perfecto en la guardería de la iglesia. Tristemente, no lo era a los tres meses de edad, así que lloraba cada domingo y yo me sentía como un fracaso».

Aunque este episodio de la guardería luzca gracioso ahora, es un símbolo de lo que sentimos como padres a medida que pasaron los años y los problemas se volvieron más graves. Cuando crecieron nuestros hijos, ellos hicieron lo que hacen los niños: actuar imperfectamente. Nuestra intención para desear tener hijos perfectamente comportados era pura (deseábamos protegerlos de las consecuencias de las malas decisiones), pero cuando su comportamiento nos hizo preguntarnos nuestro valor como padres e incluso como cristianos, nos desanimamos profundamente. En la cumbre de muchas malas decisiones que nuestros hijos tomaron, Sarah y yo nos sentamos triste y calladamente, mientras nos preguntábamos en qué nos habíamos equivocado. ¿En qué fracasamos al ayudar a nuestros hijos a tomar las decisiones correctas? ¿En qué nos equivocamos como padres? ¿Por qué no pudimos guiarlos mejor durante sus pruebas y sus tentaciones?

Hubo algunas noches oscuras en que tuvimos que lidiar con estas cosas dolorosas, como deben hacerlo muchos padres. ¿Dejaríamos que esas situaciones nos conquistaran y nos hicieran dejar de criar a la manera de Dios, hundiéndonos en la autocompasión? La buena noticia es que tal reflexión nos colocó en una posición de no solamente buscar maneras de mejorar nuestra paternidad sino, más importante aún, de enfrentarnos con nuestra identidad en Cristo. Al confesarle nuestros fracasos y defectos a Dios, le permitimos que nos recordara su amor, que él es por nosotros y que hará que todas las cosas obren para nuestro bien.

Si permitíamos la falta de disciplina, la irresponsabilidad y la pecaminosidad en nuestros hijos —todo el comportamiento «normal» que estábamos intentando corregir— para definir nuestra propia identidad...

- Nuestra autoestima iría de arriba para abajo basado en qué tan «buenos» eran nuestros hijos todo el tiempo. Para que nos sintiéramos bien con nosotros mismos, nuestros hijos debían portarse bien. Obviamente eso no era justo para nosotros y de seguro tampoco para ellos.
- Los estaríamos haciendo responsables de nuestra sensación de paz, en lugar de dejar que la paz de Cristo reinara en nuestro corazón.

- Estaríamos dejando que lo que decían acerca de nosotros
  determinara cómo nos sentíamos con nosotros mismos, en lugar
  de confiar en las palabras de Cristo para determinar nuestra
  autoestima.

Con el pasar de los días, Sarah y yo dejamos humildemente que las Escrituras crearan un nuevo guion en nuestro corazón y nuestra mente, lo que usted también debe hacer. ¿Cuál es su guion interno? ¿Ha entendido su posición en Cristo? ¿Se da cuenta de que usted vale, porque él dice que usted vale y no por lo que usted (o sus hijos) hagan o dejen de hacer?

Al hablar con padres en todo el país, encuentro a muchas personas que se sienten derrotadas como padres por la manera en que se comportan sus hijos (o en que han resultado). Lo que estoy a punto de decirle no solamente refrescará su alma personalmente, sino que también le permitirá criar como Dios lo planea, o al menos hacer un progreso en esa dirección.

Usted «vale lo que Jesús vale para Dios»

Todos los que creemos en Cristo como Salvador tenemos un «pasaporte al cielo», por decirlo de algún modo, el cual dice: «Por Jesucristo, este es un hijo perdonado, aceptado, aprobado, hecho justo y perfecto, adoptado por Dios». Debido a que Jesús es *el* Hijo de Dios, nosotros somos hijos e hijas adoptados por Dios. Estamos en la familia de Dios y nunca seremos abandonados. Esta es nuestra verdadera identidad. Nosotros somos hijos amados de Dios, hijos para quienes él tiene sentimientos eternos de compasión. ¿Creeremos que Dios se siente de esta manera con nosotros aun cuando no sintamos eso con nosotros mismos? ¡Debemos sentirlo! Eso significa fe.

¿Lo capta? ¿Comprende lo que significa ser «amado por Dios», un estribillo que se usa docenas de veces en la Biblia acerca de todos los creyentes? A Sarah y a mí al principio nos tomó un tiempo comprender esta verdad (y todavía estamos en el proceso en cierta medida), pero cuando lo comprendimos afectó completamente nuestra manera de ser padres. La verdad de Dios estaba ahí en los momentos oscuros. Tuvimos que aceptar y creer lo que todos los padres cristianos deben creer: ¡valemos lo que vale

Jesús para Dios! La Biblia declara: «Porque habéis sido comprados por precio» (1 Corintios 6.20; 7.23). ¿A qué precio? «No con cosas corruptibles, como oro o plata, sino con la sangre preciosa de Cristo, como de un cordero sin mancha y sin contaminación» (1 Pedro 1.18– 19). Fuimos comprados con la sangre de Cristo. Su vida por nuestra vida.

Por favor, únase a Sarah y a mí, y diga: «Sí, yo *valgo* lo que vale Jesús para Dios. Cuando Dios dice que yo valgo, *¡valgo!*».

Estoy muy consciente de que en el trajín diario de la vida, nuestros sentimientos contrarrestan y socavan nuestra confianza en nuestro verdadero valor en Dios. Pero, una vez que conocemos nuestro valor en Dios, dejamos de intentar obtenerlo con nuestros hijos. Sí, hoy nos dan razones para gozarnos y mañana pueden causarnos jaqueca y pena, pero en ningún momento determinan nuestro valor e importancia como seres humanos redimidos. Como creyentes en Cristo, llevamos nuestra identidad a nuestra paternidad; no obtenemos nuestra identidad de nuestra paternidad.

Como me dijo una madre: «Nuestros hijos no pueden sanar nuestras heridas; solo Dios puede hacerlo». Ella se dio cuenta de cuán dañina era la actitud que tenía con sus hijos cuando esperaba que ellos crearan en ella una imagen sana. Ella percibió que había estado intentando hacerles responsables de su bienestar. Había estado exigiéndoles que actuaran obedientemente para apoyar su endeble autoestima.

Otra promesa bíblica confirma que valemos lo mismo que Jesús para el Padre: nuestra herencia eterna. «Así que ya no eres esclavo, sino hijo; y si hijo, también heredero de Dios por medio de Cristo» (Gálatas 4.7). Pero ¿qué significa «heredero»? «El Espíritu mismo da testimonio a nuestro espíritu, de que somos hijos de Dios. Y si hijos, también herederos; herederos de Dios y coherederos con Cristo, si es que padecemos juntamente con él, para que juntamente con él seamos glorificados» (Romanos 8.16– 17). ¡Ahí está! ¡«Coherederos con Cristo»!, «todo es vuestro, y vosotros de Cristo, y Cristo de Dios» (1 Corintios 3.22b–23).

Le he dado este breve curso acerca del valor de los creyentes a los ojos de Abba Padre, para demostrar que los padres cristianos tienen un documento vivo y divino —los oráculos de Dios—, que nos dice quiénes somos ante sus ojos (Hebreos 5.12). A medida que trabajamos en la paternidad cada día, debemos creer en la verdad de Dios, incluso cuando no necesariamente lo sintamos.

Debemos creer que una autoimagen bíblica les brinda una paz controladora a los padres cristianos durante las pruebas diarias, un beneficio muy práctico para nosotros y nuestros hijos. De manera que cuando el perro muerda la orilla del sofá, el bebé se caiga de las escaleras y se rompa un brazo, o nuestro adolescente choque el coche, podemos caminar con la seguridad de saber que de alguna manera, solamente en su sabiduría soberana, Dios siempre está obrando las cosas para bien para aquellos que le aman (*memorice* Romanos 8.28). No, no esperamos paz perfecta todo el tiempo; habrá días frustrantes y agotadores. Sin embargo, si solo lo pedimos, los momentos de la paz de Dios suavizarán los tiempos difíciles que se pueden formar en nuestro comportamiento, lo cual puede hacerles daño a nuestros hijos.

Nosotros criamos como para Cristo, por nuestra identidad en él, pero también debemos criar como para Jesús por una razón más. Una recompensa eterna nos espera, y nada se compara con ella. Pablo pretendía que todos los creyentes, incluso los padres, supieran que «del Señor recibiréis la recompensa de la herencia, porque a Cristo el Señor servís» (Colosenses 3.24).

«¡Bien hecho, buen siervo y fiel!»

Todos los padres cristianos un día estarán frente al Señor en el tribunal de Cristo (2 Corintios 5.10; Romanos 14.10). Nuestra paternidad será parte de ese juicio. No seremos juzgados por la conducta de nuestros hijos con nosotros, sino por nuestra conducta para con nuestros hijos. Escucharemos su humilde y verdadera evaluación de nuestras acciones y reacciones para con nuestros hijos. Con esperanza escucharemos: «Bien hecho», y recibiremos la recompensa del Señor por nuestras acciones y reacciones divinas en el proceso de paternidad.

De ahí la importancia de que nuestra paternidad deba ser más como para el Señor que como para nuestros hijos. En las palabras de nuestro Señor en Mateo 25: «De cierto os digo que en cuanto lo hicisteis a uno de estos mis hermanos más pequeños, a mí lo hicisteis» (v. 40). Y como Pablo lo explicó en Efesios 6.7–8: «Sirvan de buena gana, como quien sirve al Señor y no a los hombres, sabiendo que el Señor recompensará a cada uno por el bien que haya hecho, sea esclavo o sea libre» (NVI). Pablo estaba diciendo que lo que hagamos, lo hagamos como para el Señor y recibiremos algo de él, y eso ciertamente incluye la paternidad (la cual abordó versículos antes, en Efesios 6.4). Todo lo que usted hace como mamá o padre cuenta, incluso si su hijo lo ignora. De eso se trata el Ciclo Gratificante de la Familia. ¡Dios nunca le ignora a usted!

Los padres que se sienten desanimados, de pronto pueden comprender la verdad de que lo que ellos realizan le importa a Dios, *nada se desperdicia*. Darle amor a un niño irrespetuoso cuenta para Dios, incluso si el niño se niega a apreciar ese amor. Estos esfuerzos aparentemente infructíferos le importan a Dios, porque este es el tipo de servicio que él recompensa. En otras palabras, cuando nuestros hijos se niegan a respondernos, pero nosotros continuamos amándoles, el Señor nos recompensa como padres.

¿Cuáles son las recompensas? Algunas de ellas las obtenemos en la tierra, pero obtenemos una increíble recompensa en el cielo. Jesús desea decir: «¡Hiciste bien, siervo bueno y fiel! Has sido fiel en lo poco; te pondré a cargo de mucho más. ¡Ven a compartir la felicidad de tu señor!» (Mateo 25.23 NVI). ¿Qué será «lo poco»? Seguramente incluyen lo que Pablo describió como el llamado de Dios a los padres, el cual estudiamos bajo los principios GUÍAS. Cuando tomamos la decisión de ser padres a la manera de Dios, los dividendos no tienen fin. Jesús le está ofreciendo una ganga. Haga unas cuantas cosas en la tierra, en esta vida, y obtenga muchas cosas para siempre en el cielo.

¿Alguna vez ha pensado en lo que significa «compartir la felicidad de tu señor»? Será un gozo sin medida. Piense en el día de su graduación, el día de su boda, los cumpleaños, los buenos tiempos de toda clase. ¿Qué sucedería si a cada hora de cada día experimentáramos la gloria y el gozo de todos esos eventos en toda su intensidad? Cuando usted «comparta la felicidad de su señor», la intensidad será trillones de veces más grande.

Imagine la escena en la que los creyentes ascienden al cielo y se paran frente a Cristo. Él le dice a un padre: «Bien hecho. Le diste amor a tu hijo irrespetuoso. Yo lo vi. Estás a punto de ser recompensado por cada acto de amor».

Como padres seguidores de Cristo tenemos el privilegio de vivir con el fin en la mente, lo cual es hacer la voluntad de Cristo y escuchar su «hiciste bien, buen siervo y fiel». Se trata de agradar a Jesús con la manera en que criamos. En otras palabras, ser padre es una herramienta y una prueba para profundizar y demostrar nuestro amor, reverencia, confianza y obediencia a Jesucristo.

Pero ¿cómo superamos la prueba? ¿Cómo funciona todo esto en la batalla diaria? Los siguientes tres capítulos [en *Amor y respeto en la familia*] abordarán estas preguntas. En primer lugar, necesitamos pedirle su ayuda para hacer lo imposible: amar a nuestros hijos *incondicionalmente*.

Reconocimientos

Mi más sincero agradecimiento a todas las madres que me enviaron correos electrónicos contándome cómo aplicaron respeto a sus hijos y los efectos increíbles que esto tuvo en el espíritu de ellos, ¡tanto así que las madres sintieron la urgencia de escribirme y contarme sobre el Efecto Respeto!

Mi agradecimiento más profundo a Sarah, quien oró constantemente mientras escribía este libro, pidiéndole al Señor que usara este mensaje para alentar a las madres en la misma manera que él había hablado a su corazón, y que también tocara el corazón de los niños en todo lugar.

Gracias sinceras a Matt Baugher y a su equipo de W Publishing Group en HarperCollins, quienes sirvieron editorialmente en las etapas finales de este libro. Valoro especialmente las palabras de Matt después de haber leído el manuscrito, y que espero sea la experiencia de todo el mundo: «Estoy gratamente anonadado por el poder e impacto de este manuscrito».

Mis respetos a Kevin Harvey, quien hizo lo que hace tan bien: reorganizar palabras, oraciones y párrafos para que las piezas del rompecabezas encajen mejor juntas (¿o debería ser que «encajen juntas mejor»?).

Notas

Capítulo 1: ¿Por qué este libro?

1. Shaunti Feldhahn, *For Women Only: What You Need to Know About the Lives of Men* (Colorado Springs: Multnomah, 2004), p. 17 [*Solo para mujeres* (Miami: Unilit, 2006)].
2. Louann Brizendine, *El cerebro femenino* (Barcelona: RBA Libros, 2007), p. 64.

Capítulo 2: Entendamos cómo luce el respeto para los niños

1. Lauren Mackenzie y Megan Wallace, «The Communication of Respect as a Significant Dimension of Cross-Cultural Communication Competence», *Cross-Cultural Communication* 7, no. 3 (2011): p. 11.
2. Bernd Simon, «Respect, Equality, and Power: A Social Psychological Perspective», *Gruppendynamik und Organisationsberatung* 38, no. 3 (2007): pp. 309–26.
3. Brizendine, *El cerebro femenino*, p. 1.

Capítulo 4: El hombre en el niño

1. Dannah Gresh, *What Are You Waiting For? The One Thing No One Ever Tells You About Sex* (Colorado Springs: WaterBrook, 2001), p. 4.
2. Brizendine, *El cerebro femenino*, pp. 39-40.
3. Feldhahn, *For Women Only*, p. 17.

Capítulo 5: Conquista

1. Tony Perkins, «2016 Field: The Doctor Is In!», *The Patriot Post*, modificado 5 mayo 2015, http://patriotpost.us/opinion/34993.

Capítulo 7: Autoridad

1. Brizendine, *El cerebro femenino*, p. 33.
2. Deborah Tannen, *Talking from 9 to 5: Women and Men at Work* (Nueva York: William Morrow Paperbacks, 2001), p. 167 [*La comunicación entre hombres y mujeres a la hora del trabajo* (Buenos Aires: Javier Vergara, 1996)].
3. D. Leyk y otros, «Hand-grip strength of young men, women and highly trained female athletes», *European Journal of Applied Physiology* 99, no. 4 (2007): pp. 415–21.

Capítulo 8: Perspectiva

1. Online Etymology Dictionary, s.v. «sophomore», http://www.etymonline.com/index.php?term=sophomore.

Capítulo 9: Relación

1. María Moliner, *Diccionario de uso del español*, versión 2.0, edición en CD-ROM, (Madrid: Gredos, 2001).
2. Deborah Tannen, *Gender and Discourse* (Nueva York: Oxford UP, 2003), pp. 88–99.

Capítulo 10: Sexualidad

1. Rachel Sheffield, «Hooking Up, Shacking Up, and Saying "I Do"», The Witherspoon Institute, *Public Discourse*, 10 septiembre 2014, http://www.thepublicdiscourse.com/2014/09/13765/.
2. Juli Slattery, «Understanding His Sexuality», *No More Headaches* (Carol Stream, IL: Tyndale, 2009), tomado de www.focusonthefamily.com/marriage/sex-and-intimacy/understanding-your-husbands-sexual-needs/understanding-his-sexuality.
3. Shaunti Feldhahn, *Through a Man's Eyes: Helping Women Understand the Visual Nature of Men* (Colorado Springs: Multnomah, 2015), pp. 32–33.
4. Ibíd., pp. 33–34.

Capítulo 11: Una mirada empática a las objeciones maternales sobre el respeto a los niños

1. John Soeder, «R-E-S-P-E-C-T: The inside story behind Aretha Franklin's chart-topping anthem», Cleveland.com, 30 octubre 2011, http://www.cleveland.com/popmusic/index.ssf/2011/10/r-e-s-p-e-c-t_the_inside_story.html.

Acerca del autor

El doctor Emerson Eggerichs es un conferencista internacionalmente reconocido en el tema de las relaciones hombre-mujer, y las dinámicas familiares. El doctor Eggerichs presenta en vivo sus Conferencias Amor y Respeto ante distintas audiencias alrededor de todo el país. Sus conferencias son producto de más de tres décadas de experiencia en consejería, así como investigaciones científicas y bíblicas. Estas conferencias dinámicas y transformadoras están impactando el mundo, trayendo la sanidad y la restauración a innumerables relaciones.

Reconocido como un orador muy dinámico, el doctor Eggerichs ha hablado frente a una gran variedad de públicos, incluyendo dueños y entrenadores de la NFL, jugadores de la PGA y sus esposas en el Player's Championship, los New York Giants, los Miami Heat, miembros del Congreso de los Estados Unidos y los Navy SEALs. Sin embargo, su mayor honor fue haber sido invitado por el ejército para hablarles a los soldados estacionados en el Oriente Medio.

El doctor Eggerichs posee un Bachillerato en Estudios Bíblicos de Wheaton College, una Maestría en Comunicación de Wheaton College Graduate School, una Maestría en Divinidad de University of Dubuque Theological Seminary, y un Doctorado en Ecología de Niños y Familia de Michigan State University. Es el autor de varios libros, incluyendo *Amor y respeto*, un éxito en ventas en la lista del *New York Times*, y más recientemente, *Amor y respeto en la familia*.

Antes de comenzar a dictar las Conferencias Amor y Respeto, el doctor Eggerichs fue el pastor principal de la Trinity Church en Lansing, Michigan durante casi veinte años. Emerson y Sarah están casados desde 1973 y tienen tres hijos adultos. Él es el fundador y presidente de los Ministerios Amor y Respeto.

Printed in the USA
CPSIA information can be obtained
at www.ICGtesting.com
JSHW031214111224
75229JS00009B/95

9 780718 080747